U0678000

本项研究得到

国家重点文物保护专项补助经费
日　本　京　瓷　株　式　会　社　资助

本书的编写与出版得到

国家重点文物保护专项补助经费　资助

澧县城头山

中日合作澧阳平原环境考古与有关综合研究

湖南省文物考古研究所
国际日本文化研究中心

主 编　　何介钧
　　　　安田喜宪

文物出版社

北京·2007

封面题签　　　严文明
日方文章翻译　蔡敦达

封面设计　　　周小玮
责任印制　　　张道奇
责任编辑　　　张庆玲

图书在版编目（CIP）数据

澧县城头山：中日合作澧阳平原环境考古与有关综合
研究／湖南省文物考古研究所等 .—北京：文物出版社，
2007.1
　ISBN 978-7-5010-2049-2

　Ⅰ.澧…　Ⅱ.湖…　Ⅲ.环境地学：考古学 - 研究
- 澧县　Ⅳ.K872.644

中国版本图书馆 CIP 数据核字（2006）第 142004 号

澧 县 城 头 山
——中日合作澧阳平原环境考古与有关综合研究
湖南省文物考古研究所
国际日本文化研究中心

*

文 物 出 版 社 出 版 发 行
（北京市东直门内北小街 2 号楼）
http://www.wenwu.com
E-mail：web@wenwu.com
北京美通印刷有限公司印刷
新 华 书 店 经 销
889×1194　1/16　印张：16.25
2007 年 1 月第 1 版　2007 年 1 月第 1 次印刷
ISBN 978-7-5010-2049-2　定价：260.00 元

Chengtoushan in Lixian

Sino-Japan Cooperative Research on Environmental
Archaeology in the Liyang Plain

Hunan Provincial Institute of Archaeology and Cultural Relics
International Research Center of Japanese Culture

Editor-in-chief　He Jiejun
Yasuda Yoshinori

Cultural Relics Publishing House
Beijing · 2007

目　次

写在前面 ……………………………………………………… 何介钧　安田喜宪　1

长江文明的环境考古学 …………………………………………… 安田喜宪　3

长江中游澧阳平原的微地形环境与土地开发 …………………… 高桥学　河角龙典　18

澧阳平原的黄土与地形 …………………………………………… 成瀬敏郎　32

澧县八十垱遗址的地形环境变化及稻作 ………………………… 外山秀一　40

从地形分析和植硅石分析看城头山遗址的环境及稻作 ………… 外山秀一　44

从城头山遗址沉积物的孢粉分析看农耕环境 …………… 守田益宗　黑田登美雄　67

城头山遗址孢粉分析 ……………………………………………… 顾海滨　84

城头山遗址的大型植物遗存 ……………………………… 那须浩郎　百原新　88

试从大型植物遗存看城头山遗址的稻作环境——以杂草种子、果实为主 ……… 那须浩郎　百原新　90

城头山遗址的植物遗存 …………………………………… 刘长江　顾海滨　98

从城头山遗址的植物遗存看大溪文化的环境背景 ……………… 顾海滨　107

城头山遗址的木材分析 …………………………………………… 米延仁志　115

城头山遗址的昆虫和硅藻化石 …………………………………… 森勇一　118

城头山遗址的寄生虫分析 ………………………………………… 金原正明　120

城头山遗址出土动物残骸鉴定 …………………………………… 袁家荣　121

城头山遗址出土猪骨鉴定 ………………………………………… 袁靖　123

城头山遗址南门外古地形及古水田调查 ………………………… 顾海滨　125

城头山遗址周边水田选址环境与传统的水利灌溉系统
　　——关于长江中游地区稻作的基础研究 …………………… 元木靖　135

城头山遗址炭化稻米的遗传学研究 ……………………… 顾海滨　佐藤洋一郎　148

城头山遗址水稻的综合研究 ……………………………………… 顾海滨　151

城头山遗址建筑遗构之复原考察 ………………………………… 宫本长二郎　164

澧阳平原初期农耕遗址的数字（照片）测量及复原 …………… 安田喜宪　宫冢义人　173

用最新型的加速器质量分析装置精确测量^{14}C 年代 ……………… 中村俊夫　181

后记 ……………………………………………………………………… 187

写 在 前 面

何介钧（湖南省文物考古研究所）　　安田喜宪（国际日本文化研究中心）

　　根据中华人民共和国文化部、国家文物局批准的《中国湖南省文物考古研究所与日本国际日本文化研究中心关于中日共同在湖南省澧阳平原进行环境考古学以及有关综合研究的协议书》，双方选定湖南省澧阳平原为对象地区，具体实施地点以已经进行了多年发掘的澧县城头山遗址为主，从1998年10月至2001年9月，开展了为期三年的合作（彩版一）；目的在于通过考古发掘和环境考古学调查来探索与史前时期重大变迁有关的生态背景。主要内容为：城头山遗址的低空拍摄测绘（彩版二，1），利用地下雷达进行埋葬结构和重要遗迹的物理探查（彩版二，2），出土遗迹高速照相解析，花粉、寄生虫、昆虫、硅藻类微化石的取样、分析，动物骨骼的分析，遗物的放射性碳素精确测定，人骨的DNA分析等。

　　在合作项目开始之前，中国学者刘长江（中国科学院植物研究所研究员）、袁靖（中国社会科学院考古研究所研究员）、袁家荣（湖南省文物考古研究所研究员）、顾海滨（湖南省文物考古研究所研究员）等曾对1998年以前发掘所获资料进行过植物、兽骨鉴定和孢粉、植硅石分析。合作项目开始后，由安田喜宪（国际日本文化研究中心教授）担任调查现场日方负责人。先后参加调查、取样、分析、研究工作的日方学者有高桥学（立命馆大学理工学部教授）、成濑敏郎（兵库教育大学教授）、外山秀一（皇学馆大学文学部助教授）、藤木利之（国际日本文化研究中心特别研究员）、竹村惠二（京都大学院理学研究科助教授）、西村弥亚（东海大学海洋学部教授）、佐藤洋一郎（静冈大学农学部助教授）、福泽仁之（东京都立大学大学院理学研究科助教授）、守田益宗（冈山理科大学自然科学研究所助教授）、黑田登美雄（琉球大学）、木乡一美（京都大学灵长类研究所助教授）、寺泽薰（奈良县立橿原考古研究所总括研究员）、奥田昌明（千叶县立博物馆学芸员）、北川浩之（名古屋大学助教授）、森勇一（爱知县立明和高等学校教师）、中村俊夫（名古屋大学年代测定室）、那须浩郎（千叶大学园艺学部）、百原新（千叶大学园艺学部）、元木靖（崎玉大学）、金原正明（天明大学附属参考馆助教授）、山口健太郎（京都大学大学院理科研究科花粉分析辅助）、米延仁志（鸣门教育大学讲师）、宫冢义人（亚洲航测株式会社）、宫本长二郎（日本东北艺术工科大学教授）、石原誉慎（国际日本文化研究中心翻译）、竹田武史（国际日本文化研究中心摄影师）和兵库教育大学研究生矢田贝真一、井上伸夫、小林学、铃木信之、安场裕二，立命馆大学研究生河角龙典。先后有黄晓芬、赖涪林、蔡敦达三位中国旅日学者为合作研究担任翻译。在合作期间，还有多位日本考古学者参与了城头山遗址田野考古发掘工作，这在《澧县城头山——新石器时代遗址发掘报告》前言中已经作了介绍。

项目执行过程中，中日双方严格按照协议的规定开展工作，合作融洽，互相配合，因而取得了丰硕的成果，圆满完成了研究课题所确立的任务，只是由于人骨过于腐朽，因而无法提取DNA进行分析。

作为《澧县城头山》中的一册，本书与前面三册（《澧县城头山——新石器时代遗址发掘报告》）的体例有所不同。因本册各篇的执笔者均为该项调查、分析工作的实际操作者，其成果为测试、分析、鉴定报告和研究论文，因此均由执笔者署名，并独立成篇。第一篇为安田喜宪教授撰写的《长江文明的环境考古学》，此篇实为对这次两国学者合作成果的总结。

此次合作，得到中国国家文物局、湖南省文物局的大力支持，得到湖南省文物考古研究所、日本国际日本文化研究中心全体同仁的鼎力协助，得到作为本项目顾问的国际著名学者严文明先生和梅原猛先生的指导，在此表示诚挚的谢意。

长江文明的环境考古学

安田喜宪 （国际日本文化研究中心）

以往认为古代文明都是诞生于半干燥地带的大河流域，而若在吉野正敏制作的欧亚大陆气候分布图上重叠古代文明的发祥地，便可从中得知四大文明中的美索布达米亚文明、印度河文明及黄河文明都诞生于干燥亚洲与湿润的季风亚洲、大西洋亚洲接壤的、流经干燥和湿润地带之间的大河流域。埃及文明也诞生于流经沙漠中心的尼罗河沿岸。若把尼罗河沿岸视为湿润地带的话，干燥和湿润的交界地带便是诞生埃及文明的风土要因（图一）。

那么，为什么在干燥和湿润的交界地带会产生四大文明呢？这是因为以干燥亚洲为生活基地的是畜牧民族，而生活在大河沿岸的是农耕民族。笔者曾指出5700年前明显的气候干燥化使畜牧民族聚集到大河沿岸来，这促使大河沿岸人口增加，引发畜牧民族和旱作农耕民族在文化上的融合，从而成为都市文明诞生的契机。四大文明是旱作农耕民族和畜牧民族共同创造的"旱作畜牧文明"。当然，象征四大文明的普遍的文明原理的目标、交易组织、金属武器、装饰用贵金属、统领臣民的大王存在、征服自然的神话思想等等，都是畜牧民族创造的。四大文明的诞生，畜牧民族功不可没。

但畜牧民族深入季风亚洲湿润地带的腹地经过了漫长的岁月。这是因为那里覆盖着茫茫的原始森林，存在着干燥地带难以想象的诸如疟疾等地方病。因此，流经季风亚洲湿润地带的大河沿岸一直被视为没有沐浴到文明之光，为未开拓的野蛮地。然而，在这湿润地带森林中的大河沿岸，实际上却存在过完全不同于四大文明的古代文明，这便是长江文明。长江文明是稻作农耕民族和渔捞民族共同创造的"稻作渔捞文明"。

为了弄清长江文明的实质，我们中日双方自1998年起联合实施了湖南省城头山遗址的学术调查。本研究是根据城头山遗址的最新研究成果提出的长江文明环境考古学研究报告。这次研究得到了中国国家文物局张柏副局长、湖南省文物考古研究所前所长何介钧及诸位同仁、北京大学严文明教授、高崇文教授及众多中国考古学者的指导和帮助，在此深表谢忱。

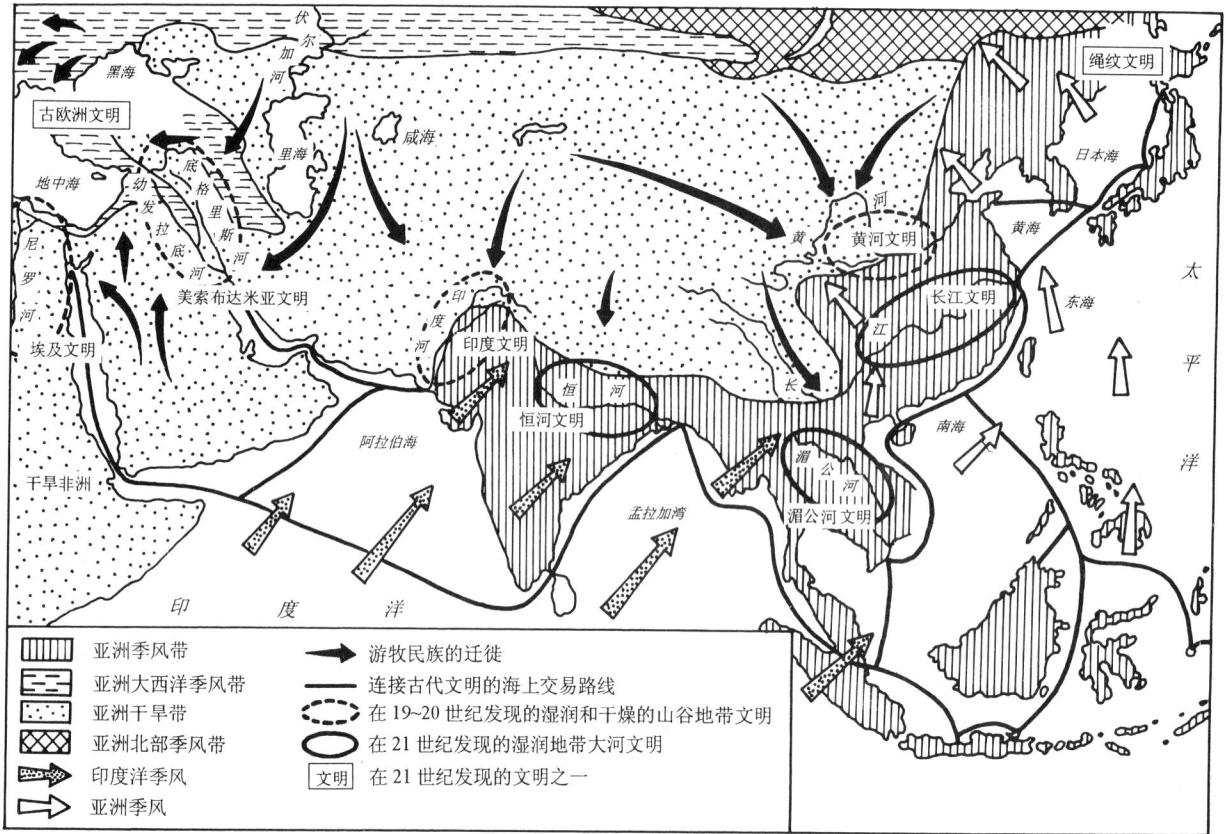

图一　欧亚大陆气候分布和古代文明发源地

一　稻作农业的起源

　　图二是根据以往的孢粉分析和古地理数据制作的最后冰期鼎盛期东亚古生态复原图。东亚北部的气候干燥，黄土和干燥草原一望无际。而在长江以南的中国大陆，由于海平面下降，陆土化的中国海沿岸生长着青冈栎类和栲类常绿阔叶林，内陆和北方生长着针叶林和落叶阔叶林的混交林。在最后冰期的东亚、北方和内陆的草原地带与南方和海岸的森林地带形成了两个不同性质的生态地域，区别十分明显。

　　有关陶器的起源，近年来中国考古学界不断有新的发现。中国的陶器起源可追溯到22000年至18000年前的最后冰期鼎盛期。在广西壮族自治区庙岩遗址、柳州大龙潭遗址发现了22000年前的陶器，在江西省万年县仙人洞遗址、吊桶环遗址和湖南省道县玉蟾岩遗址发现了18000年前的陶器。可以说世界上最早的陶器诞生于长江中下游南部，时值最后冰期鼎盛期的后半期。另外，在日本列岛北部至西伯利亚远东地区，如俄国的乌斯奇诺夫卡遗址、日本青森县大平山元遗址、中国河北省虎头梁遗址等都发现了16500年前的陶器。

　　把这些世界最早陶器的出土地点重叠在最后冰期的古地理图上看，会发现一个引人注目的事实。即，大部分最早陶器的出土地点都分布在与森林地带接壤的地区，那里生活着以矮小、短颅型冲绳港川人和爪哇瓦贾克人（Wadjak）为代表的森林民族（图二）。从这点可以看出，在最后冰期鼎盛期接近尾声时，森林民族率先开始了陶器的制作，并最早进入定居生活。在冰期至后冰期气候变动中森林环境最早得到扩大的中国南部，陶器出现于 22000 年至 18000 年前的最后冰期鼎盛期，而在最后冰期鼎盛期末的 16500 年前日本列岛北部至沿海地区也开始了制作陶器。

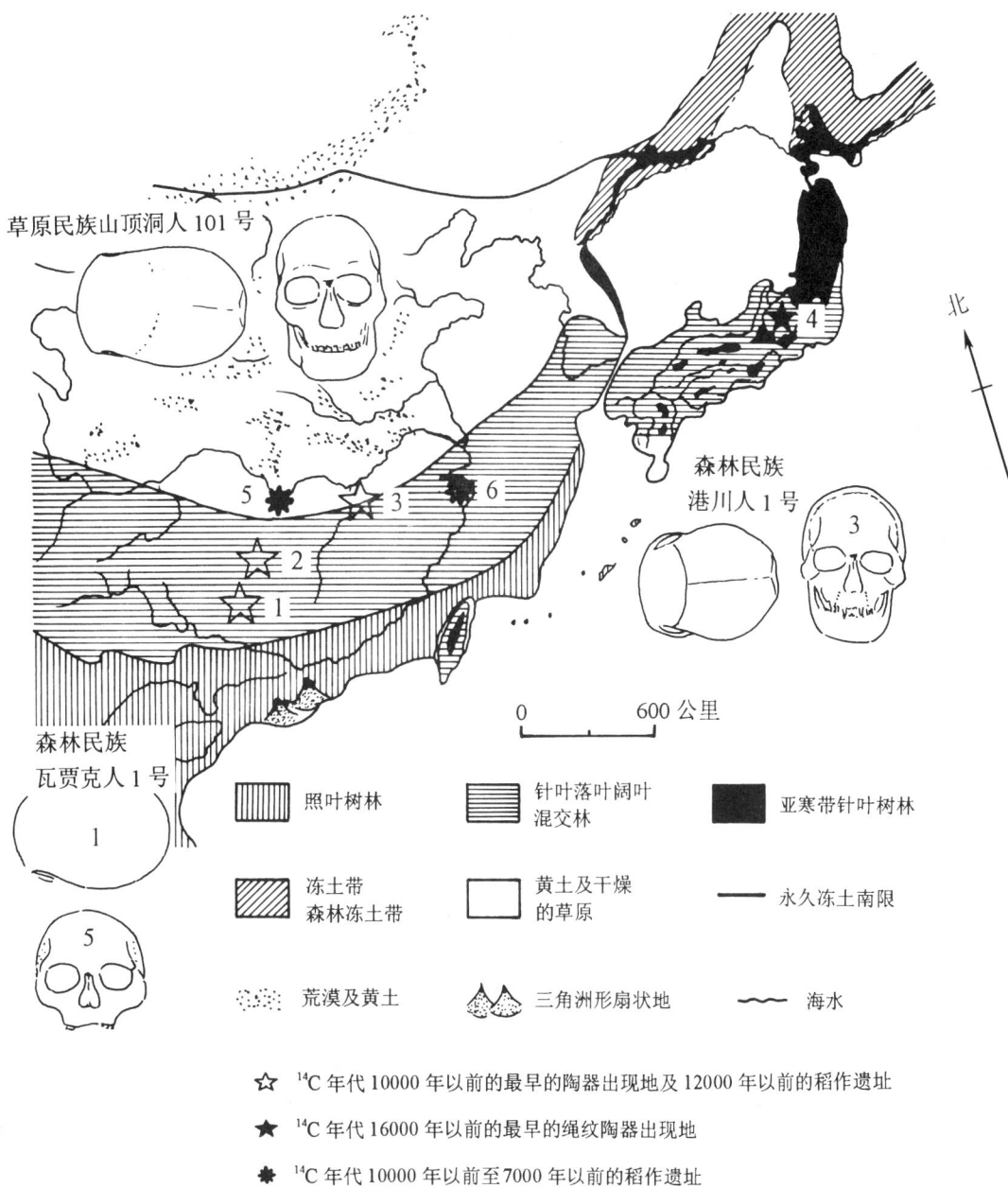

☆ ¹⁴C 年代 10000 年以前的最早的陶器出现地及 12000 年以前的稻作遗址

★ ¹⁴C 年代 16000 年以前的最早的绳纹陶器出现地

✹ ¹⁴C 年代 10000 年以前至 7000 年以前的稻作遗址

图二　东亚最后冰期鼎盛期的古地理和最早的陶器及稻作遗址
1．广西壮族自治区庙岩遗址　2．湖南省玉蟾岩遗址　3．江西省仙人洞、吊桶环遗址
4．长野县下茂内遗址　5．湖南省八十垱、彭头山、城头山遗址　6．浙江省河姆渡遗址

二　从定居革命到农耕革命

率先制作陶器，进入定居生活的森林民族开始了稻作农耕。即，稻作起源同麦作一样，可以追溯到远古时代。

就以往的研究结果来看，可以认为稻作起源于长江中下游地区。据称在仙人洞遗址和吊桶环遗址等石灰岩洞穴遗址中发现了16000年前的稻属植硅石。但就目前而言，玉蟾岩遗址出土的最早陶器和4粒稻壳是可信的。玉蟾岩遗址的陶器年代为距今18000年至17000年前，这是毋庸置疑的。但稻壳年代是否为距今15300年至13800年前，因其年代测定值并非稻壳本身，而是包括稻壳在内的地层中的炭片测定值，故很难说是绝对的测定值。目前把最早的稻作设定在14000年前，其可信度是较高的。

实际进行过稻作的地区是湖南省澧阳平原的八十垱遗址和彭头山遗址。这些遗址并非洞穴遗址，而是台地遗址。彭头山遗址出土的陶器和稻作的年代为距今11600年至7000年前，八十垱遗址出土的陶器和炭化米的年代为距今8400年至7700年前。从这点上看，可以说长江中游地区的稻作起源能够追溯到8000年前。以往作为中国最早的稻作遗址受到瞩目的是长江下游地区的浙江省河姆渡遗址，年代为距今7600年至7030年前，而长江中游地区的稻作起源较其更早。

在森林中定居、制作陶器的森林民族也开始了稻作。在晚冰期至后冰期的气候动荡期，森林开始扩大。人类为适应这种森林和草原的环境，开始在森林中定居。这成为人类掌握植物栽培技术的契机，而人口的增加有必要获得新的食料，因此诞生了稻作农耕。其中，在东亚的稻作农耕地带，渔捞民族发挥了重要的作用。

三　从农耕革命到都市革命

（一）湖南省城头山遗址

以稻作农业的发展为背景，约6400年前在长江流域诞生了都市型聚落。若把稻作起源设定为14000年前，那之后已经过了8000年的岁月。这一中国最早的都市型聚落便是湖南省城头山遗址。

城头山遗址位于湖南省省会长沙市西北洞庭湖西岸常德市澧县澧阳平原（北纬29°42′，东经111°40′）的黄土台地上，其东面约2公里处有彭头山遗址，东北10公里处有八十垱遗址。城头山遗址一带自古为稻作地区。

遗址周围的黄土台地自上而下分为Ⅰ～Ⅳ面四段阶地，遗址位于最高位的Ⅰ面阶地，海拔45米。兵库教育大学成濑敏郎教授的分析表明，在Ⅰ面阶地沉积物上，Stage8的间冰期所形成的红土与这以后冰期的黄土和红土的互叠层厚约5米。最上层的1米由距今17500年以后所形成的黑土堆积而成。阶地Ⅰ面的东部为大片适合用于水稻田的低湿地。年平均气温为16.5℃，年降水量为1272毫米。

（二）中国最早的城墙

城头山遗址的航拍测量结果表明，遗址为直径 315～325 米的圆形城墙所围，城内面积约 8 万平方米。宫冢义人的数字化镶嵌图测量结果表明，遗址的圆形城墙宽 50 米、高 4.83 米，北面、东面、南面各有门。另外以往的发掘和调查表明，城头山遗址的营筑分属四个文化时期，即汤家岗文化、大溪文化、屈家岭文化和石家河文化。

现在露出地表的圆形城墙为 5300 年前屈家岭文化时期的遗物，其背面西北部为蓄水用的堰塘，这种堰塘形成于屈家岭文化时期。自此堰塘有南北二条壕沟顺城墙流下，于东门合流形成堰堤，流入低位的平地。在最高位的阶地 I 面东端开挖灌溉用堰塘，用来控制低位平地上水稻田的灌溉用水，这可视为屈家岭文化时期城头山遗址的重要功能之一。

以往的调查表明，屈家岭文化时期的城墙之下为大溪文化早期的城墙和堰塘。日本名古屋大学年代测定资料研究中心对大溪文化早期遗物包含层的木片所进行的 AMS[14]C 年代测定结果表明（参见本书《用最新型的加速器质量分析装置精确测量 C[14] 年代》），其为大溪文化早期（公元前 4400～前 4200 年），即 6400 年至 6200 年前中国最早的城墙。6400 年前出现的、具有环城城墙规划的古城遗址，在考察人类史上是值得大书特书的。中国的都市革命起源有可能追溯到 6400 年前。此后，截止屈家岭文化时期，有过三次城墙的筑造，时代越后，城墙的规模越大，并向外侧扩展。

四　城头山遗址周围为茂密森林的干燥高地

1997 年在南门（C 地点），于大溪文化早期城墙外侧发现了疑为码头的船坞形遗构。这种船坞形遗构深超过 7 米，大溪文化时期的沉积物由超过 3 米厚重的有机质黏土层构成，在其最底部发现了用来固定泥土的木桩、竹编等大溪文化早期（6400 年前）遗物。对船坞形遗构上部所发现木片的 AMS 年代测定（加速器质谱[14]C 年代测定）表明，在大溪文化中后期（距今 5700～5300 年前），这种船坞形遗构被急速埋没，并在上面筑造了屈家岭文化时期的城墙。通过对有机质沉积物的孢粉分析和植硅石、昆虫化石、寄生虫、大型植物遗存的分析，可以复原大溪文化时期的环境。

首先，冈山理科大学守田益宗的孢粉分析结果表明，在城头山遗址附近，大溪文化早期（距今 6000 年前）生长过青冈栎类（Quercus）及栲类（Castanopsis）、枫香树属（Liquidamber）、松属（Pinus）等混交林。它说明相对以往古代发达的美索布达米亚、印度河文明发祥地森林稀少的干燥地带而言，长江流域的湿润地带与美索布达米亚低地和印度河低地相比，是一种诞生于茂密森林环境中的森林文明。城头山遗址位于常绿阔叶林覆盖下的、较为干燥的高地上。

千叶大学那须浩郎通过对植物遗存的种类分析表明，其多为长于路旁的蒴藋、旱地杂草野芝麻属、悬钩子属、藜属，部分城内环境干燥，为荒野蚕食；堰塘中生长着莎草、萤蔺属等水湿性植物；遗址周围的台地为干燥的草原，生长着禾本科的白茅、艾蒿等。另外，皇学馆大学外山秀一发现了大量的稻壳和稻属植硅石，这说明大溪文化中期以后，城头山周围进行过大规模的稻谷栽培。

　　这一发现与以往认为的初期稻作农业发生在生长着大片芦苇的低湿地的假说完全不符。遗址的附近存在着森林，其周围生长的不是芦苇，而是白茅等半干燥草原，点缀其中的湿地极有可能就是适合初期稻作农耕的土地。为此，那须在对其周围的环境和杂草种子的种类作出判断后认为，初期阶段栽培的可能是"水陆未分化的稻谷"，同时认为旱田耕作也发挥了重要的作用。

　　民俗学家萩原秀之郎曾指出：白茅至今仍为长江流域少数民族重要的崇拜对象，在代表良渚文化的玉器中绘有采用白茅举行祭祀的图案。可以认为，长江流域重视白茅而非芦苇的背景中，蕴含着一个事实，即初期稻作农业开始时的环境为白茅丛生的半干燥地带的湿地周边。

五　世界最早水稻田的发现

　　1998年度日中联合进行了城头山遗址东门F地点的发掘调查，此处为澧水支流的水源附近。在东门F地点发现了城墙筑造之前汤家岗文化时期的水稻田（约6500年前）（图三），这是目前所探明的世界上最早的水稻田。外山教授的植硅石分析结果表明，在此之前于7000年以前的底层也发现了大量稻属植硅石，因此这一地区的水稻田极有可能追溯到7000年以前。

　　水稻田分为上、下两层，上层相当于汤家岗文化向大溪文化的过渡期，为6500年至6400年前。通过对植硅石进行分析，发现了大量稻壳硅质体，在一般的水稻田遗构中发现如此大量的稻壳硅质体实属罕见。大溪文化初期水稻田中残留有如此大量的稻壳，一定是举行过某些宗教祭祀。在日本的池上曾根遗址及滋贺县白凤时代西河原森内遗址也出土过大量类似的稻壳硅质体。外山教授在比较了这些遗址的状况后认为，城头山遗址中的稻壳是大量地从外部搬运到城内来的。

六　中国最早稻作祭祀遗构的发现

　　所发现的祭坛覆盖在汤家岗文化时期的水稻田上，在此曾举行过稻作仪式。祭坛由长径16米、短径15米、面积超过200平方米的椭圆形大型土坛和深超过1米、直径约1米的四十多个祭祀坑组成。在祭坛周围发现了大量的红烧土、炭渣和陶片，在祭坛上部还发现了圆形灰坑，从中央出土了棒状石，并发现了类似柱洞的痕迹。从方形或长方形灰坑中出土了5具人骨。人骨为屈肢葬，头朝向东南方。其中M774最大，左侧为屈肢葬的人骨，右侧葬有动物骨，为牛科牛的下颚骨。京都大学灵长类研究所本乡一美助教在人骨上发现了鹿科动物骨（疑为獐）。在祭坛南部发现有数个大型深坑，其中H326出土了大型鱼骨（疑为犀牛骨）。名古屋大学北川浩之对这些动物骨骼进行了AMS^{14}C年代测定，但由于胶原质残存量少，未能得到满意的结果。七田忠昭关于吉野里遗址的报告称在吉野里遗址中发现了祭坛和大量用于祭祀的红色陶器，而这次在城头山遗址祭坛周围发现的陶器也是红色的，它们之间当存在着某种关系。

　　位于城内的水稻田和祭坛与祈祷稻作丰登的农耕仪式密不可分。用于生产的水稻田本应在城外，城内的水稻田被视为用于某种仪式。又，从发现大量稻壳硅质体这一点来看，这里举行过与

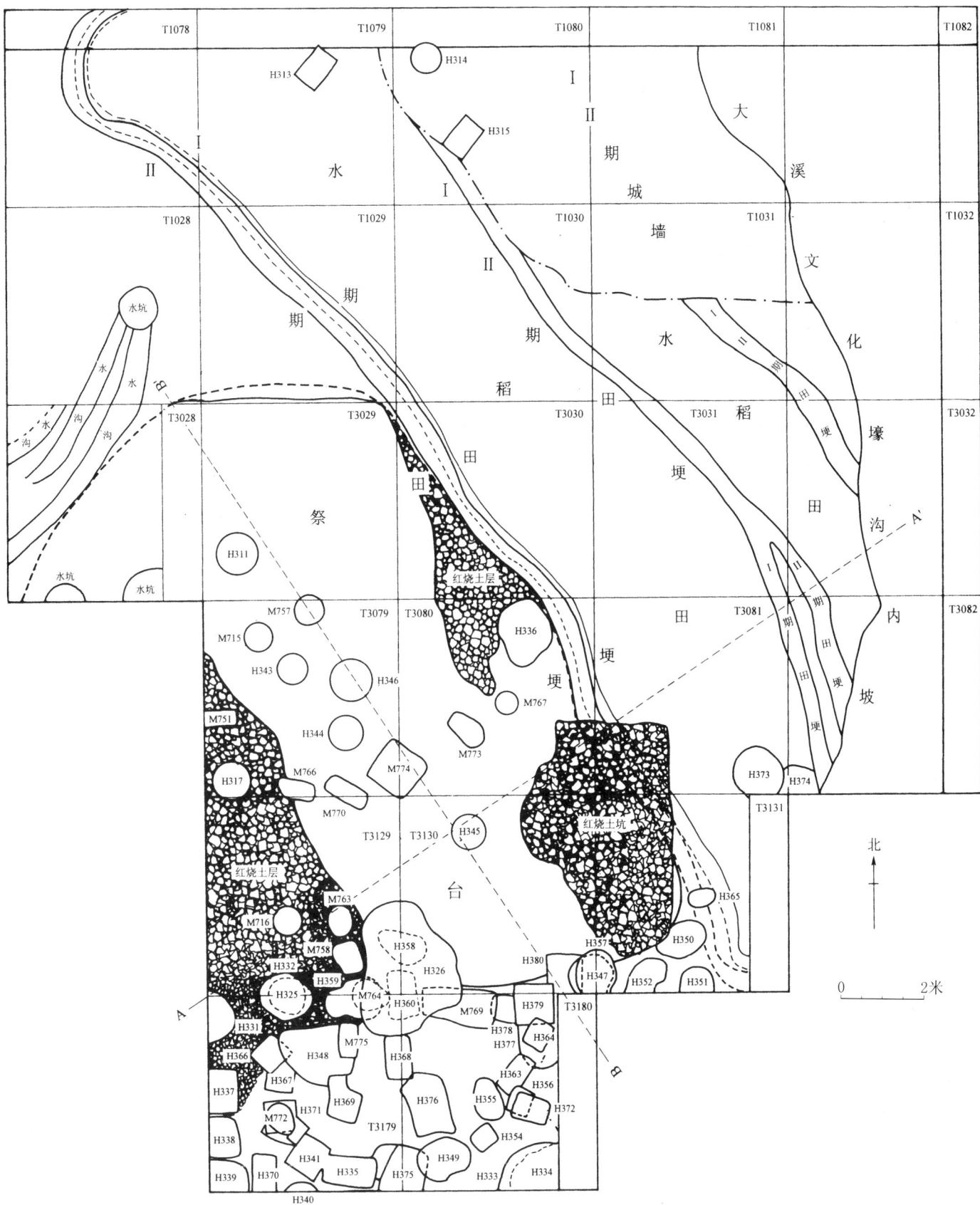

图三　城头山遗址古稻田和祭坛遗迹平面图

稻壳有关的祭祀。这种仪式从流传至今的日本各地有关稻壳的祭祀来推断，极有可能为收获、分配翌年稻种的仪式。牛的下颚骨和人骨同时下葬、犀牛骨有烧过的痕迹、日本弥生时代被视为圣兽的鹿的同类动物骨置于人骨之上，这几点表明，这些动物都可被视为稻作农耕仪式上的牺牲。没有其他人骨和随葬品、膝盖极度弯曲的屈肢葬也有可能是供奉的牺牲，但有关这一点目前尚不能断言。

　　日本《播磨国风土记》等书中有用活鹿的血涂在稻种上祈祷丰收的记载，在东南亚和印度现今仍广泛举行这种稻作仪式。国立民族学博物馆佐佐木高明等学者曾指出这种血的仪式在稻作农耕社会中的重要性，并进行过调查研究。这次发现的城头山遗址祭坛就是举行过这种最早稻作血仪式的祭坛。把鹿类和牛类动物的血涂在稻种上或把稻种浸在血中就是为了祈祷丰收。以往东南亚被视为这种血的仪式的起源地，但这种仪式在最早的稻作发源地长江中游地区，早在6000年前就已存在。其后在云南省昆明滇池周边发达起来的汉代滇王国的青铜贮贝器等器物上，也铸有牛被当作牺牲的仪式场面，或许可以说这种血的仪式的原形在6000年前就已形成，它是日本新尝祭的原型，是一个在研究日本文化渊源上不可忽视的、划时代的发现。

七　稻作农耕和太阳崇拜

　　这次所发现的、举行过最早稻作仪式的祭坛位于东门，因此其仪式与太阳升起的东方方位关系密切。弥生文化博物馆金关恕馆长曾指出，日本弥生时代的稻作农耕与太阳崇拜、鸟崇拜具有很深的关系。中方学者也不断指出长江文明与太阳崇拜、鸟崇拜在稻作农耕社会中的重要性，并指出太阳、鸟崇拜的起源极有可能8000年前产生于湖南省。正确的话，可以说这种祭坛就是以太阳、鸟崇拜为背景、举行稻作丰登仪式的祭坛。它使人联想到日本的新尝祭。

　　1996年日中联合发掘调查了四川省龙马古城宝墩遗址，从长轴1100米、短轴600米的长方形城墙所围的对角线中心部发现了土坛，在土坛东北角也发现了作为牺牲的人骨。笔者曾指出，土坛上举行的祭祀是把人们聚集到都市中来的重要原因。此城墙的年代按^{14}C年代测定为公元前2500年，这与中国学者的见解一致。因此，城墙和城墙内空间可以追溯到4500年前。但有关土坛的年代，由于其后在汉代破坏严重，中方学者和日方学者意见不一。但是，这次在城头山遗址城内发现了土坛，且已确认为祭坛，并有可能部分推测其祭坛当时的具体状况。总之，发现了较龙马古城宝墩遗址早近2000年的古祭坛。从这点可以指出，在以稻作为生活基础的长江流域，城内设置土坛用于举行稻作丰登的仪式，这是都市诞生的重要因素。城头山遗址和龙马古城宝墩遗址的这一共性，为我们提示了长江文明共通的文明模式。也可以这样说，筑造城墙、城内堆筑土坛、举行稻作丰登仪式，这是将人们聚集到都市来的重要原因。即，在稻作农耕社会中，都市具有强有力的作为"祭祀中心"的功能。

　　近年来，在佐贺县吉野里遗址也发现了48米×48米的方形祭坛，其规模和形态与龙马城宝墩遗址极为相似。可以说，日本弥生时代的稻作农耕社会的发展也沿袭了长江文明的模式。

八　世界上最早烧成砖的发现

1998 年，我们把这种泛红色的黏土块当作祭祀生火时自然形成的红烧土。2000 年，我们扩大调查范围，对祭坛背后进行了发掘。结果证实，所谓的红烧土是人为铺垫在祭祀坑底面的。其大半不定型，但其中也有近似长方形的。很明显，这并非祭祀活动中偶然产生的，它是在祭祀活动开始前出于某种目的铺垫在祭祀坑底面的。

因此，它有可能就是烧成砖，即事先烧制黄土，用于祭祀活动或建筑材料。为此我们采样进行了烧成温度和化学成分的荧光 X 分析，分析由京瓷株式会社的渡会泰彦负责。从黄土的样品和烧成砖的化学成分 SiO_2、Al_2O_3、Fe_2O_3 的含有比率相似这点看，烧成砖使用的是约 20 万年前 Stage8 间冰期的古红色土壤。Stage8 古红色土壤埋没在阶地面下约 5 米处，土色泛红的原因很明显是含有大量 Fe_2O_3，可以认为当时的人们是特意采掘含有大量 Fe_2O_3 的 Stage8 古红色土壤作为原料使用的。

为测定烧成温度，研究者对烧成砖的矿物成分进行了分析，结果表明其中含有高岭土、石英、长石和赤铁矿。通过红外线吸收光谱分析得知，高岭土经热分解后转化为超高岭土时发生结晶结构的变化。用 400 摄氏度、600 摄氏度、800 摄氏度温度在大气中分别加热黄土 1 小时，弄清了它们的红外线吸收光谱。在不加热的状态下，波数在 $3700cm-1$ 时发生了起因于高岭土的吸收。但随着加热温度的增加，其吸收峰值减少，当加热到 600 摄氏度以上时，其吸收峰值消失。这是因为由于加热高岭土发生脱水分解，吸收峰值消失。而烧成砖所含高岭土的红外线吸收光谱的测定结果表明（图四），每种样品中都没发现高岭土的吸收峰值。因此，很明显，大溪文化早期的红烧土至少是经过 600 摄氏度以上温度烧成的砖。

以往都认为最早的砖出土于印度河文明时代，即公元前 4000 年前的巴基斯坦的 Mehrgarh 遗址 1A 期。但那是靠阳光晒干的砖，美索布达米亚很长一段时期也使用过这种砖，时代为公元前 3500 年。烧成砖的出现为公元前 3500 年。这次在城头山遗址发现的烧成砖有着充分的证据，就目前而言它是世界上最早的砖。

2000 年的发掘调查还表明，城头山遗址在进入 5300 年前的屈家岭文化时期后，道路上敷满了这种烧成砖。这些不定型的砖厚约 10～15 厘米。这种道路上敷满烧成砖，在印度河文明时代出现于公元前 4500 年的摩亨朱达罗遗址。长江流域与美索布达米亚、印度河流域相比，多雨潮湿，靠阳光晒干的砖会很快瓦解，也不能用于建筑或土木材料，因此烧成砖应运而生。孢粉分析结果表明，城头山遗址附近存在以青冈栎类和栲类为主的森林，森林为砖的烧制提供了燃料。笔者主张长江文明是森林文明，砖的烧制是森林文明高科技的体现。可以认为，茂密的森林环境为之提供了大量的燃料，它是产生世界上最早烧成砖的重要原因之一。

另一方面，植硅石的分析结果表明，在城内沉积物中发现了大量的稻壳硅质体，它暗示在脱谷结束后，出于某种目的大量的稻壳被运入城内。在稻作农耕地带多把稻壳作为燃料使用。渡会氏做过能否用稻壳烧制砖的实验，即把砖埋在稻壳中进行 24 小时烧制，结果烧成了硬度几乎等同于大溪文化时期的砖。因此，稻壳也极有可能被用来作为烧制砖的燃料。

表面

内部

无高岭土高峰值

Q: 石英

4000.0　3600　3200　2800　2400　2000　1800　1600　1400　1200　1000　800　600　450.0

波数　（cm—l）

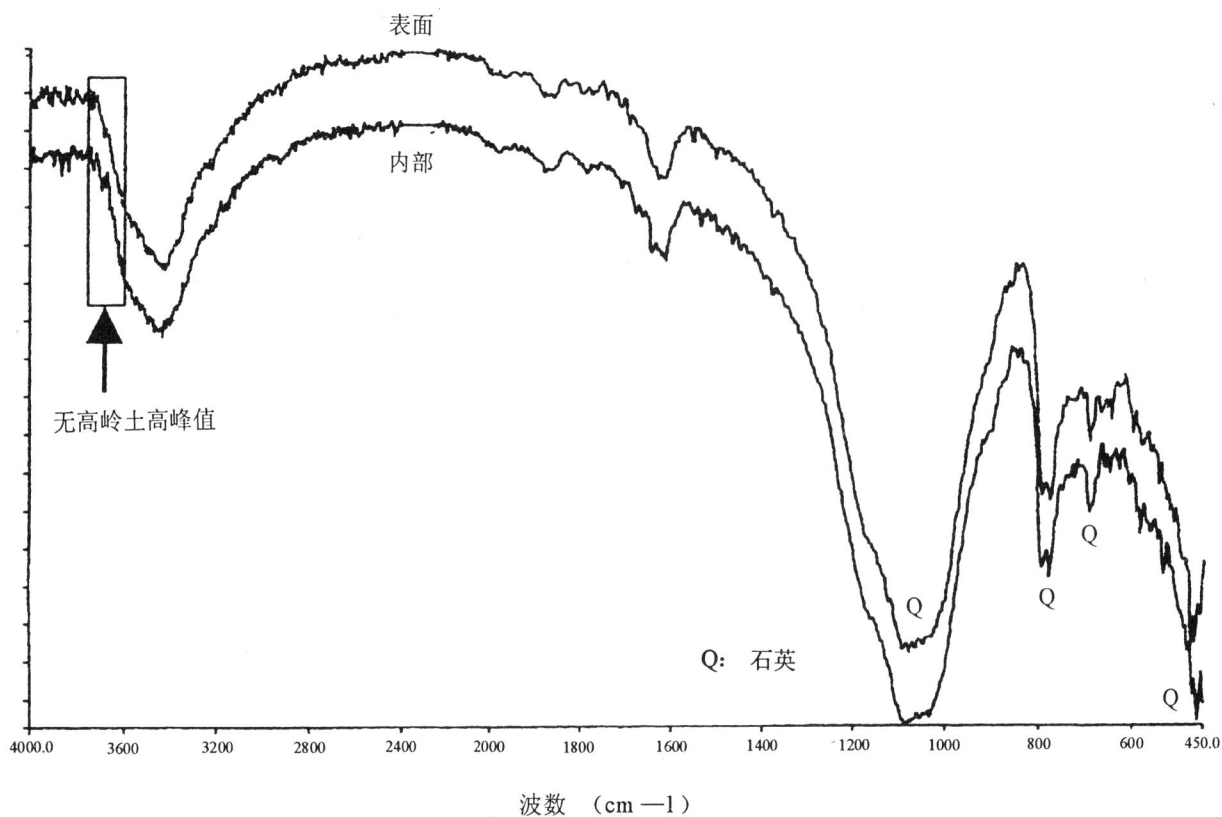

图四　城头山烧成砖所含高岭土红外线吸收光谱测定

九　中国最早的祭祀场神殿（神殿）和祭政殿（王宫）

以往的调查结果表明，城头山遗址的城墙出现于 6400 年前，在城内还发现了小面积水稻田和祭坛，稻作丰登的仪式把人们聚集到城中来，它是诞生都市的重要原因之一。但是，要证明城头山遗址是长江文明最早的都市遗址，就必须发现王宫和神殿。

在 2000 年的调查中，我们在位于城头山遗址最高处的遗址中央偏西的地点，发现了敷垫砖块的、5300 年前屈家岭文化早期的建筑居址。用来敷垫建筑物地基的烧成砖多已变形，能够推测原来砖块形状的遗物极少，但也有若干能够推测原来砖块形状的遗物，其中含有近似 20 厘米×30 厘米砖形状的遗物。使用烧成砖敷垫建筑物的地基，它是世界上最早的实例。这些营造在红色烧成砖地基上的大型建筑物极有可能就是王宫。

据日本东北艺术工科大学宫本长二郎教授的研究，这些大型居址建筑的共同特点为：①建筑物的侧壁是在基槽内立柱，壁柱间相距 20～50 厘米，为泥墙式结构；②脊檩、檩条不采用人字架形式支撑，而采用古老的在地面立脊柱和立柱的形式支撑；③主要建筑物的出入口有突出型台阶；④建筑物的规模和面阔尺寸有固定的规格。

宫本教授还指出，屈家岭文化前期的建筑压在用烧成砖敷垫后的大溪文化末期的墓地上。建筑平面上排列有正殿、前殿和侧殿，从这里看其建筑遗构具有祭祀祖先的宗庙或举行仪式的神殿的性质。

在神殿西侧还发现了大型居址。其规模为东西 9.7 米、南北 8.7 米的方形建筑，四周围有基槽；南面中央基槽南折，建有长 1.95 米、宽 1.5 米的突出型进口。在沟槽外部，还发现了与其并行的南、西、北面有支撑挑檐的支柱柱洞。自南、西面建筑侧壁外 1.7 米，北面建筑侧壁外 1.6 米处为列柱回廊。

屋内沿建筑物侧壁四周为台子状遗构，屋内北部三分之一处有一排柱洞遗迹。台子状遗构除东、西、南面的中央部分外，沿各面壁墙围成一个高约 80 厘米的土坛。土坛的宽度南面为 0.7～0.9 米，傍东西壁分别宽 1 米和 1.5 米，北面约 2.6 米，连接北面土坛的东、西面北半部土坛宽度较南半部略宽。屋内地面由于后代的人为破坏，保存状态较差，但南面台子状遗构在出土时仍可确认出方格状的细小沟状压痕，有可能上面曾铺有木地板。

屋内发现有用于分隔房间的立柱痕迹，这种分隔不是砌固定的间壁，而是采用布帘等。如同天皇召见时所用的那种布帘。

屈家岭文化前期的大型居址平面形式接近正方形，并绕有列柱回廊，存在敷垫烧成砖的台子状遗构，这可以被视为城内首领居住的主要建筑物。它作为居住使用是毋庸置疑的，但屋内不见日常炊事痕迹，存在开放式的室内空间，里间又为首领的专用位置。因此，宫本教授指出，这是首领举行仪式的祭政殿。

因此，在城头山遗址，既发现了祭祀场神殿（神殿），又发现了祭政殿（王宫）。这样，加之祭坛的发现，王宫、神殿、祭坛，这都市文明的三要素都已齐全。可以断言，城头山遗址是长江文明最早的都市。

一〇　长江文明的主力军

鸣门教育大学米延仁志博士所作城头山遗址出土木材和炭片的分析结果表明，城内发现的木材大半为枫香树（Liquidamber fomosana），其检出率高达 80% 以上（图五），而当时生长最多的青冈栎类（Quercus）等其他树木和炭片却基本未被发现。冈山理科大学守田益宗副教授的孢粉分析结果表明，城头山遗址周边自大溪文化早期以来，生长着以青冈栎类及栲类（Castanopsis）、枫香树（Liquidamber）、松属等的混交林。而当时生长最多的常绿青冈栎（Quercus Cyclobalanopsis）等其他树木和炭片却基本没被发现。枫香树孢粉检出率不到 10%，周围环境复原的树种和城内所发现木材的种类相差很大。再者，分析过大型植物遗存的那须氏也未能发现枫香树叶子和果实。若城头山遗址附近生长过枫香树的话，应该会有更多的孢粉和大型植物遗存。可以认为，在城内所发现的枫香树，是人们有选择的砍伐的枫香树，人们把树木运回城内用做建筑部材。

那么，这是为什么呢？米延博士认为，枫香树材质柔软，使用当时的石器技术易于砍伐，作为建筑材料也便于加工，这是其重要原因之一。尽管如此，对枫香树的热情异常倾注的城头山遗址的人们，理应是构筑了与枫香树有着某种关联的文化。

诸如此类的实例在其他民族中也有存在。在现今中国的少数民族中，有把枫香树作为民族生命树来崇拜、称自己是枫香树子孙的神话。例如苗族，在村寨的中央广场竖有枫香树的芦笙柱，

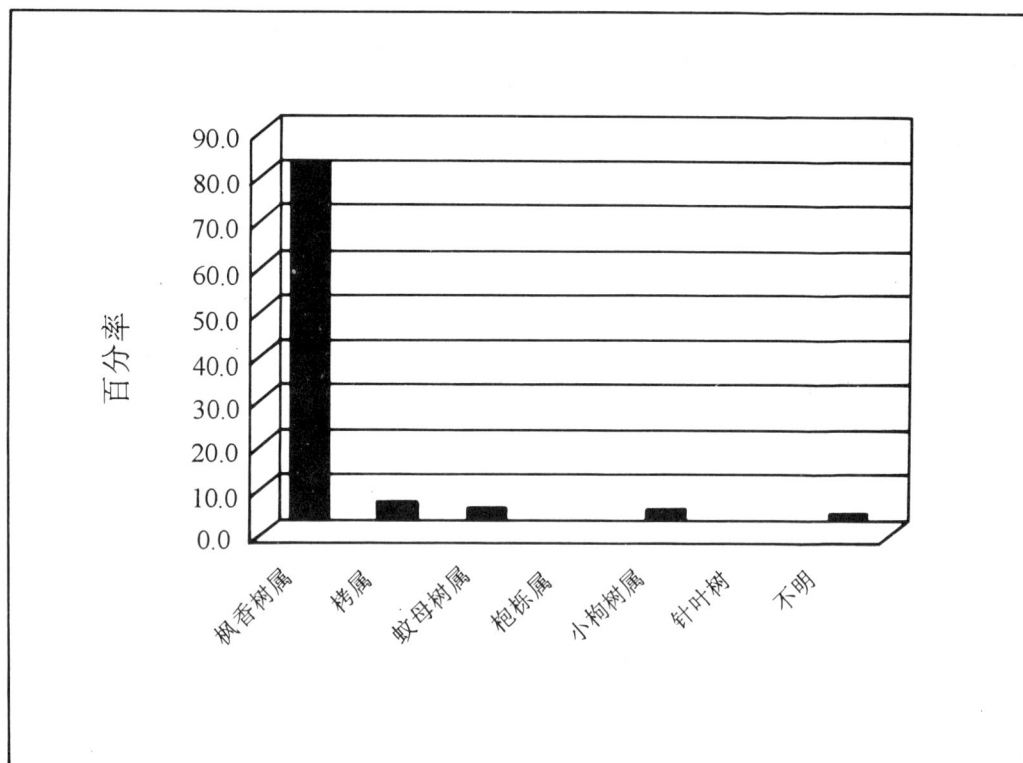

图五　城头山遗址出土木材的种类（米延仁志）

节庆时人们身着鸟羽装饰的衣裳，打着枫香树做成的木鼓起舞。司马迁《史记》中有在长江流域居住的"三苗"民族经常与中原发生战争的记载，还有尧、舜、禹三代从中原进入"三苗"居住的江汉平原，打败"三苗"的记录。在苗族的传说中也称自己民族原本生活在长江中游地区，后遭其他民族追杀被迫逃入山区地带。

　　人类学博物馆松下孝行馆长对城头山遗址出土的人骨进行的测量分析表明，多数人骨的身长都在 160 厘米以下，个子矮小。就一般而言，长江流域的人们，包括苗族在内，较中原人矮小。因此，当时城头山遗址的居民极有可能就是现今作为少数民族生活在云南省、贵州省山区地带的苗族、侗族等民族。苗族和侗族是森林民族，至今仍继承着森林文化，可以说是森林文明——长江文明的主力军。

一一　古代都市自然受破坏和污染的情况

　　据守田副教授的研究表明，进入 5300 年前的屈家岭文化时期，即王宫、神殿以完整的形态出现在城头山遗址时，已有的青冈栎类和栲类森林遭到了严重的破坏。爱知县立明和高等学校森勇一博士的昆虫化石分析表明，聚集在人类和动物粪便上的 Aphodius sp.，食粪性甲虫 Onthophagus sp.，聚集在污物上的大型苍蝇类 Calliphordiae，Muscidae 的蛹，食尸性的 Staphylinidae，Carabidae 等都市型昆虫，在屈家岭文化时期急剧增加。这与天理大学附属参考馆金原正明副教授的寄生虫分析结果，即发现了大量屈家岭文化时期以后的鞭虫卵是相一致的（图六）。这又与进入 5300 年前屈家岭文化时期后，建造烧成砖的建筑物、修筑敷满烧成砖的道路、城内明显都市化的现象相吻合。很明显，随着城头山遗址都市化的进展，城内污染越发严重；同时也证明在 5300 年前的屈家岭文化时期人们开始了都市型生活。从寄生虫卵检出个数来推断，遗址当时的污染程度是平城宫的两倍，估计当时的人口已达 2000 人左右。

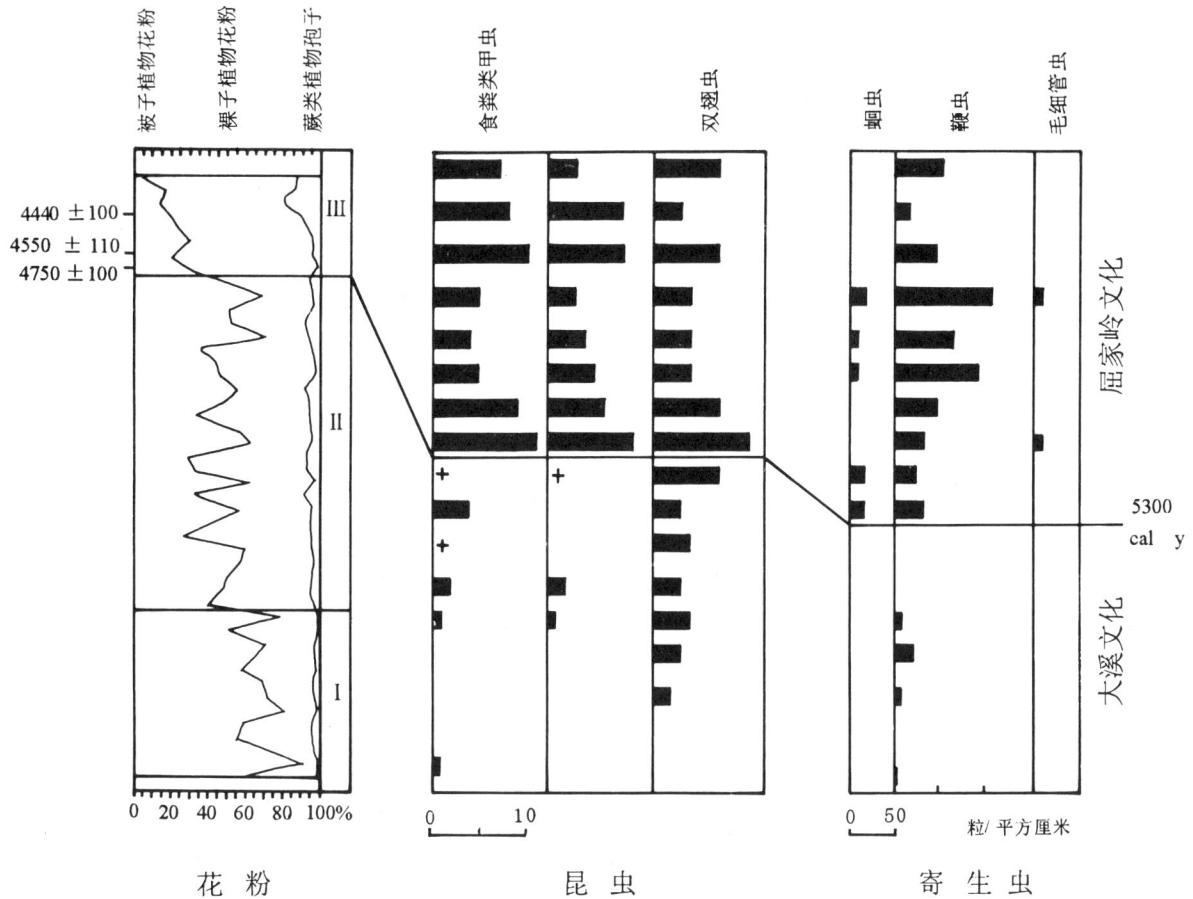

图六　城头山遗址大溪文化地层和屈家岭文化地层中昆虫化石和寄生虫虫卵检出结果

一二　4200 年前的气候变动和长江文明的衰退

城头山遗址在 4200 年前遭到废弃，这是为什么呢？"旱作畜牧文明"极度破坏自然，其结果是大地变为荒野，古代文明为之消亡。你只要站在现今美索布达米亚肥沃的月牙形地带就很容易理解，古代美索布达米亚文明繁荣过的大地如今已成一片荒野。而城头山遗址所在的大地今日仍为五谷丰登的粮仓地带。导致长江文明消退的原因并非自然遭到破坏。

那么，废弃城头山遗址的原因又是什么呢？或许其中之一就是污染。屈家岭文化时期城头山遗址的污染程度是平成宫的两倍，污染程度非常严重。遗址遭废弃的原因可能是伴随人口增加引起的严重污染和疾病的蔓延，另外一个原因就是气候变化引起的民族迁移。

当4200年前城头山遗址遭废弃后，湖北省石家河遗址等长江文明遗址还延续着，但这些遗址在4000年前也急速衰退下去。浙江省良渚遗址、四川省龙马古城宝墩遗址等也在4000年前遭遗弃。4200年至4000年前是长江文明的衰退期。那是什么原因导致长江文明的衰退呢？

图七是 Kato et al. 分析的鸟取县东乡池纹泥总硫磺含量的变迁。5300年前以后总硫磺含量时增时减，但整体下降，4200年前为明显下降期，这种下降期一直延续到4000年前。总硫磺含量的下降引起了海平面的下降，气候变冷。4200年至4000年前为明显的气候恶化期。

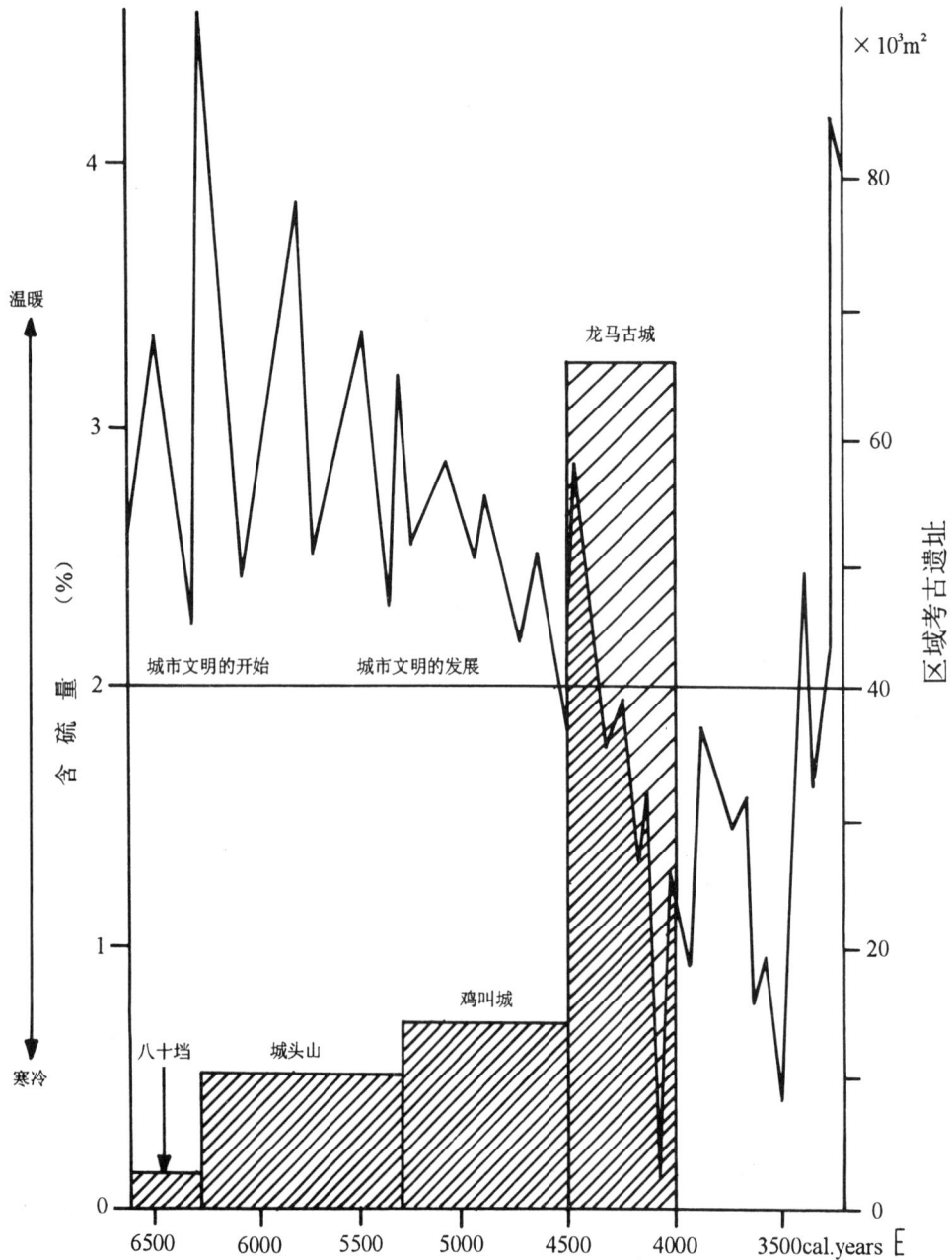

图七　环境的变化和长江文明的波动

在东乡池总硫磺含量变迁图上重叠长江文明的遗址面积变迁图，发现一个有趣的事实。最早的高地稻作农耕聚落——湖南省彭头山遗址、八十垱遗址的面积为 5～6 万平方米，始于 6400 年前最早的都城遗址——城头山遗址的面积为 8 万平方米，5300 年前的鸡叫城遗址为 15 万平方米，也就是说遗址的规模是逐渐扩大的，而并非爆发性地扩大。但到 4500 年前的四川省龙马古城宝墩遗址，遗址规模却突然间扩大到 600 万平方米，同时代的湖北省石家河遗址、浙江省良渚遗址的面积都超过了 100 万平方米。可以说，以 4500 年前为界，长江文明的遗址突然爆发性地变得巨大起来，即突然进入了巨大都市时代。但巨大化的都市在 4000 年前又一下子消失了，就如同巨型恐龙一样，长江流域的巨大都市在 4000 年前遭到废弃。

其背景是什么？目前这个谜尚得不到确切的解答。但笔者认为其原因之一是与发生在 4200 年前显著的气候恶化现象密不可分。在美索布达米亚，诸如阿卡德城之类巨大遗址也是在同一时期废弃的，据 Weisset al. 的观点，其背景中存在气候干燥这一原因。

4200 年至 4000 年前袭击欧亚大陆的气候恶化现象，极有可能是导致长江文明等古代文明消亡的一个重要原因。而导致长江文明消亡的决定因素是气候恶化使得拥有金属武器的北方旱作畜牧民族南下。在美索布达米亚，自然遭到完全盘剥，人口迅速膨胀，4200 年前气候干燥化在两河流域阿卡德城遗址的消亡中具有决定性的意义。但在长江流域的湿润地带，气候干燥化并没有对文明的消亡产生重要影响。而气候寒冷和干燥却给黄河流域的人们带来更大的影响，导致了旱作畜牧民族的迁移南下。事实上，到石家河文化末期，北方黄河文明的要素已十分明显，如从三足陶器——鬲便可看出，中原文化的影响已波及长江流域。因此笔者认为，北方旱作畜牧民族的南下和侵入（图八）在长江文明的衰亡中具有决定性的意义。

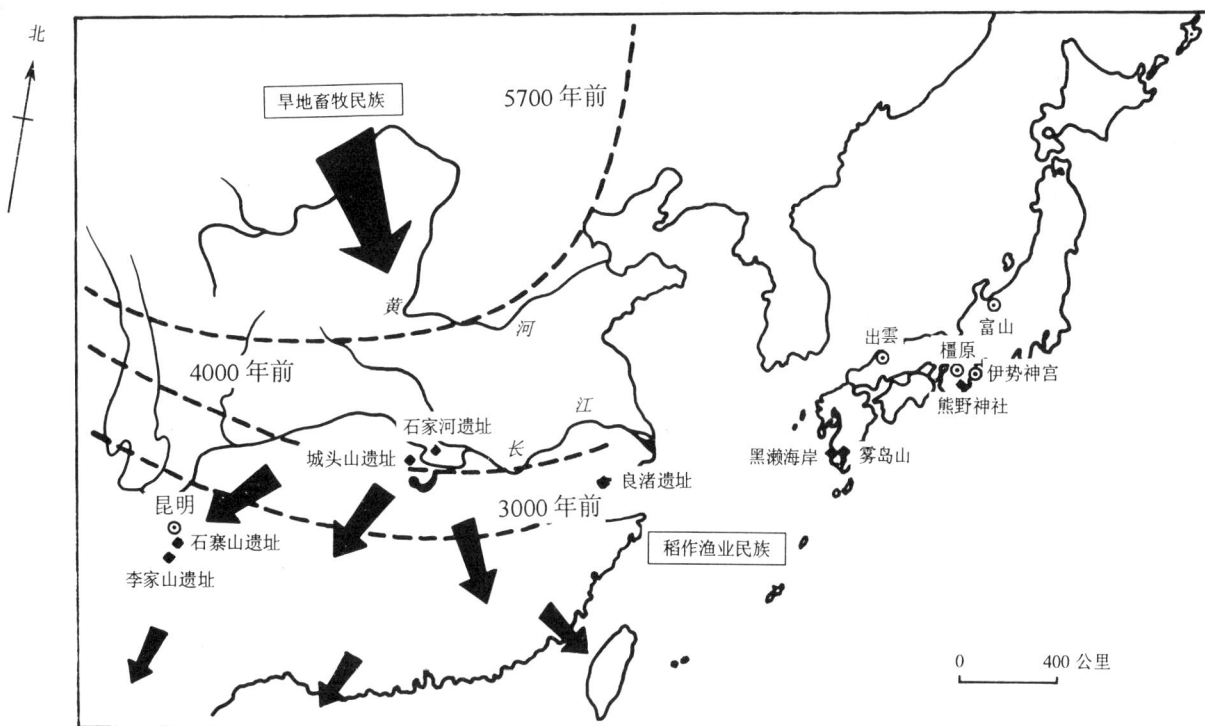

图八 旱地畜牧民族的南下和稻作渔业民族的后退

长江中游澧阳平原的
微地形环境与土地开发

高桥学 (立命馆大学)   河角龙典 (立命馆大学)

一　引言

当今的长江流域有两点引世人注目，其一是以三峡水库建设为代表的现代土地开发和防灾问题；其二是稻作农业的起源和随之产生的长江文明的发生、发展问题。两者看似完全不同，又存在时代差异，但在如何对待环境问题和人类土地开发这点上，基本是相通的。

我们设想将这种环境史、土地开发史、灾害史放入同一视野来思考环境与人类活动的相互关系。基于这一观点，我们参加了中日合作项目（COE）"长江文明的探求"（日方主持人：国际日本文化研究中心教授安田喜宪）。

我们主要负责以下两项研究，其一是根据遥感和实地调查，搞清遗址所在地——澧阳平原现今的地形环境及其变化，其二是参加各个遗址的发掘调查，研究地层沉积状况和土地利用情况，搞清土地利用和灾害的具体情况。

二　调查方法

调查方法以地形环境分析为基础，并对之进行了若干改进。改进的地方主要是积极采用了近10年来发展迅速的遥感和GPS（全球定位系统）测量。以前，遗址的经纬度等大多不甚明确，连地点的确定也成问题。但是，近年来随着轻量、简便、低价位的GPS的出现，尽管精度上存在数十米的误差，但遗址位置的经纬度基本能够确定。这些作为考古学的基础资料是极为重要的。

另外，利用解像度约1米的超高解像人造卫星IKONOS的数据，弥补了不能自由使用航拍照片的不足。通过立体解读经处理后的立体视镜所拍摄的IKONOS数据的信息量极其庞大，据此需要经常改变对遗址的认识。

再者，我们还积极利用了模型机搭载的中型相机所拍摄的部分航拍照片。对于研究已发掘的遗址及未发掘的埋藏遗物的状况来说，高度 200 米以下所拍摄照片的信息十分重要。

这次调查根据 USGS（美国地质调查所）的数据、实地测量所得的数据，制作了 DEM（数据化海拔模型），完成了遗址及周围地形的三维立体图像的制作，这些较以往的调查可以说是重大的进步。

1998 年夏，在实地调查中正遇长江洪灾，为此还实施了对洪灾实际情况及受灾情况的研究。

三　长江流域的地域概况

长江发源于青藏高原东北部，流入东中国海，全长 5,530 公里，流域面积达 1,826,715 平方公里。说起长江流域，给人的印象是一望无际的广阔平原。但是，在小缩尺地图上粗看到的平原地区实际上大半为比高 500 米以下、属中生界的褶皱山地和更新世的丘陵及阶地。LANDSAT MSS 图像清楚地显示了这一点（彩版三，1）。

再者，在看似广阔平原的四川盆地中，真正算得上平原的仅限于省会成都附近。四川盆地的大半由东北—西南向轴线的中生界褶皱的低山地及夹于其中的狭窄盆地所组成。在海拔 550 米～350 米的四川盆地与中游的湖南盆地（洞庭湖在其境内）之间为三峡，长江在此直下数百米（图一）。当通过现正在建设中的三峡水库附近后，河床变得极其平缓，仅为 0.042‰。因此，即便发生洪灾时，长江的流速也不过 1 米/秒。

但是，除洞庭湖、鄱阳湖等湖泊周边及下游的长江三角洲外，长江流域的大半为低山地和丘陵，长江泛滥时受洪水影响的是仅限宽 10 公里左右的漫滩。

长江中下游的地形状况在根据 LANDSAT MSS 数据图像 USGS 的 1km×1km 网格图资料制作的 DEM（彩版三，2）上一目了然。

根据《中国综合地图集》（中国地图出版社 1990 年版）的气象资料可以得知，长江中下游常年年降水量约 1400 毫米，其中降水大多集中在夏季，7 月的降水量为 150 毫米～200 毫米。1998 年 7 月的降水量约 250 毫米。

1998 年发生的长江洪水曾多次出现江河流量的峰值——洪峰，在三峡至武汉段，7 月上旬至 9 月上旬的两个月间共出现了八次。在长江和洞庭湖的观测点，每隔 7～10 天就有一次洪峰出现，上下变动值约 0.5 米。洪峰的流速为 100 公里/2～3 天，一天中的水位变化为 10～20 厘米，对于习惯了日本洪水的我们来说，即便一整天观察长江水面，也察觉不到水面上升。水位上升最为明显的是八次洪峰中的第六次，第六次洪峰于 8 月 8 日到达湖北省沙市。但是，长江中游的降水在 8 月上旬停止，这以后持续晴天，天气炎热，气温超过 40 摄氏度。另一方面，自武汉至下游九江、鄱阳湖湖口，8 月 2 日通过的第四次洪峰最大，其后水位下降。这是由 8 月 7 日长江干流决堤等所致。

在长江流域，1931 年洪灾中决堤超过 300 处，死亡人数为 145,000 人；1954 年洪水中决堤超过 60 处，死亡人数为 33,000 人[①]。与此相比，1998 年洪灾中仅一处决堤，死亡人数锐减。其原因

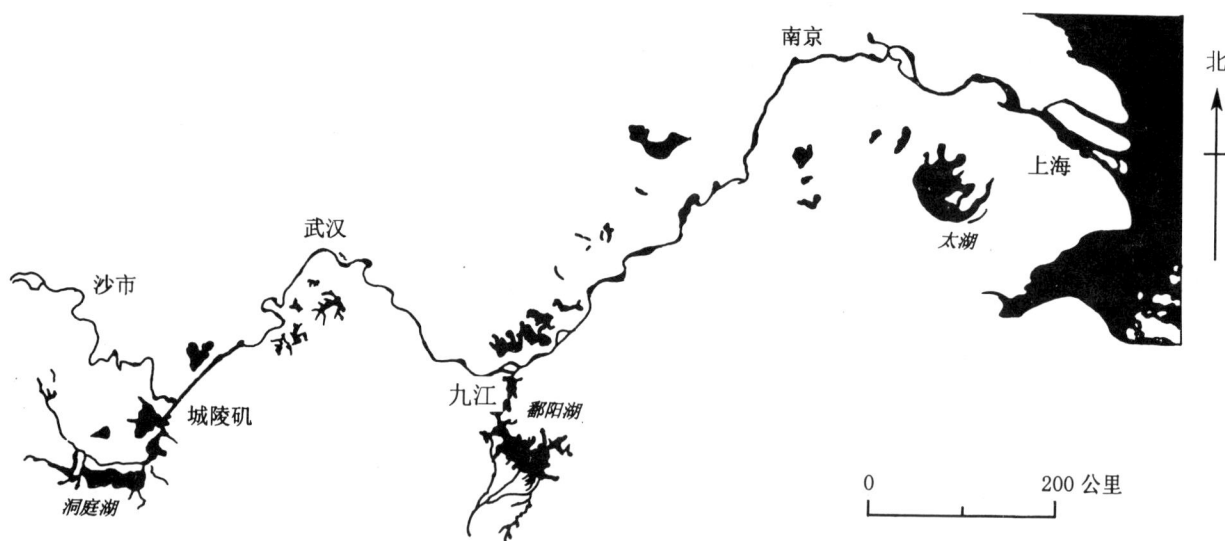

图一　长江中下游地域概念图

是长江干流的堤防虽已到极限，但经受住了洪水的考验。据 LANDSAT 等人造卫星图像，将洪水发生时与平常作一比较就可以看出，自宜昌至下游宽 10 公里的漫滩及长江支流沿岸为洪水所占，洪水状况由外水漫滩型向内水漫滩型转变。洞庭湖、鄱阳湖水位较平时上升了 6 米以上，因此浸水区扩大到了湖周边的小河沿岸。

　　洞庭湖周围土地筑有堤防，相当于日本的防洪村落共同体。这些土地是 17 世纪后半叶以后围湖造田形成的，栽培着谷类、蔬菜、棉花等农作物。与有确切数据记录的 20 世纪 20 年代相比，湖面面积减少了一半。现在用堤防围起的土地分为重点堤内地和蓄水堤内地，保护重点堤内地等其他土地。蓄水堤内地面积约 2625 平方公里，这里居住着约 160 万人[②]，当洪水发生时他们便处于非常困难的境地。在围湖造田地带，最高处为人工筑造的堤防，洪水到来时人们在此避难。1998 年洪水的特点是，长江干流倒流支流、湖泊，堤内降水排不出去，池塘、湖泊涨水，浸水区域扩大。由于原有村落多建在低山地、丘陵、阶地等的尽头，或好不容易免于浸水，或即便浸水也时间不长。相反，在新开辟的堤内地上有计划建造的村落却长时间浸在水中。

　　另一方面，1998 年自秋季至冬季，又出现了破纪录的干旱，洞庭湖水位较涨水时下降了 10 米以上，连船的航行也发生了困难。

　　洞庭湖周边地区 90 年代以来发生了多次水灾，其中最重要的原因是长江上游地区过度砍伐森林所造成的。砍伐森林造成了严重的水土流失。

　　在四川盆地和洞庭湖周边，不仅在海拔 1000 米以下的低山地和丘陵上筑造梯田，而且在盆地西北部海拔 2000 米以上的山地也筑有梯田。这些地方虽开垦成梯田，但由于灌溉不便或地处陡坡，有不少只得放弃耕作，变为荒地，使众多的农民离开土地流入城市。

　　位于四川盆地两侧海拔 4000 米以上的高山区，每年遭侵蚀的土壤不过 500t/km^2，而在低山地和丘陵为主的四川盆地，土壤侵蚀每年高达 5,000～8,000t/km^2[③]。这里的土壤经三峡沉积在长江中下游地区（三峡水库完成后将沉积在水库湖中）。为此，河床急剧上升，形成了大规模自然堤防，或急速形成三角洲。

河床的上升和大规模自然堤防的形成使周围大片土地相对低湿化。如后所述，澧阳平原的大规模自然堤防已延伸至下位阶地面上。

另一方面，洞庭湖和鄱阳湖淤积的日益严重及围湖造田的不断扩大，使人们的居住空间延伸至以往即便浸水也不会造成水灾的场所。从这些情况来看，可以说在长江中下游地区的漫滩和围湖造田地区，即便降水很少也容易造成水灾。

四　澧阳平原的地形环境分析

澧阳平原存在许多旧石器至新石器时代以及历史时代以来的遗址，如彭头山遗址和城头山遗址。1998 年长江洪水时，日本新闻报道（发自北京）称这些遗址都被水淹没了，这其实是误传。澧阳平原从整体上看，大半为洞庭湖湖成阶地面，一般的洪水是淹没不了它的。

从 JERS-1 人造卫星图像可以看出，澧阳平原东侧有一条松滋河，它曾是长江干流，挟带来了沙土、淤泥和黏土，像是要将洞庭湖埋没似的（图版一）。

澧阳平原的西侧为红赤色风化的古生界构成的低山地，北侧为涔河，南侧为古生界低山地及延伸至流经其山麓下澧水边的平原，面积约 450 平方公里。现地表面海拔约 35~50 米，澧阳平原主要是由洞庭湖的水面变化、来自中国西北部的黄土、澧水和涔河的沉积与侵蚀而形成的。

澧水发源于湖南省五道水西北海拔约 2000 米的武陵山地，至大庸流向改往东北，于慈利、石门与支流汇合向东，在流入洞庭湖前与涔河汇合，全长约 270 公里，流域面积 10,000 平方公里。武陵山地呈明显的东北—西南向活断层和断裂线，因此不能忽视地壳运动的影响（彩版四）。

澧阳平原看似没有起伏。18 米×24 米人造卫星 JERS-1 图像的解像度即便扩大到最大时，也仅能分辨澧县、津市县城及澧水、涔河等河流、堰塘等（图版二，1、2）。除此之外，能看见的就是白茫茫一片的大规模自然堤防，而规整的道路、水渠只能勉强看出，分辨不出平原的各个细部。现今道路、灌溉用水渠规划得十分完备，周围为水田地带。为弄清澧阳平原的地形，我们首先制作了 DEM（图版三，1、2）。若仔细观察的话，从中可以辨别出黄土——用于砖瓦厂的原料所覆盖的阶地面、切割谷等。

图版三，1 为自南向北望澧阳平原的截面图。由于高度强调至 100 倍，故有种异样感。但从中可以看出澧阳平原自西向东略有倾斜，存在起伏。十里岗遗址，即砖瓦厂原料采掘场附近地面较周围要高，为微高地（更新世阶地）。澧阳平原附近已非常接近于黄土分布的南限，而这种黄土广泛分布于乌鲁木齐和兰州附近。从十里岗遗址现地表面附近出土了旧石器后期遗物，从其约 1 米下曾出土了旧石器中期遗物，由此可以确认土壤层的年代。

图版三，2 为自东向西俯视澧阳平原的 DEM 图像，由此可以看出在近南端的澧水处，地面标高低且微起伏大。在此图北端的涔河附近，地面标高高且微起伏小。就整体而言，南侧约三分之一处，澧水旧河道或切割谷之类的沟谷地形十分明显。从此分析可以推测，后述的城头山遗址和彭头山遗址位于微起伏大与没有微起伏、平坦地形的交界地带。而鸡叫城遗址则位于没有起伏、平坦的地带。

再者，澧阳平原并非单一的北高南低，中央附近较周围要高，被黄土覆盖的更新世阶地面如同脊梁骨形状，它像一座小岛连接东西。砖瓦厂原料采掘场就在这个位置上（图版四，1）。

这次调查使用了模型机拍摄的航拍照片，此方法对了解遗址全貌确实非常有效。但它不可能把握整个澧阳平原地形。为了修正模型机搭载的中型相机所拍图像的偏差，需要花费很多人力。此外，还存在诸多问题，如照相镜头造成的偏差角大，模型机难与地表保持水平，飞行中模型机又难以掌握拍摄立体视镜照片所需的水平，大范围的航拍在费用上和技术上都存在困难。在仅限于狭窄的遗址航拍，以上诸点未必为其缺点，但若用于平原地形环境分析问题就很大。

相反，使用1998年成功发射的人造卫星IKONOS的图像等超高解像人造卫星数据，对把握如澧水平原之类大范围地形和遗址来说极为有效。对解像度约1米的IKONOS数据进行图像处理并予以扩大时，不仅一家一户的住宅，而且连行驶在道路上的汽车都清晰可见。由于这次IKONOS图像是采用立体视镜拍摄的，能够分辨出图像的各个细部。用遥感软件进行图像处理，刻印已知遗址。在将图像扩大后，发现了若干与以往实地调查已知的遗址分布不同的地方。

图九为澧阳平原的地形分类图，按通常的航拍照片辨读法用立体视镜立体制作而成。图的西北端为山地、丘陵，存在九里古墓等，有切割谷流出的沙土形成支流型扇型地，但其规模很小。

澧阳平原大致可分为高、中、低三位阶地面以及澧水和涔河的漫滩。值得注意的是，就河流而言阶地面并非有序地按低、中、高位分布。高位阶地面呈岛状，像似将中位阶地面和低位阶地面分开。从十里岗遗址可以看出，高位阶地面被黄土覆盖，极有可能在旧石器时代后期已阶地化。其次，中位阶地面的北半和南半部分不同，北半部分起伏小，切割谷极其狭窄。相反，南半部分存在多条澧水的旧河道，曲流明显。不过，此类旧河道存在两种可能性，或为中位阶地面阶地化前已有的澧水旧河道，或为中位阶地面阶地化后受澧水侵蚀形成的旧河道。此外还存在宽阔的切割谷。这种较为宽阔的切割谷呈斜向谷形状，是由中位阶地面阶地化后谷源受侵蚀造成的。因此，极有可能在中位阶地面阶地化以后，由于湖面水位相对低下等原因而形成这种切割谷。这种切割谷的谷源附近坐落着城头山遗址和彭头山遗址，它与遗址的形成存在某种关系（图版四，2）。切割谷的一部分明显为人工开挖的水渠，之后还进行了加宽，在研究澧水平原的地形环境方面其形成时期是一个重点。

另一方面，澧水、涔河上游低位阶地的阶地崖与现漫滩区别得非常明显，越往下游，阶地崖越不明显，阶地崖为澧水、涔河形成的大规模自然堤防所淹埋。

因此，澧阳平原或受到上游微微隆起、下游下沉这种地壳运动的影响，或不能排除在中位阶地面、低位阶地面形成时，洞庭湖水位低；而在现漫滩形成时，湖水相对上升的可能性。

具体而言，中位阶地面在澧水曲流时期，洞庭湖水面较高；相反，在形成谷源受侵蚀的切割谷阶段，洞庭湖水位变低了。再者，切割谷的一部分为人工开挖的水渠扩大后形成的，因此，可以想象谷源受侵蚀的切割谷形成时期稍后。

1998年8月长江洪灾时洞庭湖水位较平常高出约6米，而1998年11月枯水时水位较平常却低了3米以上。由于上游人为地砍伐森林、在江河湖泊人工筑堤造田及湖面变动急剧等原因，此时几乎没有产生切割谷等现象。但是，如若这种洞庭湖湖面变化持续一段时期的话，澧阳平原的

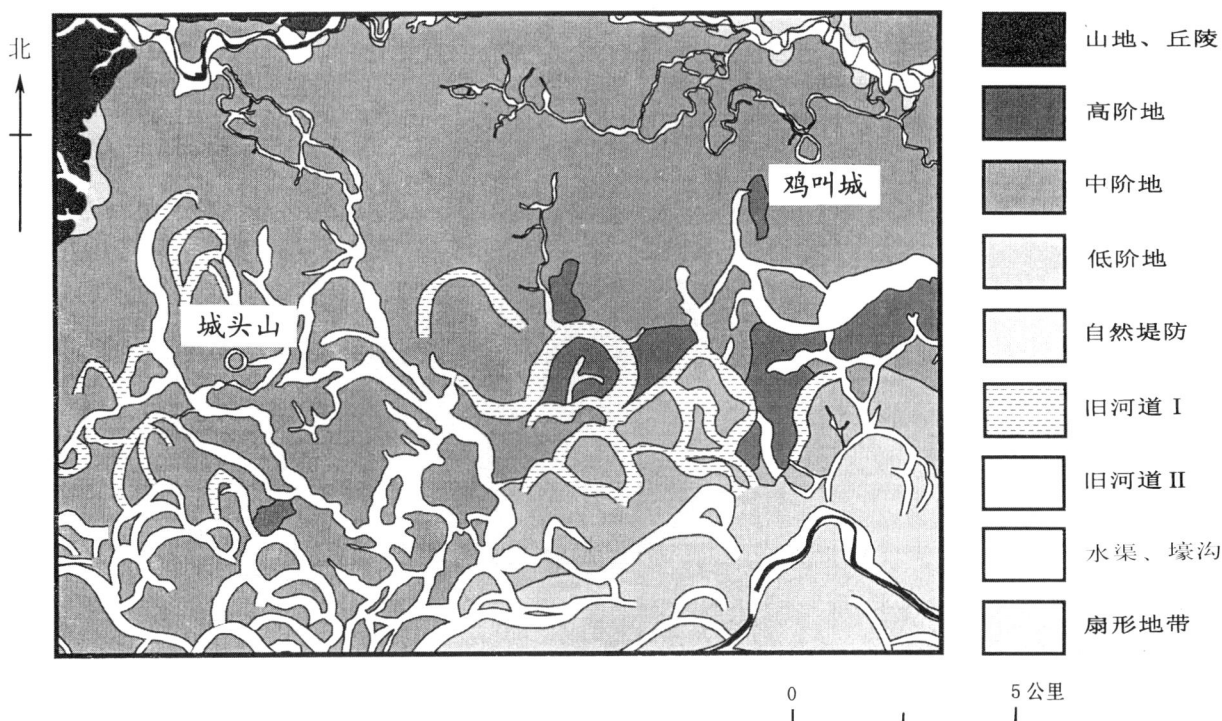

图例：
- 山地、丘陵
- 高阶地
- 中阶地
- 低阶地
- 自然堤防
- 旧河道 I
- 旧河道 II
- 水渠、壕沟
- 扇形地带

0 ————— 5公里

图二　澧阳平原地形分类图

地形环境、土壤的干湿与灌溉条件将受到很大的影响。

现在，澧阳平原主要在中位阶地上分布着计划开挖和修筑的水渠与道路，大面积地进行着水田耕作。但是这些建设都是中华人民共和国建立以后的事，此前的情况与之完全不同。例如，灌溉设施以前主要利用雨水、人工开挖的堰塘、利用旧河道改造的堰塘、切割谷等（图二）。

高位阶地面现在主要用作村落、旱田、砖瓦原料采掘场等，水田极少。何况在以前没有灌溉设施时，难以用作水田。

中位阶地面根据经处理后的 IKONOS 数据的图像，在土地相对干燥的微高地上可以辨认出其为呈淡绿色的地方。为取得立体视镜图像我们分两次进行了拍摄，但因拍摄日期不同存在差异。另一方面，旧河道、切割谷等相对低湿的地方呈深蓝色，分为由刮来的黄土所构成的地区和由于河流作用黄土二次沉积形成河成地形的地区。特别是澧阳平原南部多河成地形地区且非常典型。在这些地区，澧水形成的自然堤防、堤背湿地、旧河道等微地形显著。粗看平坦的现地表下层也存在埋没的自然堤防或旧河道以及旧河道淤泥的堤背湿地等微地形。它们主要分布于澧阳平原北半部分、由刮来的黄土覆盖的中位阶地面，其黄土平面存在类似河成微地形的微起伏，存在由埋藏堤背湿地形成的地区。而且，这种埋藏微地形对居住在城头山遗址等的人们来说，它与人们的重要生业——水田耕作的场所有着密切的关系。例如，在 2001 年度清理城头山遗址时，于已开发的探沟中证实了上述埋藏微地形的存在（图版五，1）。另外，外山秀一从埋藏堤背湿地部分的旧表土中发现了稻属植硅石，表明这里曾用作水稻田[④]。此外在城头山遗址内发现的汤家岗文化时期的水田遗物也利用了这种埋藏地形。这种水田并不完全推翻藤原宏志（1998）草鞋山遗址报告中所提到的、至今在日本已发现多处的不规则小块水田的概念[⑤]；它是由溜井这种利用涌泉的浅井和以此为水源的水渠以及水田田埂划分的水田遗物。再者，通过钻探，在下层50厘米深处发现了稻属植硅石富集的旧表土层，其起源可能更早。就目前而言，可以说上述埋藏堤背湿地的发现对研究当时的生业是很重要的。因此，立体视镜的超高解像人工卫星数据的辨读起着重要的作用。通过这些分析可以认为城头山遗址的西北部埋藏堤背湿地较少，很长一段时期为广阔的旱田、原野和树林等景观，而非水田。另一方面，城头山遗址、彭头山遗址的东南部景观完全不同，可以认为存在许多旧河道和切割谷。

虽说是中位阶地面，但是不能完全按现今的地形状况追溯过去的地形状况。当然，中位阶地面形成于高位阶地面之后、低位阶地面之前，但是说到它们的切割谷，其形成时期严格地说在中位阶地面阶地化之后。切割谷中，有些源于人工水渠建成后经侵蚀作用扩大的，有些在切割谷的沉积物中发现了历史时代的遗物。由此可见，其形成在全新世以后。形成这些切割谷的原因是洞庭湖面的下降及随之导致的澧水、涔河河床的下降。切割谷的形成使得周围的地下水位下降。因此，中位阶地面在切割谷形成期地势高且干燥，它意味着不易引澧水、涔河河水灌溉。若这个时期存在水田耕作的话，则主要是利用雨水和堰塘等。但是，地下水位低难以进行水田耕作，中位阶地面在大范围内为旱田、原野和树林等。

相反，中位阶地面上的旧河道呈明显的曲流状，河床平缓。即，可以推断在旧河道流动时期，较切割谷形成时期洞庭湖的水位相对要高。这意味着即便在中位阶地面，这一时期的地下水位也高，较易引澧水、涔河河水灌溉。因此，若这一时期在中位阶地面上进行水田耕作的话，较为容易。但遗憾的是，有关这些旧河道流动时期的详情，尚未在以往的调查中弄清。

那这种洞庭湖水位变化又是由何种原因引起的呢？若是降水量变化导致的话，那么，在洞庭湖水位低、切割谷形成的时代，河水灌溉根本不可能，甚至连雨水也指望不了。特别在澧阳平原北半部分这种倾向尤为明显。相反，在旧河道流动的时期，人们若要进行水田耕作的话，其基本条件全都具备。特别是在澧阳平原的南半部分，条件更为优越。

低位阶地扩大到高位阶地的南侧，在此一区域内澧水的若干条旧河道非常明显。可以认为低位阶地沉积物在沉积或阶地化时，受到过澧水的影响。低位阶地自澧县县城至下游没有发现阶地崖。这是因为形成于现漫滩的大规模自然堤防掩埋了阶地崖。在低位阶地面遭侵蚀形成的现漫滩上，由澧水挟带来的土沙、淤泥等形成庞大规模的堤防。澧县县城的大部分地区位于这种大规模自然堤防上。这种自然堤防在 IKONOS 图像上或呈白绿色，或为长条诗笺状的细长方形旱田，非常典型。这种大规模自然堤防的排水功能极佳，反照率高，容易反射太阳的辐射光，故图像接近白色调。现今这里除旱田外，还大量种植棉花。大规模自然堤防的形成背景为上游流域连续不断的土地开发，土壤侵蚀严重，现漫滩变窄等等。因此，即便是少量的土沙、淤泥也会在局部沉积，影响人为设定的河流走向。同样现象从日本 11 世纪阶地化后的全新世阶地Ⅱ面与现漫滩的大规模自然堤防的关系中也可看出。在日本，这种大规模自然堤防的形成仅仅集中在 15 至 17 世纪。

有关高位阶地面，从出土遗物等可以看出在更新世末形成阶地化。相反，中位阶地面、低位阶地面的形成时期和阶地化时期，虽然有成濑敏郎等人[6]以黄土分析为主的报告，但本报告与成濑在地形分类图所示阶地面的划分完全不同，无法对比。

澧阳平原的形成不能无视洞庭湖湖面变化的影响。另外，虽然很少，但也受到地壳运动的影响。这些影响不仅是地形发展史的问题，而且在与土地开发、自然灾害等人类活动的关系方面，也是极其重要的。若仅就地形发展史观点来看，可以将覆盖阶地面的黄土编年作为基准。但是从地形环境史，即包括土地开发、自然灾害等在内来看，阶地面上旧河道、埋藏微地形以及切割谷的形成时期等也成为重要的问题。还有地下水位的变化也不可忽视，因此有必要从这种地形环境史的观点出发进行研究。本报告就澧阳平原的地形环境史，得出以下诸点结论。

第一，澧阳平原主要由受洞庭湖湖面变化影响所形成的四面地形面构成。

第二，最早形成的高位阶地面由于采挖用于砖瓦原料的黄土，多处被开挖，能够详细地进行露头观察。出土有旧石器时代遗物的十里岗遗址位于高位阶地面上，因此高位阶地面在更新世纪形成阶地化，后为刮来的黄土所覆盖。

第三，中位阶地面由于地点不同情况较为复杂。澧阳平原的北半部在湖流沉积物上覆盖着刮来的黄土，非常典型。相反，其南半部分澧水曲流的旧河道明显，存在澧水挟来的二次沉积的黄土。因此，澧水平原的北半部分河流沉积的微地形小，而其南半部分存在着由澧水形成的河流沉积微地形。另外还存在为现今地表面所埋没的埋藏微地形，在旧河道淤积的堤背湿地、埋藏堤背湿地，都部分存在过水稻耕作。中位阶地面存在切割谷，其中还存在人工开挖的水渠后来受流水侵蚀扩大的地方。再者，有的地点从淤泥这种切割谷的沉积物中出土了历史时期的遗物。由此表明：中位阶地面形成时，洞庭湖水位很高，切割谷的形成发生在中位阶地面因洞庭湖水位下降、阶地化以后，极有可能为全新世；中位阶地面中，其形成受到澧水影响的地方，即在埋藏旧河道或堤背湿地的部分地点，存在过水田耕作。

第四，在低位阶地面的形成中澧水的影响极大，其阶地化之前，洞庭湖的水位较高，澧水曲流。有关阶地化时期的认识除可以说较中位阶地面迟、较现漫滩早以外，其余不详。

第五，在现漫滩形成有大规模自然堤防，下游流域埋没了低位阶地面的阶地崖。因此，产生了地形逆转现象，有些地方低位阶地面相对要低，以致变成了低湿地。

五　城头山遗址、彭头山遗址、鸡叫城
遗址及周边的微地形分析

澧阳平原存在许多旧石器时代以后的遗物。但以往仅限于实地调查和部分试掘调查。这次在城头山遗址进行了集中的发掘调查，在彭头山遗址和鸡叫城遗址，使用遥控模型机搭载中型相机进行遗址的航拍，并以此为依据进行了空中摄影测量。为此，取得了有关遗址和发掘地点更为详尽的信息。但是，这些方法的使用仅限于局部，不能涵盖整个澧阳平原。这些数据在空中摄影辨读这点上，较使用空中摄影用大型相机尚存在许多问题。在1998年开始调查时，虽然也有若干种人造卫星数据，但在解像度上都难以捕捉到遗址。例如，JERS-1的解像度为18米×24米，不可能捕捉到城头山遗址。但是，1999年底IKONOS发射成功，它搭载有解像度为1米的超高解像度传感器，其精确度可以与空中摄影用照相机匹敌，从而清楚地拍摄了澧阳平原的有关细部。另外当初视为困难的立体视镜图像，通过同一地点的二次拍摄也得到了解决。

通过对IKONOS图像的辨读，我们发现了许多以往完全没有注意到的现象。其中一部分已在前一章涉及，本章将详细探讨城头山遗址、彭头山遗址、鸡叫城遗址的相关问题。

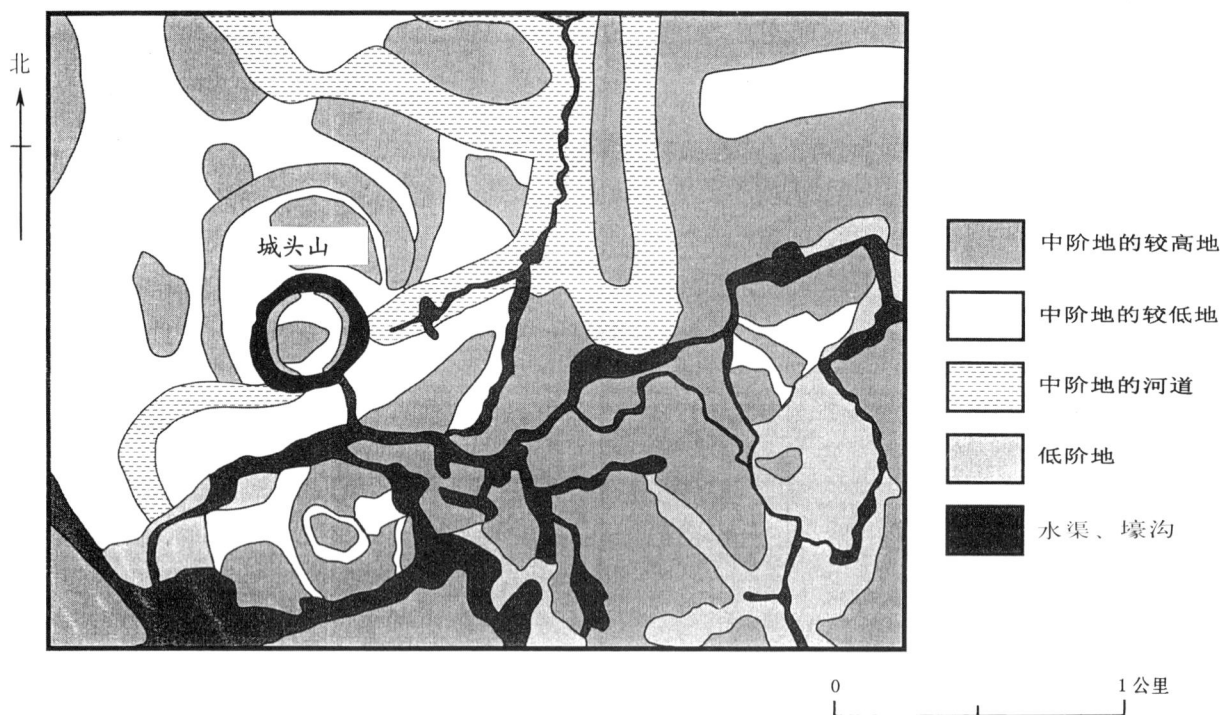

图三　城头山遗址附近的微地形分类图

IKONOS 图像由于气候等各种原因，拍摄在最终年度进行，此时城头山遗址已开始遗址清理，城墙外侧已经过大规模人为改造（彩版五）。幸好有关城头山遗址还保存着用立体视镜拍摄的遥控模型机的航拍照片，据此可以得知大规模人为改造前的情况。

首先在城头山遗址附近，西北部延伸着较为平坦的中位阶地面；相反，东南部地形复杂，存在切割谷等。以往认为城头山遗址为壕沟和夯土所围、直径约 325～335 米的圆形平面的遗址。但通过辨读立体视镜拍摄的 IKONOS 图像发现，除面临中位阶地面上的旧河道的南部外，其四周为直径 1000 米的圆形平面的微高地（图三）。有关这一微高地的性质不甚知之，但从其形状来看，可以认为它与城头山遗址有关。

若这些相互关联的话，那以往所谓的城头山遗址只是双重夯土围起的中心部分（为方便起见，我们将这一范围称为大城头山遗址）。

其次，以同样的精确度观察澧阳平原的话，为人工壕沟或夯土所围的地方，其规模有大有小，不计其数。在城头山遗址以南 500 米处，切割谷和中位阶地面的微低地间存在着双重围起的区域，其形状虽不如城头山遗址规整，但规模可以与其匹敌。

再者，有关城头山遗址以东约 1000 米处的彭头山遗址（北纬 29°41′0.64″、东经 111°40′18.3″）也有新发现。以往认为彭头山遗址为直径 100 米左右的微高地（彩版六）。当初由于此微高地周边看上去像似低洼地，于是预测这里存在壕沟，1997 年度在此进行了多处机械钻探，却未能取得有壕沟存在的数据。然而，根据对 IKONOS 图像的辨读，以往认为彭头山遗址的地方近似于其中心，南北向直径约 700 米、东西向直径约 500 米，为柠檬状平面的切割谷或壕沟所包围。假设它们之间有关联的话，以往称为彭头山遗址的地方相当于彭头山遗址的中心部分、即发现有建筑物部分（以下称壕沟所围的范围时，称为大彭头山遗址）。

首先，大彭头山遗址北侧邻接处，存在近似长方形区域，为切割谷或壕沟所区划。在这里，粗看的话，大彭头山遗址为一系列切割谷或壕沟所包围。这些切割谷或壕沟的形状或呈闭合曲线、或呈直线、或呈直角拐弯等，极有可能是经过人为开挖或修整的。

其次，存在具有前述的长方形切割谷或壕沟西侧部分、不规整且呈闭合曲线的切割谷或壕沟。微地形分类图虽未标出，但在其内侧存在具有南北长轴的长椭圆形壕沟及为其包围的微高地，极有可能是新石器时代的环壕聚落遗址。

下面考察鸡叫城遗址（内壕西南角：北纬 29°43′58.6″、东经 111°46′35.6″）周边地区。

鸡叫城遗址同城头山遗址、彭头山遗址一样，也位于中位阶地面上。其北侧有涔河自西向东流，在这里的中位阶地面与现漫滩之间可看到有明显的阶地崖。鸡叫城遗址东西约 400 米、南北约 300 米，长方形，为城墙所包围，其内侧存在微高地。

切割谷或壕沟至少双重，根据看法的不同或是四重地，包围着遗址，人为地将直线的壕沟、旧河道或切割谷连接在一起，并通向涔河，或是出于供水的目的，或是使之起到运河的作用。另外在鸡叫城遗址南侧中位阶地面的微低地存在双重包围的区域，正方形，规模基本同于鸡叫城遗址（图四，彩版七）。

现今在澧阳平原存在方位不同的两个系统的灌溉用水渠，若粗略地看 IKONOS 图像，可以发现以前有计划建造的直线型灌溉用水渠或运河被挖掘了一部分。这里都是为了自涔河取水，人为地将切割谷和旧河道连接在一起。

若没有 IKONOS 图像，则在澧阳平原很难说已正确地把握了其土地的情况。特别是通过这次调查得知在澧阳平原的各处都存在着规模较大的遗址、灌溉用水渠或运河，而这些仅仅靠实地调查是无法做到的。它们之间、例如同时代性等有着何种关系，这些研究可以说是今后重要的课题。

六　城头山遗址的微地形环境变化与土地开发

根据 GPS 测量，城头山遗址近中心位置为北纬 29°41′06.4″、东经 111°40′18.3″，距澧县县城东北约 10 公里。在 2001 年大规模遗址清理前，其四周环有壕沟，这些低洼地或用作堰塘或用作低地水田，其内侧环有高约 6 米的城墙。在日中合作调查开始前，它已被列为新石器时代重要遗址，以湖南省文物考古研究所为主进行了发掘调查。这些调查都是以发掘、记录遗构和遗物为主，属于纯粹的考古学研究。而日中合作调查则采用了环境考古学观点，调查方法也随之发生了很大变化。

这里笔者报告的是我们负责的有关微地形与土地开发相互关系的研究。首先，我们在调查1998 年夏发生的长江洪灾、探讨长江泛滥影响的过程中，弄清了包括城头山遗址在内的澧阳平原的大半是由阶地地形形成的这一事实。其次，以城头山遗址及以东 1.5 公里处的城头山遗址周边为主，进行了实地调查，试图把握整个澧阳平原的全貌。澧阳平原海拔约 30～50 米，平均倾斜为0.8‰，非常平缓，但并非完全平坦，到处存在着阶地崖。可以认为，澧阳平原是由形成时期不同的多种地形面构成的，分为砖瓦原料、即刮来黄土覆盖的高位阶地面，其后形成的新的数面阶地

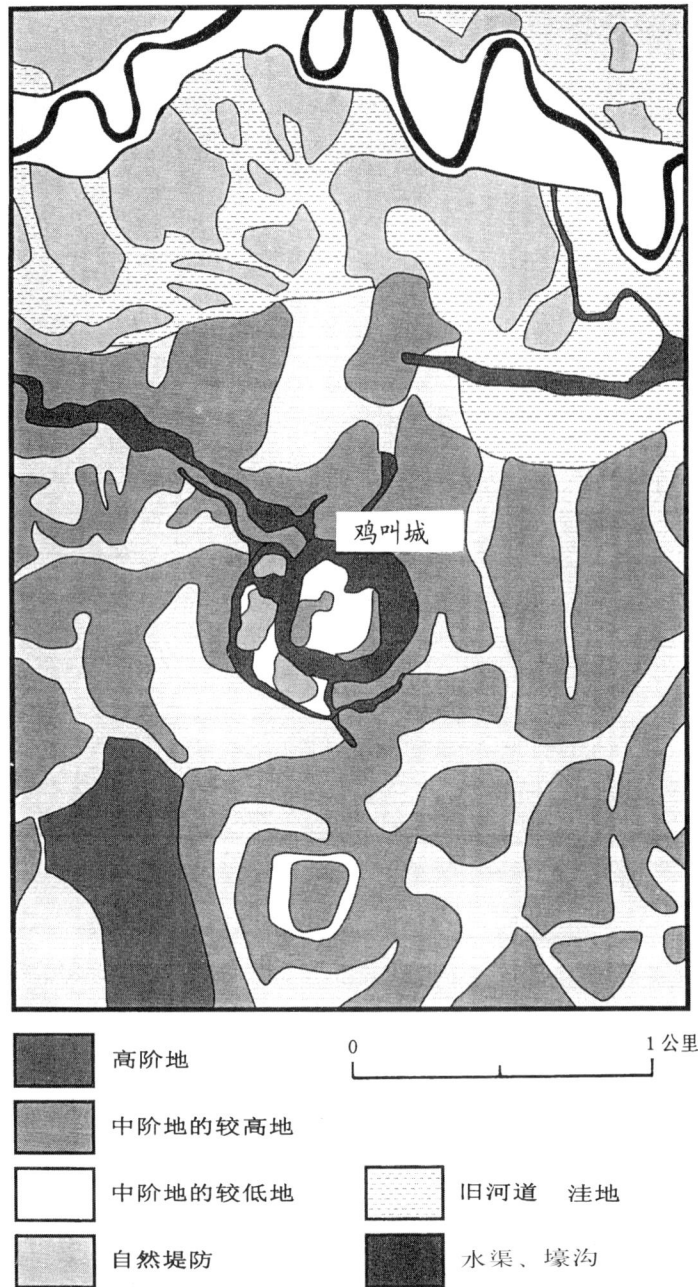

图四　鸡叫城遗址附近的微地形分类图

面以及澧水、涔河的现漫滩。在高位阶地面发现了十里岗遗址（北纬 29°41′53.3″、东经 111°46′54.7″）等旧石器时代的遗构和遗物，此阶地面形成于更新世。而城头山遗址、彭头山遗址所在位置阶地面的形成及阶地化时期尚不清楚。这些阶地面上存在微地形，但不构成体系。1998 年底取得的人造卫星 JERS−1 数据，由于其解析度较粗（24 米×18 米），因此无法把握微地形和各个遗址的实际状况。但由此获知澧阳平原东段的松滋河曾为长江流入洞庭湖时的旧河道，现漫滩上存在由澧水形成的大规模自然堤防。

　　城头山遗址的内部发掘调查主要由中方负责进行。日方的工作是，在发掘后的地点或遗址外围通过试掘观察地层截面，采集各种分析用的土壤样品，使用遥控模型机航拍以及遗址的测量等。例如清理前的城头山遗址状况用右眼观察右侧照片、用左眼观察左侧照片，由于拍摄位置细微不同产生的视差，在脑子里形成立体图像。根据这种立体感，可以得知细微起伏和埋在地下的遗物状态等。为使此图更加简明易懂，我们根据实地测量结果制作了三维接线框模型（图版五，2）。再在接线框模型上映射航拍照片，使之具有临场感（图版六）。通过航拍照片立体感的辨读表明，其最外侧环绕有壕沟状低洼地以及圆形城墙（虽然其内侧有部分中断）。再者，其内侧西半部为微高地，据此推测地下埋有遗址。通过更为详细地辨读航拍照片和 IKONOS 图像，可以推测还有被埋在地下的城墙和壕沟（图版七）。

如前所述，在东门附近的发掘调查中发现了汤家岗文化时期的水田和溜井，这是开垦埋藏堤背湿地后形成的，然后人为地填土覆盖，在其附近还发现了多个墓坑和屈肢葬的人骨。其中也有动物骨、人骨一起下葬的。这种人为填土而成的土台称祭坛，为约 6300 年前大溪文化一期的遗构。在鱼糕状土台下部废弃有红烧土。最底部沉积有厚约 20 厘米的碳化物。其中富集有大量的稻谷和稻壳。根据这一性质，安田喜宪认为它与祭祀有关。

另一方面，在南门还发现了人工开挖的壕沟遗迹。在壕沟沟边上发现了莎草之类的编织物。有人认为当时这里是码头，但是如后所述，这很有可能就是壕沟。即，在沉积物的下部约 1 米处，发现了细微的薄片状物，安田命名为"年缟"，处于积水性环境。其上部极有可能为水田耕土地层。再上面为屈家岭文化时期筑造的城墙（彩版八，图版八）。

在 2001 年清理遗址的过程中，解决了多个以往调查中不甚明了的问题，但同时又产生了诸多问题。首先，通过东北探沟的发掘调查，可以推测在第一期城墙内侧存在壕沟，极有可能在第一期城墙筑造之前就存在有城墙。并从埋有这些壕沟的东门西侧探沟的地层沉积状况可以得知，城墙和壕沟是自内侧向外侧逐渐形成的。开挖壕沟，用其土方内侧筑造城墙，如此反复多次。随着时代推移，形成并扩大了城头山遗址的圆形形状。所有壕沟都填满了富集积水性有机物的沉积物，其最上部堆积有大型动物骨和大量的植物遗存。根据外山秀一的植硅石分析，发现了其最下部存在稻属植硅石，据此可以推测在开挖这些壕沟时，这里或周边已有了水田耕作。埋没这些壕沟的沉积物极有可能也用作水田耕土，因此采集了植硅石分析、植物遗存、孢粉、^{14}C 年代测定等的分析样品。在最上部发现的动物骨暗示着存在水边祭祀和为水田耕作祈雨的可能性。现今已调查清楚的最内侧城墙和壕沟，与目前地表面所见的屈家岭文化时期的城墙和时代不详的壕沟相比，远位于西侧，其特点为规模和所包围的面积都很狭小。而且，内侧壕沟为大溪文化一期堆积所埋没，之后，所谓"第 1 黄土台"的人工土台完全消失。据负责发掘的中方考古人员称，在第 1 黄土台上发现的最早建筑物遗构属大溪文化二期。自内侧的第三条壕沟疑为大溪文化四期至屈家岭文化时期所埋没。最外侧的、也就是现今所看到的城墙和壕沟形成于屈家岭文化时期或之后时期。即，城头山遗址自大溪文化一期起逐渐扩大，在屈家岭文化时期城墙内侧用作住居区或墓区。

这里所发现的内侧三条壕沟都填满了富集有机质的黑色黏土和淤泥，此地点的第二条壕沟从其填埋状况和年代分析，对应于在东门发现的壕沟。另有观点认为当时这些壕沟与切割谷连接在一起，但从填埋壕沟的沉积物所显示的积水性环境来看，它有异于横断切割谷开挖的探槽中的填埋物，另从 IKONOS 图像的辨读结果来看，可以断定内侧三条壕沟与切割谷极有可能是不连接的。

最后形成的屈家岭文化时期及之后的壕沟极有可能与中位阶地面的切割谷连接在一起，但在填埋壕沟的沉积物中，发现了碗底墨书有"大口"的陶器及明清以降的遗物等，说明其填埋时期很晚。当然这只是表明填埋时期，并不表示开挖时期。另外，地层没有显示在这些壕沟被填埋的阶段有过多流水的迹象。反而发现有青灰色淤泥、破坏严重的水田田埂及耕作痕迹和脚印等，证明这里极有可能被用作水田（彩版九，1）。

现在让我们将目光转向西南探沟，从这里可以观察到各个时期的城墙和壕沟的截面。首先，最下层大溪文化一期城墙的外侧存在壕沟。值得注意的是大溪文化一期的城墙和壕沟位于最外侧。如前所述，在东门附近，随时代推移，城墙和壕沟向外侧扩展。而在西南探槽，这些正好相反。

大溪文化二期城墙覆盖在一期城墙之上，但其最顶部略向内侧移动。这一时期最值得注意的是，在城墙内侧存在可能为灰色水田土壤的地层，也发现了田埂状的隆起物。假设这一地层为水田的话，在为壕沟和城墙所包围的内侧，应该存在水田之类的生产区域。如前所述，在大溪文化一期（约6300年前），东门附近建造有祭坛和墓葬，其周边覆盖着大量红烧土和稻壳。这一时期的水田至今尚未被发现。但在大溪文化二期的城墙内若存在过水田耕作的话，有两个重要的意义。其一是在中国，城墙内为城市，从其内侧存在城市性质的土地利用这一定论而言，在大溪文化二期（约5800年前），城头山遗址可能尚未处于城市的状态中。但是，这一时期东门附近的城墙和壕沟已人为地为第1黄土台所填埋，并开始建造建筑物。东门附近的祭坛周围填满了大量红烧土。当然，大溪文化二期持续了500年左右，可以认为，这一时期正是城市化的时期。其二是在西南探沟所发现的水田，其祭祀意义超过了粮食生产的意义。若这样的话，城墙内侧存在祭祀用的特殊水田，东门附近的"祭坛"四周覆盖着大量的稻壳和红烧土，其意义之深远也就不难理解了。

另一方面，作为粮食的稻谷栽种存在两种可能，或在城头山遗址周边东南侧的埋藏堤背湿地栽种水稻，或在遗址西北侧的旱田栽种旱稻。

在西南探沟，城墙正式筑高的时期是自屈家岭文化初期至4800年前的屈家岭文化中期，可以说在这一时期已形成了现今所见的城头山遗址。

有关开挖深且宽的壕沟的时期，始于建筑屈家岭文化时期城墙时期的观点，这从沙土的计算上较为行得通。就社会性而言，这一时期的城头山遗址较其他聚落状况不同。不惜动用庞大的劳力建造壕沟和城墙，是因为其内侧存在需要保护的东西，以防外来的掠夺。可以推定此处花费的劳力并非超过了所需保护东西之价值的限度。

下面首先计算一下屈家岭文化时期开挖壕沟和建筑城墙所需劳力的数量。

在南门探沟，城墙上边长15米、下边长15米、高3米，为平行四边形，自中心的半径约118米。壕沟上边长68米、下边长52米、深2.5米，为倒梯形，自中心的半径167米。另外，在东北探沟，城墙上边长7米、下边长7米、高2米，为平行四边形，自中心的半径约133米。壕沟上边长40米、下边长32米、深2米，为倒梯形，自中心的半径为157米。

例如在南门的探沟，设挖掘土方为157350平方米，城墙填埋土方为33345立方米，若将剩余土方铺满城内的话，其厚度为2.23米。通常在日本的土木施工中每人挖掘土方1立方米（考虑到搬运和填埋，为其三分之一的土方）来计算，总劳力约为47万人次，按每天200个成人劳动的话，需要6至7年的时间。

又如在东北的探沟，设挖掘土方为67270立方米，城墙填埋土方为12108立方米，将剩余土方铺满城内的话，厚度为0.99米，总劳力约20万人次，按每天200个成人劳动的话，需要2至3年时间。

若去掉农忙期不能施工的话，就需要更长的时间；若在农忙期继续施工的话，为提供从事施工的劳工的粮食，就需要更多的人力。

根据这些假说作出的计算存在如下两种可能性：其一是城头山遗址的城墙筑造和壕沟挖掘至少需要数十年的时间。其二是城头山遗址周围的居民大多数都参加了施工。花费如此庞大的劳力筑城挖沟，当是出于抵御外来势力入侵的需要。

根据现地表面的测量结果，城头山遗址城墙内侧大致可分为两个地区。自中央以东部分海拔低，西侧高。如果仔细观察的话，南门和北门附近的部分地区海拔较低。

从城头山遗址城墙内侧海拔最高处附近发掘出了大型建筑物居址，宫本长二郎称之为"宫殿"[7]。在发掘过程中，共发现了六个地层，表层为现地表面，或水田，或旱田。在约 70 厘米下的 7a 层上残留有明显的龟裂纹。所谓龟裂纹通常指湿地状土地干燥时形成的地表面裂缝。这种龟裂纹为洪水时挟带来的沙砾（6b 层）所覆盖。这种沙砾是从发掘地点的西北方向冲来的，规模小。由此可以推定至少在 7a 层沉积时期，此处尚为低湿地，即便在 6b 层沉积时，与其相邻的西北方仍为小河流泛滥的环境（彩版九，2）。

注　　释

① ②　《洞庭史鉴》编纂委员会：《洞庭史鉴》，湖南人民出版社，2002 年。

③　中国人民保险公司、北京师范大学主编：《中国自然灾害地图集》，科学出版社，1992 年。

④　外山秀一：《从地形分析和植硅石分析看城头山遗址的环境及稻作》，收入本书。

⑤　宇田津泽朗、汤陵华、藤原宏志等：《中国草鞋山遗址古代水田遗迹调查》，《日本文化财科学会志》第 30 号（1995 年）。

⑥　成濑敏郎：《澧阳平原的黄土与地形》，收入本书。

⑦　宫本长二郎：《城头山遗址建筑遗构的复原考察》，收入本书。

参考文献

日本三省堂编辑所编：《CONCISE 地名辞典外国编》，三省堂，1977 年。

中国人民保险公司、北京师范大学主编：《中国自然灾害地图集》，科学出版社，1992 年。

中国科学院三峡行程生态与环境科研项目组：《长江三峡生态与环境地图集》，1989 年。

有关 1998 年长江洪水的数据参考当时的《人民日报》及《解放日报》的相关报道。

澧阳平原的黄土与地形

成濑敏郎 （兵库教育大学）

位于长江中游的两湖平原为辽阔的冲积平原。两湖平原南面是广阔的洞庭湖，湖西是这次的调研地区——澧阳平原。澧阳平原位于流经湖南省常德市澧县的澧水与涔水之间，东西约 30 公里，南北约 16 公里，平原的大部分为海拔 37～51 米的黄土台。

澧阳平原是中国黄土分布地区的南限，由氧同位素地质年代 6 以后堆积的四层黄土形成了黄土台地。该平原位于距长江口约 1000 公里的上游处，但海拔仅 50 米，由此可知该地区的特征为：隆起速度较慢，上下位台地比高及台地与泛滥平原、谷底平原的比高较小。

这次的调研地区属湿润地区，年降水量 1300 毫米，年平均气温 16.5℃，1 月平均气温 4℃，7 月平均气温 28.8℃，相当于干燥地区与湿润地区的交界地区。冰期时为黄土堆积的干燥地区，间冰期时为古土壤生成的湿润地区。随着时代的变迁，自然环境时而干燥时而湿润，变化很大。该地区是后期更新世黄土的南限[①]，对其分布虽已清楚，但尚无黄土——古土壤地层序的研究。

对该平原地形及黄土——古土壤，笔者于 1998 年至 2001 年进行了四年的实地调查。此外，时为兵库教育大学研究生的矢田贝真一、井上伸夫、小林学、蓑轮贵治、铃木信之、安场裕二等人也参与了实地调查。

一　黄土的地层序

澧阳平原的黄土，由 YD、L1－1、L1－2、L2 共四层构成。各黄土地层间埋有古土壤。土壤、古土壤分为黑土 S0（现成黑土及 11.5ka－14.5ka 的黑土）、褐土 L1SS1（MIS 3）、红土（MIS 5 和 MIS7）五层（图一）。

古土壤中，黑土 S0 最下部的 ^{14}C 年代为 14470±90yBP.，树轮校正为 17,540－17,125cal.yBP.。最上部的 ^{14}C 年代为 11,550±90yBP.，树轮校正为 13475cal.yBP.。这暗示随着最后冰期末期的气候变得温暖湿润，L1－1 黄土上积聚了自然或人为烧荒形成的腐殖，并由此生成黑土。总之，黄土中富含的钙起到了固定腐殖、生成黑土的作用。

这种黑土的生成至 11500 年前便中断了，取而代之的是厚约 20 厘米的新仙女木期黄土（YD）开始堆积。在新仙女木期短暂的寒冷干燥的气候下，澧阳平原演变成了 YD 黄土堆积的环境。

L1－1 黄土、L1－2 黄土分别在 MIS 2、MIS 4 寒冷干燥的气候下堆积而成。黄土中所含微细石英 ESR 的分析结果表明，澧阳平原与黄土高原的黄土在风成尘的供给源上有区别。澧阳平原黄土的主要矿物微细石英 ESR 的信号强度，与西南群岛的宫古岛以南的赤黄色风成沉积物的数值基本相同，极有可能是青藏高原的早寒武纪岩地区的风成尘被亚热带喷射气流送至澧阳平原后逐渐堆积成的，后又被带至宫古岛以南地区，由此成为琉球石灰岩上赤黄色土的母材。

L1－1 黄土和 L1－2 黄土间的褐色古土壤 L1SS1，是在 MIS3 稍温暖湿润的气候下生成的。L1－2 黄土下的 S1 网纹红土，是在 MIS 5 温暖湿润的气候下生成的。如后所述，与其说是出现在 III 面，不如说是出现在早期的阶地上。

L2 黄土是在 MIS 6 寒冷期堆积而成的。如后所述，在 II 面上，L2 黄土直接覆盖在阶地沉积物上，而在 I 面上，其与阶地沉积物间夹有 S2 红土。S2 红色网纹红土为 MIS 7a 期生成的古土壤。最下部的黏土、细沙为 MIS 7c 温暖期存在于洞庭湖底或湖边三角洲的沉积物。

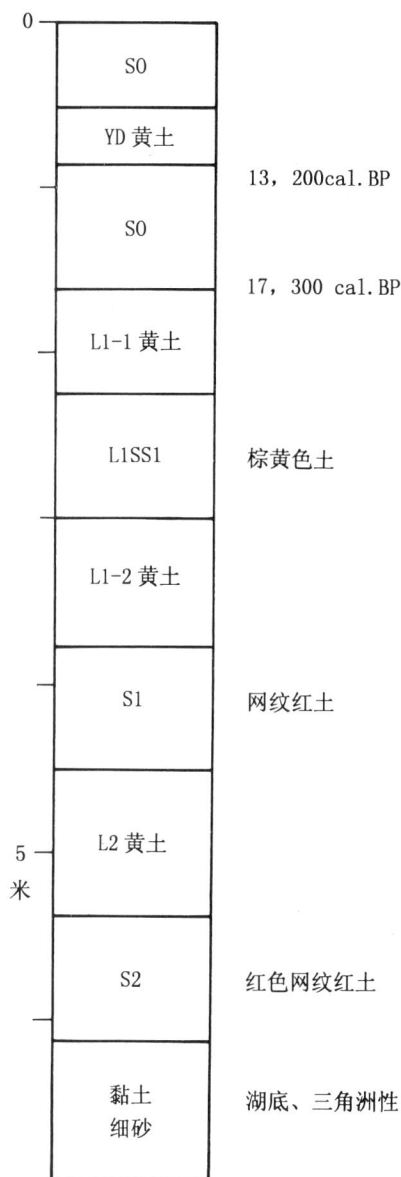

图一　澧阳平原的四层黄土

二　澧阳平原的地形分类

地形分类时，先利用该地区的卫星照片及大比例缩尺地图完成地形分类预测图，与此同时，对平原内的十二处砖瓦采土场上露出的黄土剖面进行实地勘察，调查地形面和黄土——古土壤地层序的关系，并在城头山遗址周边的三处地点开挖探沟，观察沉积物及测定初带磁率。

有关澧阳平原的地形面研究，国家文物局主编《中国文物地图集·湖南分册》[②]将澧阳平原的地形面分为 1 阶级和 2 阶级。该地区的黄土台地分为四面，其中 I、II、III 面为 2 阶级，而 IV 面为 1 阶级。

澧阳平原的地形，除图二、图版　〇：1 所示的四面黄土台外，另有扇形河滩地、洪泛区、谷底平原等六种地形。各地形面上如图三所示，堆积有黄土——古土壤。此外，澧水流域自然堤坝发达，特别在澧县县城一带尤为发达，但图三未标示自然堤坝。

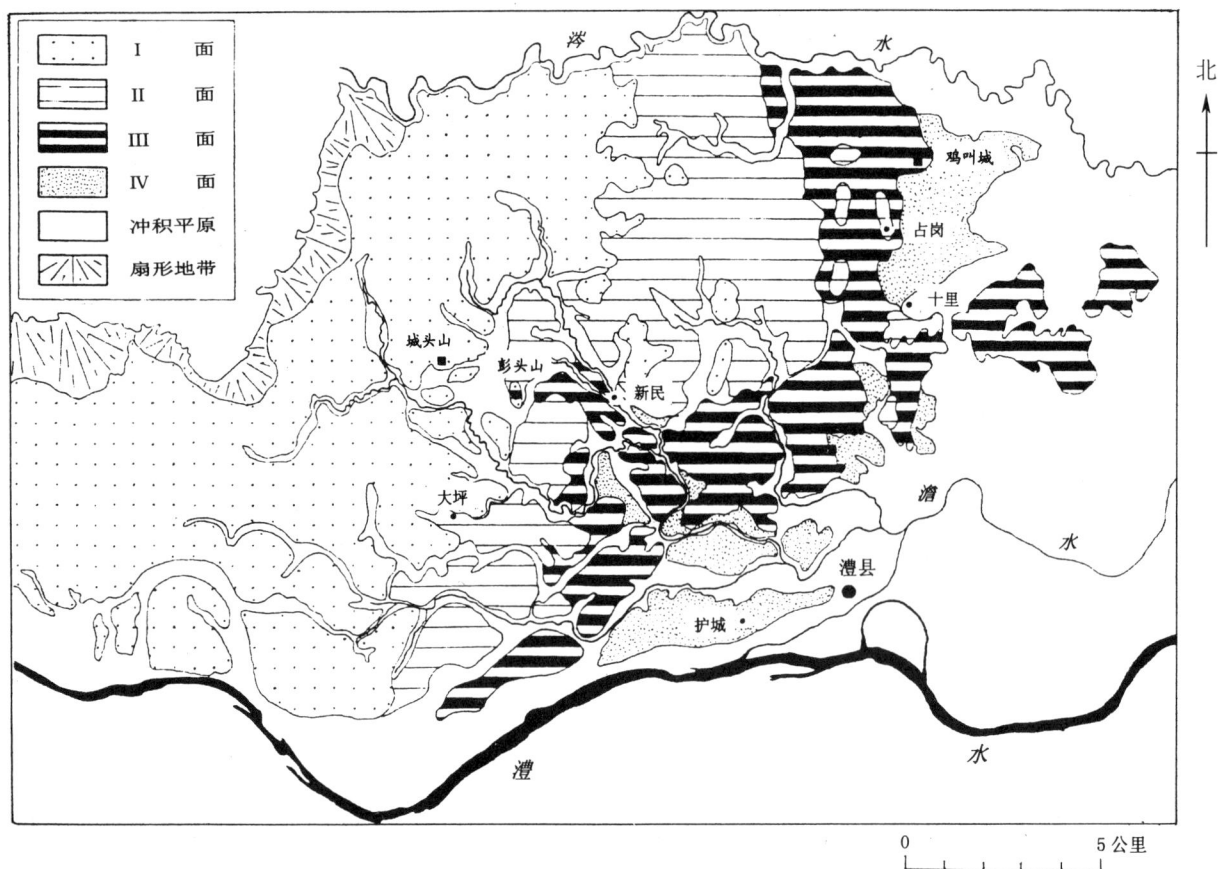

图二 澧阳平原的地形

（一）黄土台地Ⅰ面

该台面海拔达 43～53 米，大坪的砖瓦厂有着很好的露头（彩版一〇，1、2；图版一〇，2）。大坪的露头中，最上部堆积着农耕土和现成黑土，其下为年代相当于新仙女木期的厚 20 厘米的黄土层 YD。该 YD 黄土下部为厚 80 厘米的黑土。如前所述，该黑土最上部所含腐殖的 ^{14}C 年代为 11550±90yBP.（Bata-143223），树轮校正为 13475cal. yBP.。黑土最下部层位所含腐殖的 ^{14}C 年代为 14470±90yBP.（Bata-136756），树轮校正为 17540-17,125cal. yBP.。

该黑土下部可观测到 L1-1 黄土、L1SS1（MIS 3）古土壤、L1-2 黄土、S1 网纹红土（MIS 5）、L2 黄土（MIS 6）和 S2 红色网纹红土（MIS 7 a），而最下部则堆积着类似三角洲地区的细沙层。城头山遗址和彭头山遗址均位于该台之上。

（二）黄土台地Ⅱ面

该台面海拔达 40～42 米，十里岗和太岗的砖厂有着很好的露头（彩版一一）。十里岗和太岗的露头中，最上部为农耕土，其下为 YD 黄土、黑土、L1-1 黄土（MIS 2）、L1SS1 古土壤（MIS 3）、L1-2 黄土（MIS 4）、S1 网纹红土和 L2 黄土（MIS 6），最下部堆积着湖成黏土层。该湖成黏土为 MIS7 期堆积在洞庭湖上的。

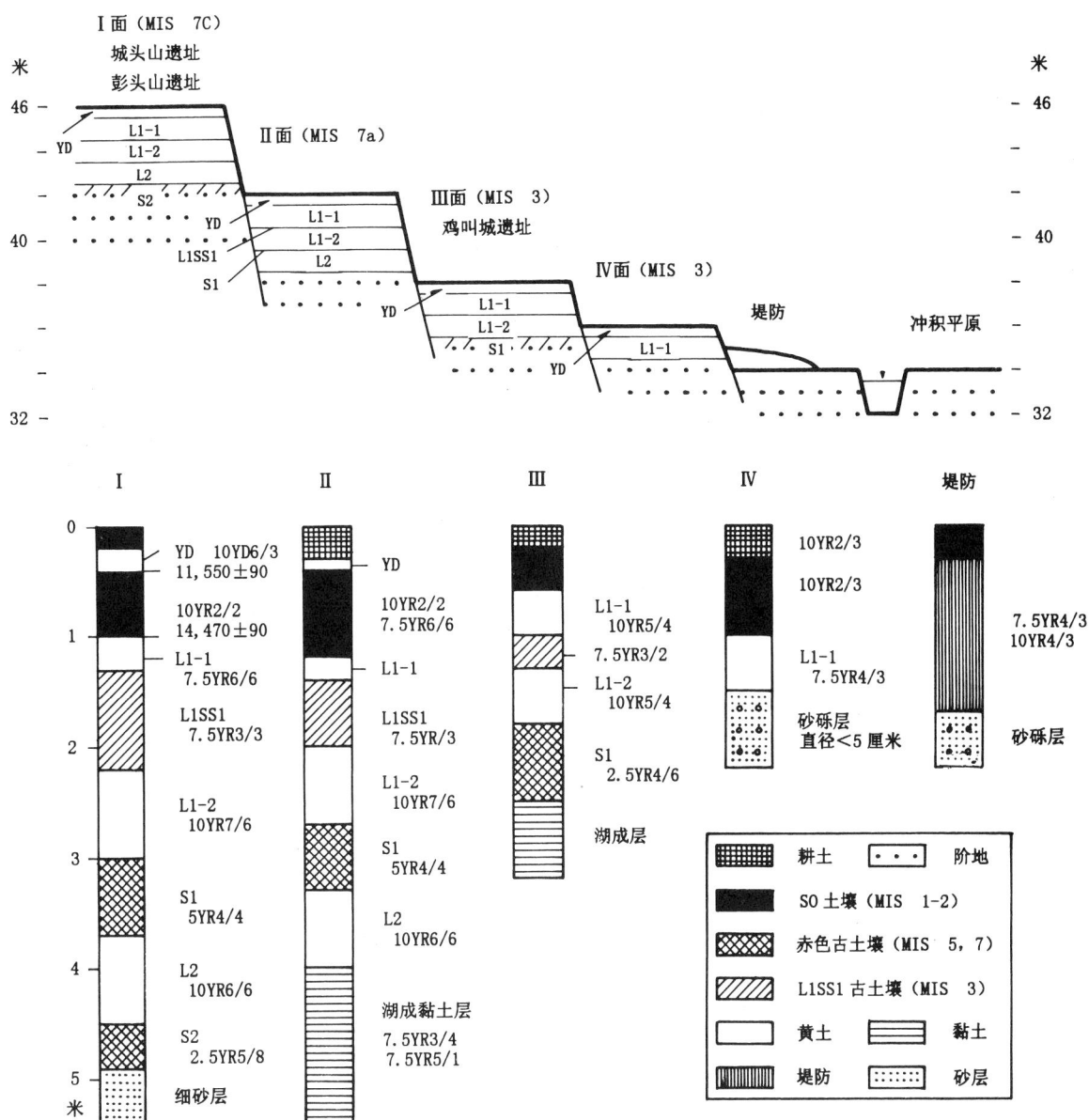

I 面（MIS 7C）
城头山遗址
彭头山遗址

米

46 —
— YD
L1-1
L1-2
L2
S2

II 面（MIS 7a）

40 —
— YD
L1-1
L1-2
L2
L1SS1
S1

III 面（MIS 3）
鸡叫城遗址

IV 面（MIS 3）
堤防　　　　冲积平原

L1-1
L1-2
S1
YD

L1-1
YD

32 —

— 46

— 40

— 32

| I | II | III | IV | 堤防 |

0

米

I:
YD 10YD6/3　11,550±90
10YR2/2　14,470±90
L1-1　7.5YR6/6
L1SS1　7.5YR3/3
L1-2　10YR7/6
S1　5YR4/4
L2　10YR6/6
S2　2.5YR5/8
细砂层

II:
YD
10YR2/2　7.5YR6/6
L1-1
L1SS1　7.5YR/3
L1-2　10YR7/6
S1　5YR4/4
L2　10YR6/6
湖成黏土层　7.5YR3/4　7.5YR5/1

III:
L1-1　10YR5/4
7.5YR3/2
L1-2　10YR5/4
S1　2.5YR4/6
湖成层

IV:
10YR2/3
10YR2/3
L1-1　7.5YR4/3
砂砾层　直径<5厘米

堤防:
7.5YR4/3　10YR4/3
砂砾层

图例：
耕土　　　　阶地
S0 土壤（MIS 1-2）
赤色古土壤（MIS 5，7）
L1SS1 古土壤（MIS 3）
黄土　　　　黏土
堤防　　　　砂层

图三　澧阳平原黄土台四面及自然堤防，泛滥平原的地层堆积

（三）黄土台地 III 面

该台面海拔达 37～40 米，新民砖瓦厂有着良好的露头。最上部为农耕土，其下为黑土 S0、L1-1 黄土、L1SS1 古土壤、L1-2 黄土和 S1 网纹红土，最下部为湖成黏土层。此外，从 S1 网纹红土中出土了约 10 万年前的旧石器。鸡叫城遗址即位于该台面上。

（四）黄土台地 IV 面

该台面海拔达 35～37 米，在澧县县城附近的护城砖瓦厂可观察到很好的露头。该台面黑土下堆积着 L1-1 黄土，最下部为澧水带来的沙砾。从该 L1-1 黄土层出土了旧石器。

（五）扇形河滩地和洪泛区

扇形河滩地位于平原西面丘陵的山麓下，长1～2公里，规模较小。洪泛区除澧水、涔水沿岸外，还延伸到平原东部，海拔不超过35米。

澧水、涔水沿岸自然堤防发达，特别在澧县县城附近自然堤防更是十分发达。黄土台地下面是广阔的谷底平原。城头山遗址和彭头山遗址周边有着广阔的谷底平原，谷宽达1公里。谷底平原所堆积的冲积层较薄，城头山遗址以东500米处的冲积层厚度仅200厘米。

三　地形的发达

澧阳平原临近以前的洞庭湖，根据黄土层下的细沙层和黏土层可推知过去洞庭湖曾覆盖至整个澧阳平原（图三）。气候温暖期，受夏季季风带来的降雨影响，洞庭湖水增加，水域扩大；相反，在气候寒冷期，水域则缩小（图四）。

温暖的MIS 7 c或7 c以前的温暖期，在两湖平原，洞庭湖水域扩大，澧阳平原的大部分为水域或近水区域。城头山遗址附近为临湖的三角洲，堆积着澧水从上游带来的细沙。

MIS 7 c以前或7b等寒冷期，洞庭湖水位下降，水位开始退至 I 面的区域以下。此后陆化区域的细沙层在MIS 7 c～7 a的温暖湿润的气候下受到赤色风化。从该红色网纹红土中发现了约20万年前的旧石器，这暗示着湖水退去后地表有过人类活动。但是，时至MIS 7 c～7 a后，十里岗等有 II 面分布的地区仍为湖水水域，堆积着湖成黏土。

至寒冷的MIS 6期，该地区气候干燥，洞庭湖水位下降，水位随之退至 II 面以下。I 面及 II 面上在寒冷干燥气候下开始堆积L2黄土。

至最后间冰期，即MIS5e期，气候变得温暖湿润，洞庭湖水位上升，湖成层堆积形成 III 面。5e后随着水位退至 III 面以下，III 面的阶地沉积物受赤色风化开始生成S1网纹红土。从该网纹红土中发现了约10万年前的旧石器。

此后进入了最后冰期，在MIS 4的寒冷干燥期L1－2黄土开始堆积，至稍温暖湿润的MIS 3期，L1－2黄土上生成了褐土L1SS1。从该褐土中发现了约3至5万年前的旧石器。另外，该时期河川的堆积运动十分活跃，在澧水流域开始形成沙砾的堆积，即为构成 IV 面的沙砾沉积物。

至最寒冷期MIS 2，气候再次变得寒冷干燥，洞庭湖水下降，河川开始下刻。湖水退至 IV 面以下，IV 面开始台化，L1－1黄土开始堆积。L1－1黄土在 IV 面的沙砾层上形成堆积，棕黄土中出土有旧石器。

自MIS 2后半的14000年前起，气候开始变得温暖，澧阳平原的黄土台上开始有黑土生成。但在12000年前短暂寒冷的新仙女木期气候再次变得干燥，形成了YD黄土的堆积。

进入全新世后，夏季季风活跃，河川流量的增加导致沿河流域屡次泛滥并形成洪泛区，自然堤防由此而得到发展。

age　MIS　δ¹⁸O*　loess-paleosl　terrace

2　　　　-2

			loess-paleosl	terrace	
1	1		SO (black soil)	黑色土	
			YD loess	黑色土	13,200 cal.BP
2	2		L1-1		17,300 cal.BP / 棕黄色土
	3		L1SSI	IV	
5	4		L1-2		
10	5	a b c d e	S1	III	网纹红土
15	6		L2	II	
20	7	a b c	S2	I	红色网纹红土
×10⁴ year					湖底 三角洲 堆积物

旧石器时代

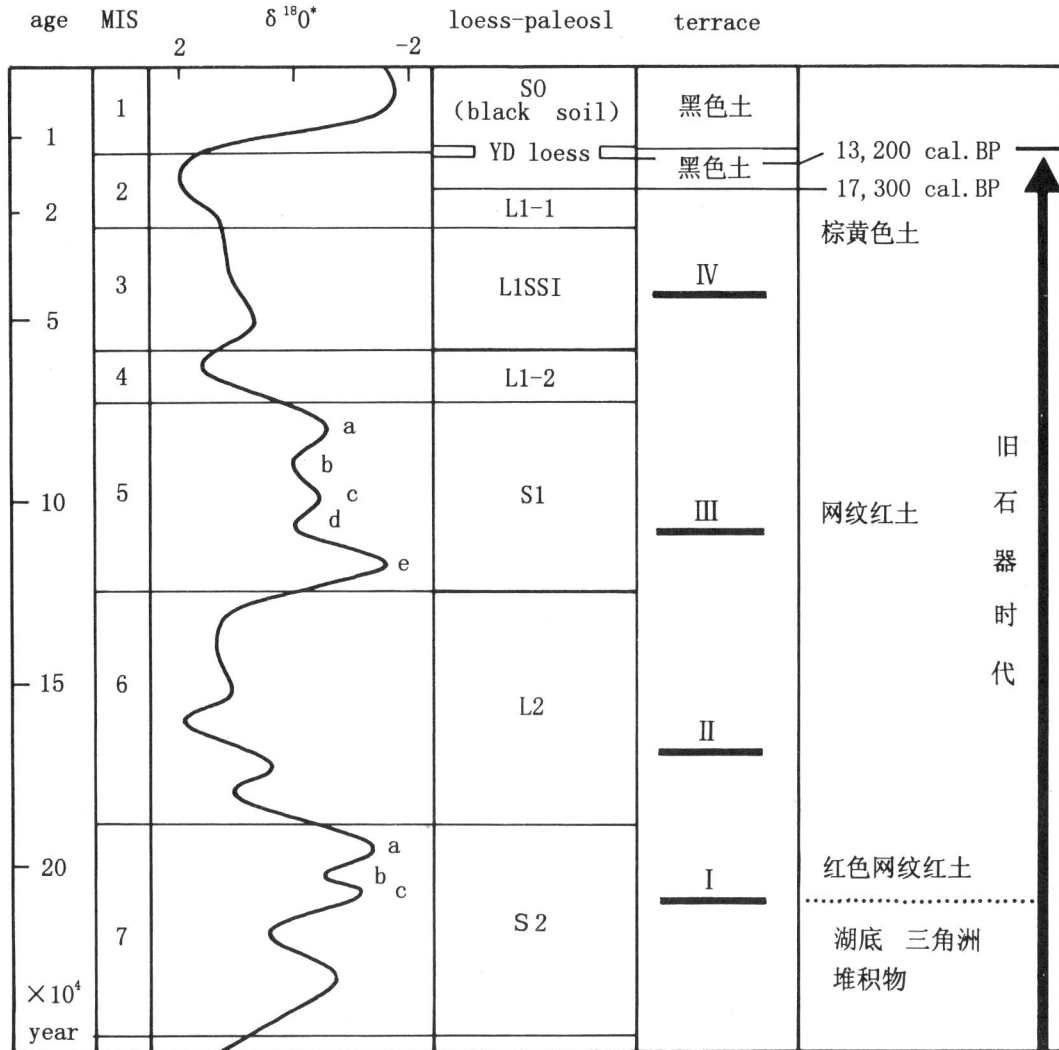

*Imbrie et al. (1984)

图四　气温升降与洞庭湖水位变化以及地层堆积的对应关系

四　城头山遗址周边的地形

城头山遗址地形如图五所示。城头山遗址、大坪等地为海拔 43～45 米的 I 面，彭头山遗址以东为海拔 41～42 米的 II 面和海拔 40 米的 III 面。这些黄土台下刻 2～3 米为最大宽幅达 1 公里的浅谷底平原，张家河从谷底流过。

为确认该地区的 I 面沉积物，在大坪及城头山周边开挖了深 2 米的探沟（图六）。图中没有标示该处最下层堆积着类似三角洲地区的细沙层，细沙层上有大量红色网纹红土 S2 古土壤。在 S2 层位有若干初磁化率较高，S2 上堆积着 L2 黄土，厚度不超过 100 厘米。L2 层中有无数孔隙，孔隙中夹杂着从上层 S1 网纹红土中掉落的赤色黏土，因此 S1 与 L2 的初磁化率的区别不很明显。此

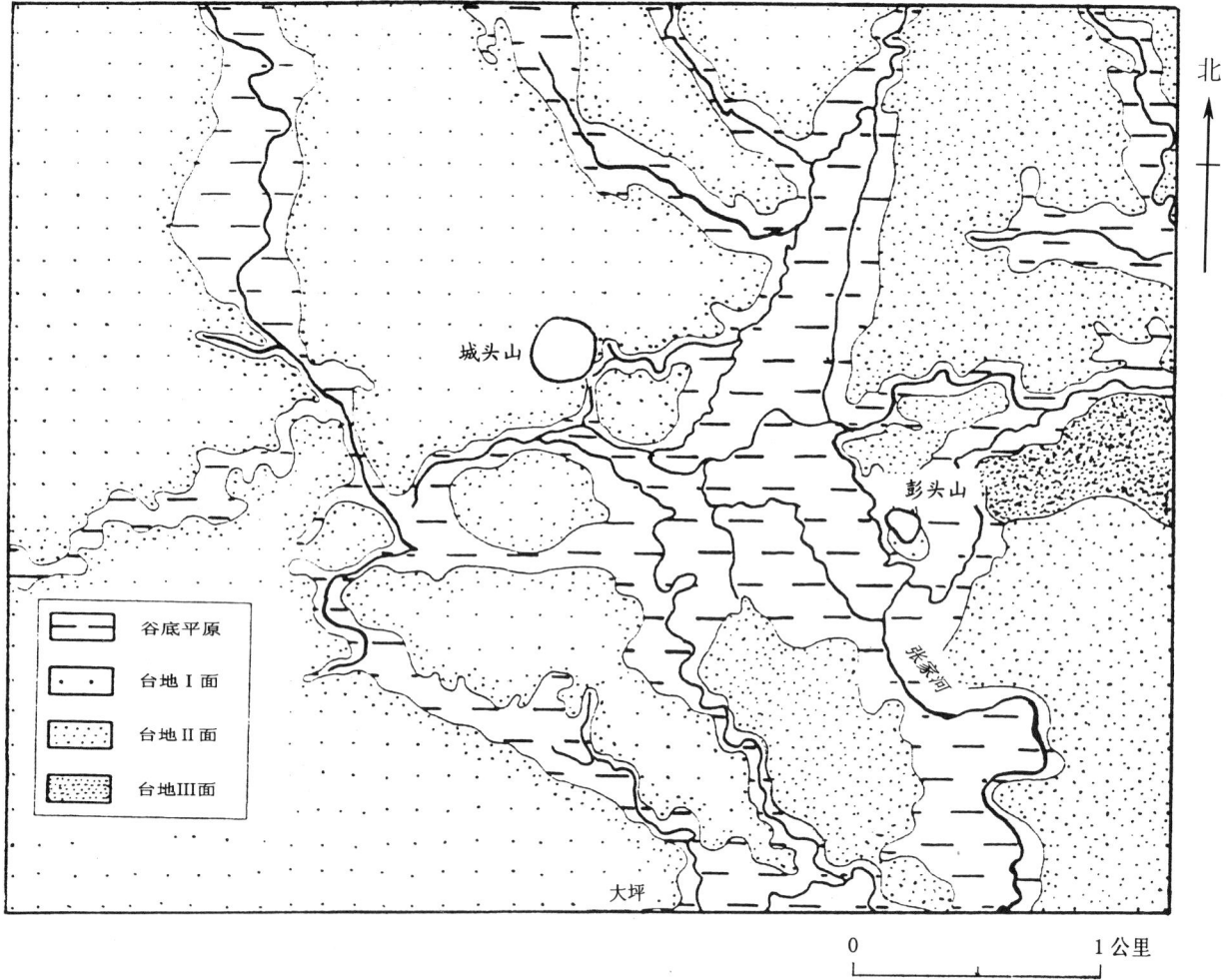

图五　城头山遗址周边地形

外，S1 呈赤色及灰白色的水平构造，即"虎斑"状。网纹红土 S1 上堆积着 L1－2 黄土，初磁化率也较低。

在西门，L1－2 与 L1－1 间可观察到 L1SS1 的棕黄色土。L1SS1 初磁化率也较高。但是，L1SS1 及其上堆积的 L1－1 黄土，因从上层黑土 S0 沿着孔隙落下的黑色黏土的缘故，大多变为黑色。在东门，L1－2 上堆积着人为破坏层，即古耕土，这表明在很早以前该处已有过土地利用活动。大坪的 S0 黑土上堆积着新仙女木期的黄土。

注　释

① 刘冬生等：《黄土与环境》，科学出版社，1985 年。
② 国家文物局主编：《中国文物地图集·湖南分册》，湖南地图出版社，1997 年。

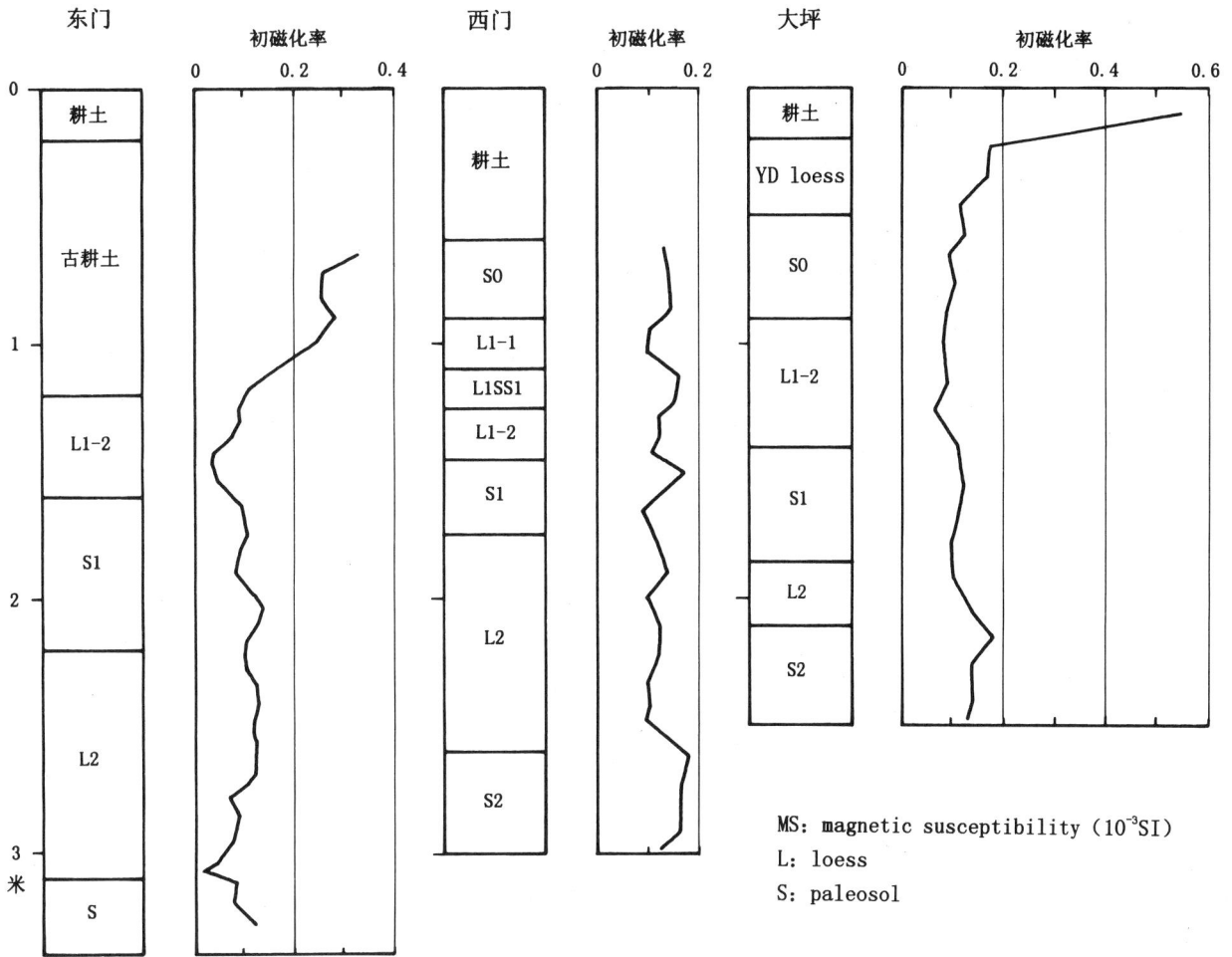

图六　城头山遗址东、西门及邻近的大坪等地点探沟所显示的黄土台1面的地层堆积

澧县八十垱遗址的地形
环境变化及稻作

外山秀一（皇学馆大学）

一 引言

从湖南省澧县的彭头山遗址中，发现了约8200年至7800年前的炭化米和稻属植硅石、孢粉化石以及稻壳压痕陶器等。在八十垱遗址（以下简称遗址）出土了8000年前的大量稻谷。此外，还在城头山遗址发现了约6500年前的水稻田遗址、稻叶的机动细胞植硅石（以下简称水稻）及水稻外稃表皮细胞植硅石（以下简称稻壳）等与水稻相关的许多资料；在道县玉蟾岩遗址出土了14000年至12000年前的稻谷和稻壳压痕陶器。可以说，对于研究稻作起源及传播来说，长江中游的湖南省等地是极为重要的地区。

通过始于上世纪90年代后期的中国考古学和日本环境考古学的跨学科研究，长江中游作为稻作的起源地受到了世人的瞩目。稻作是构筑长江文明的重要生业之一，为了弄清长江流域的稻作农业，将各地遗址的发掘调查与环境考古学相结合起来的合作研究是十分重要的。

在1998年度的合作调查中，我获得了对遗址植硅石进行分析的机会。地形分析和植硅石分析，是复原遗址选址环境的有效手段。本研究将以这些分析结果为依据，探讨遗址的地形环境变化与土壤条件和土地利用之间的关系。

二 地形环境及其分析结果

遗址位于海拔约32米的阶地面上，周边分布着小河流、微高地及背阴低地（图版一一）。垱，为堤之意，如遗址名所示，在堤型微高地上发现了8000年至7000年前的居址。这次的调查地点（以下简称地点），位于距微高地约400米的背阴低地上。地表下约230米的地层可细分为1a层～16b层，共23层，基本由淤泥及细沙的颗粒物质组成（表一）。从每层各提取植硅石样品23份，以供分析使用。

表一　　　　　　　　　　　八十垱遗址的环境变化　　　　　　　　　　单位：厘米

深度	层名	岩　性	试料	PO带	植硅石的出现规律	土地条件·土地利用	地形环境
4~9	1a	暗褐色细砂质淤泥沉渣	1	e	检出总数·量的增加 水稻的出现·增加 芦苇属·芦竹族增加	地势较低的腹地——比较低湿　稳定（水稻的栽培）	周边——微高地　地势较低的腹地
9~11	2a	黑褐色细砂质淤泥沉渣	2				
11~17	3a	暗褐色细砂质淤泥沉渣	3				
17~30	3b		4				
30~33	4a	暗灰色细砂质淤泥沉渣	5				
33~44	4b	灰色细砂质淤泥沉渣	6				
44~48	5a	乳白色细砂质淤泥沉渣	7				
48~56	5b	灰白色细砂质淤泥沉渣	8				
56~60	6a	灰白色淤泥沉渣质细砂	9				
60~70	7a	茶灰色淤泥沉渣质细砂	10				
70~99	8a		11	d	检出总数·芦竹族减少	不稳定·比较的高燥	河川的泛滥
99~116	9a		12				
116~132	9b		13				
132~142	10a	茶灰色细砂质淤泥沉渣	14				
142~156	10b		15				
156~172	11a	褐灰细砂质淤泥沉渣	16				
172~185	12a		17				
185~189	13a		18	c	芦苇属剧减 须芒草族稍增	稳定·高燥	微高地
189~198	14a	暗褐灰色细砂质淤泥沉渣	19				
198~210	14b	暗茶灰色细砂质淤泥沉渣	20				
210~219	15a	黑褐色有机质淤泥沉渣	21	b	检出总数·芦苇属增加	稳定·低湿	低湿地
219~227	16a	黑灰色有机质淤泥沉渣	22				
227~231	16b	暗灰色淤泥沉渣	23	a	检出量较少	不稳定	

分析结果表明，遗址中存在多种植硅石，其中，水稻、芦苇属、须芒草亚族、竹亚科的出现趋势值得关注，可以此来探讨当地的土壤条件及土地利用情况。主要根据是机动细胞植硅石的层位检出状况，并以地层的堆积状况为依据，将植硅石群集带自下位起分为 a 带～e 带。从各群集带中，可看出植硅石出现趋势的明显差异。

a 带（样品 23）的检出量较少，仅限于须芒草族和黍族型。b 带（样品 21、22）中芦苇属剧增，其他植硅石的检出总数及检出量也有所增加。c 带（样品 18～20）中芦苇属剧减，而须芒草亚族有缓慢增加的趋势。d 带（样品 11～17）中须芒草亚族等的检出总数有所减少。e 带（样品 1～10）中整个植硅石的检出总数及检出量剧增。其中从 7a 层的样品 10 中检出的水稻在其后有增加的趋势，并在 4a 层的样品 5 达到最高值。芦苇属则有增有减，在样品 6 中出现暂时增加的现象。须芒草亚族在 e 带下部（样品 7～9）中有所增加，其后则稍有减少，后又呈稳定状态。此外，竹亚科的检出量较少，表现出与须芒草亚族同样的出现趋势（表一）。

三　环境变化与稻作

从地形分析和植硅石的分析结果推定出的遗址周边的环境变化及稻作情况见表一。

首先，16 层可视为一时堆积成的洪水层，该 16b 层的植硅石检出总数及检出量较少。15a 层及 16a 层由机质淤泥组成，从两层中都发现了大量的芦苇属。可以推定各层堆积后，周边形成了稳定的低湿环境。

此后，14 层的洪水层埋没了低湿地，其后的洪水泛滥使该地点成为微高地，各层表面都形成了干燥且稳定的土壤条件，芒草、白茅等须芒草亚族繁茂。此外，因其他地方也受洪水影响，微高地此后又演变为地势相对较低、易再次受洪水埋没的地形环境。该地点不断有河水泛滥，8 层～12 层的洪水层反复堆积，形成了很不稳定的土壤条件。

之后，河水泛滥向其他地方转移，其结果则是该地点形成了背阴低地。可以推测，在此种稳定、低湿的环境下，该地点继续着水稻栽培，特别是在 4a 层表面稳定的土壤条件下，水稻栽培持续了很长时间。因此，极有可能在各层表面发现水稻田遗址。另外，还检测出大量须芒草亚族，这可能是受周边的微高地影响的结果（表一）。

四　结语

从取样地附近的环境变化及水稻栽培状况可以看出，各植硅石群集带都有其与众不同的出现趋势，而遗址至少存在五个时期的环境变化。此外，弄清了地层的堆积状况及微地形的形成和植硅石的出现趋势间的密切关系。可以看出，洪水每次都给该地点带来了地形的变化，随之土壤条件及土的利用也相应发生了很大变化。

此外，在此 7a 层上位发现了大量稻谷。关于开始稻作的时期，因缺乏年代测定的资料尚未证实，但可以认为随着背阴低地的出现，人们开始了稻谷的栽培，之后便继续着稻作。

如此这般，地形分析和植硅石的分析结果表明，土壤条件的变化与合理的土地利用之间的关系密切。本研究重视地形环境与稻作间的关系，即自然环境变化与人类活动间的相互关系。单靠稻谷的发现是无法弄清长江流域的稻作起源和传播的，因此有必要探讨稻作及其他农耕是怎样适应地形环境变化这一点的，并从这一角度弄清长江流域稻作的实际状况。

从地形分析和植硅石分析看
城头山遗址的环境及稻作

外山秀一（皇学馆大学）

一 引言

就中国 4000 年前的稻谷资料的出土状况而言，长江中游的湖北、湖南、江西的考古发现引人注目。其中，湖南省为稻谷资料出土最多的地区，至今已被确认的遗址超过 20 处。简而言之，在道县玉蟾岩遗址出土了 14000 年至 12000 年前的稻壳压痕陶器；在始于 1998 年的日中合作调查的澧县城头山遗址出土了大溪早期（6500～6000 年前）的炭化米。此外，在邻近的彭头山遗址，发现了 8200 年至 7800 年前的炭化米、稻壳压痕陶器、烧焦的土块及稻属植硅石和孢粉化石；在相当于 8600 年至 8000 年前的彭头山时期的八十垱遗址，出土了同时期的炭化米。

另一方面，中国的水田遗构实例，以往仅有江苏省草鞋山遗址的水田状遗构一例[①]，但在城头山遗址发现了配套有水利设施的水田遗址，地形分析及植硅石分析的成果也证实了这一点。年代相当于约 6500 年前的汤家岗文化时期，为最早的水田遗构。可以认为，长江中游地区是探索稻作起源、研究当时遗址选址环境极为重要的地区。

在此，根据发掘调查的成果、地形分析以及植硅石分析的结果，对稻作的起源、实际状况及如何定位城头山遗址在长江流域的地位作一考察。

二 城头山遗址的发掘成果

（一）水田遗址的发掘

城头山遗址直径约 325 米，城墙范围内面积约 8 万平方米，大致呈圆形的聚落遗址。在 1991 年以后的调查和发掘中发现了城墙、居址、水田遗址、祭坛和沟状遗构等。遗址的年代大约在 6300 年至 4000 年前，并以 6300 至 5300 年前的大溪文化时期为主。因遗址位于阶地之上，故微高地上当时的聚落景观被保留了下来，未被河川带来的泥沙所埋没。

1997年，湖南省文物考古研究所在城头山遗址东门、南门及其周边地区进行了发掘调查，在东门附近发现了水田遗址，包括大型畦田及水坑、水渠等水利设施。根据出土陶器等的编年可推测其年代约为6500年前的汤家岗文化时期，为世界上最早的水田遗址。此外，在遗址上还发现了4条沟状遗构。

（二）环绕聚落的沟状遗构

遗址中发现了年代及规模不一的4条沟状遗构。它暗示着这些遗构很可能与城墙配套，为环绕聚落的环濠。

首先，南门附近有大规模的沟状遗构。通过观察厚约7米的地层剖面可得知，除去上部的堆筑土层，其下位约360厘米的地层可细分为40层。地相整体呈细小颗粒状，由最下部的黏土层、下部的淤泥层、中部的沙层以及上部的填土层构成，下部淤泥层的薄层发达。此外，中部的沙层及上部的部分填土层中混有陶片，沙层中混有炭化物。

其次，东门附近被确认有4条沟状遗构。聚落的内侧（西侧），有一条深约150厘米的沟状遗构，主要由暗灰色的淤泥层及沙质淤泥层构成，并混有炭化物及大溪文化早期的陶器等。其上位覆盖着含有同时期陶器和陶片的地层。

中侧（中央）为大规模的沟状遗构，在地表下深约560厘米处，下位层为遗构内沉积物。下位的层位主要由淤泥质黏土层和淤泥层构成，并部分混有木片。黏土层中有薄层，与南门附近的大规模沟状遗构为同样的堆积构造。相反，上位的层位则主要由沟状遗构内沉积物及大溪文化二期后的填土构成，以黏土质淤泥层及淤泥层为主，并混有陶片和红烧土。

外侧（东侧）有深约140厘米的沟状遗构，下位层位由暗灰色或是黑灰色的淤泥层及炭化物层构成。至上位层位，暗灰色淤泥层则变为茶灰色沙质淤泥层或淤泥质细沙层，并部分混有炭化物。该遗构的上位覆盖着大溪文化三期的陶器包含层。

此外，目前已发现的环绕直径325米聚落的大型沟状遗构，深约120厘米，主要由暗褐灰色淤泥层及沙质淤泥层构成，部分混有炭化物。极有可能为屈家岭文化时期的聚落环濠。

三 植硅石分析

植物中，特别是禾本科植物被称为硅酸植物，它具有从根部吸收硅酸并积聚于体内的功能。硅酸集中并积聚在特定组织的细胞壁中，特将这样的硅酸称为植物硅酸体。植物硅酸体大小仅为数微米～200微米，其形状和产量因植物种类和部位而异。其中，机动细胞仅存在于禾本科植物的叶片，根据其形态特征，可识别其属别，稻谷还可进一步识别其种类（图版一二，1、2）。

此外，因植物硅酸体为非晶质的玻璃体，故不会氧化分解，保存性较强，作为泥土颗粒的一部分能长期残存于地层中。土壤学将这种植物起源的硅酸体形成的化石称作植硅石。

分析结果如下：先从地层及陶器胎土中检测出稻叶的机动细胞植硅石（以下简称稻谷）及水稻外秤表皮细胞的植硅石（以下简称稻壳）等，由此着手解决稻作起源及传播等重要问题。此外，通过分析比较植硅石出现趋势的差异及地形分析成果，不仅可复原小范围区域的植生环境，还可了解到地层的堆积环境，即土壤条件的变化、旧耕地面、生产区域等土地利用状况及其差异。

如上所述，植硅石分析法不但是了解开始古代生业等人类生活史的新方法，而且还是复原古环境的有效手段之一。

定量分析法的样品处理，按照绝对干燥——重量测定和假比重测定——混入有孔玻璃珠——用均化器分散——以斯托克斯法除去颗粒物质——干燥的顺序进行，并用液制作切片。植硅石的分类学研究，则是在 400 倍偏光显微镜下，主要是根据禾本科植物机动细胞植硅石的形态分类来进行的。

再根据检测出的有孔玻璃珠（300 个）和植硅石的比率，求出每 1g 样品所含各硅石的个数及总数。至于水稻（Oryzasativa）、芦苇属（Pharagmites）、须芒草属（Andropogoneae）及竹亚科（Bambusoideae）的机动细胞植硅石，则计算其层厚每厘米、面积每 10 公亩的地面部分重量（干物重）的检出量，并以图表表示。需要说明的是：稻的机动细胞与稻壳细胞不同，不能单纯地在同一水平上比较这些细胞的化石，即植硅石的数量。这里所表示的检出数为显微镜下计算出的数值。

四　取样

为了弄清遗址的土壤条件、土地利用、稻作起源及其状况，在遗址及其周边的 9 处地点提取了植硅石样品。

首先，在东门附近城墙的填土层下位层位发现了水田遗址。这是弄清中国早期水田状况的重要遗构。为确认水田面稻的栽培状况和栽培形式，从水田遗址的同一地表面上分三次提取植硅石分析用样品（A 取样点）。第一次，以构成水田遗址的地层为对象，由安田喜宪在同一地表面的 11 处取样。第二次，在同一遗构面上取样 6 份。第三次，由守田益宗从水田面及水利设施处取样 16 份（三次取样，分别为 A-1、A-2、A-3 取样点）。

其次，从水田面的上下层（B 取样点）取样共计 23 份，用来研究稻等植硅石的出现趋势。此外，以沟状遗构内沉积物为对象，在 C-H 取样点取样共计 42 份。为了解遗址周边地区稻的栽培状况，在 I 取样点取样 10 份。

五　分析结果

（一）水田遗址

1. A-1 取样点

所有样品中都检出了稻谷稻壳植硅石（图版一三，1、2）。两者在样品 6～9 中的检出量最多。此外，还检出较多稻壳以外的颖，即穗尖部分（包括顶端节间、穗头、穗轴、枝梗等）的植硅石。如棒状细胞丸状 A 型和 B 型、棒状细胞锯齿状及源自稻壳、芒的毛状细胞 B 型。叶片、叶鞘的毛状细胞 A 型、棘状细胞、茧状细胞则较少。

同一层位的植硅石的出现趋势也有所不同。这不仅因为各地区稻谷的残存量不同，而且还受取样及分析的影响。取样时，提取土壤的哪一部分，又将哪一部分用作样品，都会影响到分析结果。能否更为具体地还原早先地表的状况，取决于取样时能否正确区分土壤层和非土壤层。A－1 取样点植硅石分析结果见表一。

2．A－2 取样点

在水田面取样 6 份。同 A－1 取样点，特点是稻谷、稻壳及稻颖部分植硅石整体上呈高出现率。

为还原当时的地表状况，本应取样于表层正下方的地层，但因受取样时的条件限制，样品 1、2、4 从遗构面往下 2、3 厘米下位处提取。为使分析结果正确反映当时的状况，分析所用样品仅选用靠近地表的部分样品。同 A－1 取样点，各样品的稻谷、稻壳等的检出数量之所以不同，是因为受上述取样条件的限制。A－2 取样点植硅石分析结果见表二。

3．A－3 取样点

从水田面及水利设施等处取样 16 份。即水田表面 8 份（样品 2～6、10、15、16）、畦田 2 份（样品 1、14）、水渠 3 份（样品 7、12、13）、水坑 1 份（样品 11）及非水田 2 份（样品 8、9）。从水田面检出了大量的稻谷稻壳植硅石；相反，其他遗构中，除畦田样品 14 中的稻谷外，其他没有显著的植硅石出现趋势，而水坑中仅检出了极少部分。因此，各遗构与植硅石出现趋势存在对应关系。此外，这里所用样品同时也用于孢粉分析，在同样结果这点上，水田面的稻属型孢粉与稻属植硅石的检出状况也存在共同性。A－3 取样点植硅石分析结果见表三。

（二）水田面的上层与下层

1．B－1 取样点

为把握水田面上层的植硅石出现趋势，取样 8 份。结果，从全部样品中检出了稻谷和稻壳，同 A 取样点的水田面，检出了大量颖稻部分的植硅石。特别是样品 3～7 中稻壳的检出数极为显著。此外，样品 5 和 6 中，每 1g 的检出总数超过了 90 万个。由此可见，稻谷的栽培是在极为稳定的土壤条件下进行的，因此才会有稻壳残存。大溪文化早期，该地已持续进行过稻作。B－1 取样点的植硅石分析结果见表四。

2．B－2 取样点

自水田面下挖 75 厘米进行简易钻探，并从细分为 11 层的地层中取样 15 份。

分析结果表明，从水田面下约 60 厘米的 9 层（样品 12）上位检出了稻谷，但稻壳极少。从稻谷的检出数量可以判断，各层位都有过稻谷的栽培。稻谷的出现趋势与芦苇属的出现趋势呈对应关系。即，从芦苇属的出现层位及其后稻谷的增加可以推断，稻的栽培是在较为低湿的环境下，或是利用低湿环境下生成的地层进行的。这极有可能是稻作初期阶段常见的、利用旧河道及浅谷等微凹地经营的水田。这种微凹地在被填埋的过程中用作了水田；待微凹地趋于平坦后，伴随着畦田的水田应运而生。

在上位层位发现的水田遗址的年代约在 6300 年前的大溪文化早期。因此，此层位的水田层的年代应较之更早，不能排除追溯至汤家岗文化时期的可能性。这些结果对于探索长江流域的水稻起源极为重要。B－2 取样点植硅石分析结果见表五。

表一　植硅石分析结果　A－1地点

表二　植硅石分析结果　A－2地点

表三　　植硅石分析结果　A－3地点

表四　　　　植硅石分析结果　B－1地点

表五　　　植硅石分析结果　B–2地点

（三）沟状遗构

1. C取样点

C取样点为在南门附近发掘出的大规模沟状遗构内沉积物。厚约360厘米的地层细分为40层，在此提取植硅石分析用样品共计46份，并对其中17份样品进行了分析。

分析结果表明，植硅石群集带可分为a带～c带。a带（样品13～17）中植硅石检出数较少，b带（样品5～12）中稻谷、稻壳等颖稻部分的检出数量有所增加，至c带（样品1～4）则显著增加。

若从地层堆积状况、植硅石分析结果来研究当地的环境变化，可知下位40～32层沟状遗构是在短时间内遭埋没的，故土壤条件不很稳定。其上位的18层层位薄层极为发达，由此可知是泥沙冲积埋没的。此外，30层上位层位的稻谷、稻壳的检出量有所增加，这是人为搬入禾本科植物的结果，并非在沟状遗构遭埋没的过程中栽培了稻谷。简而言之，当时的人们把稻草用作生活用具，该地即为这些生活用具及陶器的废弃场。这种状况在a带的9层层位上位也得到了证实，随着土壤条件趋于稳定，上述倾向则愈见显著。C取样点植硅石分析结果见表六。

2. D取样点

D取样点为深约150厘米的沟状遗构内沉积物，属大溪文化早期。分析结果表明，所有样品中都检出了稻属植硅石，4a～7a层（样品4～8）中更多。须芒草属在所有样品中的检出量也较多。此外，稻壳较其他沟状遗构则极少，无埋没过程中废弃稻壳的痕迹。D取样点植硅石分析结果见表七。

3. E-1取样点

安田喜宪在大规模沟状遗构沉积物及其上位的填土层两处共取样66份（F-1取样点35份，F-2取样点31份），并分别对其中的9份样品进行了分析。

在大溪文化一期的E-1取样点及其上层，稻谷和稻壳等颖稻部分的植硅石呈增加趋势。由此可知沟状遗构在受泥沙冲积埋没的过程中，稻草及稻穗遭废弃，这与C取样点的情况基本相同。E-1取样点植硅石分析结果见表八。

4. E-2取样点

在下位层位的样品5～9中检出了较多的稻壳。特别是在大溪文化一期的样品5和样品6中呈高出现率，后者每1g的检出数超过30万个。此外，在大型植物遗骸分析中，也检出了较多的稻壳化石。

相反，上位层位（样品1～4）为大溪文化二期至今的填土层。样品4中稻壳等的检出总数剧减，而样品1～3的稻谷呈增加趋势。这显示了沟状遗构的埋没过程及后人人为填埋的状况。E-2取样点植硅石分析结果见表九。

5. F取样点

该取样点为深约140厘米的沟状遗构内沉积物，植硅石群集带可分为a带和b带。a带的8a～12a层层位（样品8～12）中稻谷、稻壳和须芒草属的植硅石检出数量显著，而从b带的7a层起（试料1～7）检出数量剧减。从淡水性动物硅酸体及芦苇属的检出状况可以看出，沟状遗构具一定的耐水性。如上所述，a带层位与b带层位遗构内的地层环境有很大差异。F取样点植硅石分析

表六　植硅石分析结果　C地点

表七　植硅石分析结果　D地点

表八　　植硅石分析结果　E－1地点

植硅石分析结果　E-2地点

表九

结果见表一〇。

6. G 取样点

在东门附近，于东西向截断环绕聚落的沟状遗构开挖探沟进行了发掘检查。G 取样点位于探沟的中心，埋没了深约 120 厘米遗构的地层可细分为 5 层，从该处取样 9 份。分析结果表明，除样品 7 和样品 8，其余样品虽有稻谷检出，但量极少。地相则以褐灰色至暗灰色的淤泥为主，土质较弱。沟状遗构的埋没时期不详，但可以推测当时即使有过稻作，也是极为短暂的。G 取样点植硅石分析结果见表一一。

7. H 取样点

在南门附近，同样也截断沟状遗构、开挖探沟进行了发掘调查。该处的埋没层较薄，厚度不超过 50 厘米，可细分为 5 层，从各层中取样 5 份。分析结果表明，同 G 取样点，稻谷及芦苇属、须芒草属仅检出少量样品。同样，各层上虽有过稻的栽培，但产量未必很多。H 取样点植硅石分析结果见表一二。

（四）阶地面——I 取样点

为了解聚落周围植硅石的出现趋势，在遗址东南部的 I 取样点取样 10 份。其结果表明，除地表面下 130 厘米上位的样品 8 外，各样品都检出了少量稻属植硅石，从其出现趋势可以推断该处曾持续进行过稻的栽培。

遗址及周围广泛分布着黄土。构成阶地面的黄土层表面起伏明显，聚落位于微高地上，微凹地部分则是背阴低地。该取样点相当于这种阶地面上的背阴低地，曾有过稻的栽培。可以认为，城头山遗址周围分布过这种稻的生产地和聚落。I 采样点植硅石分析结果见表一三。

六　最早的水田遗址及水稻农业的起源

（一）最早的水田遗址

为在湖南省文物考古研究所发掘的水田遗址了解同一地表面的土地利用状况，从各遗构提取了植硅石分析用样品共计 22 份。即水田面（14 份）、畦田（2 份）、水渠（3 份）、水坑（1 份）及非水田（2 份）。植硅石分析结果表明，从水田面检出了大量的稻谷和稻壳，特别在海拔稍低的中央部分尤为显著，而其他遗构的稻谷及稻壳检出量则较少，由此可看出遗构的不同植硅石出现趋势成对应关系。

在江苏省吴县草鞋山遗址发现的水田状遗构的 ^{14}C 年代测定数据经树轮校正为 6010 ± 140y BP - 6240 ± 205yBP[②]。从出土陶器的编年来看，城头山遗址的水田遗址的年代可追溯到约 6500 年前的汤家岗文化时期，为最早的水田遗址。

另外，该水田遗构与日本早期不定型的小块水田不同，具有大型畦田及水渠、水坑等水利设施，每块水田的面积也很大，可以看出当时已有相当发达的稻作技术。稻谷和稻壳的大量检出，表明稻的栽培是在非常稳定的土壤条件下进行的，并残留有稻草及稻壳。

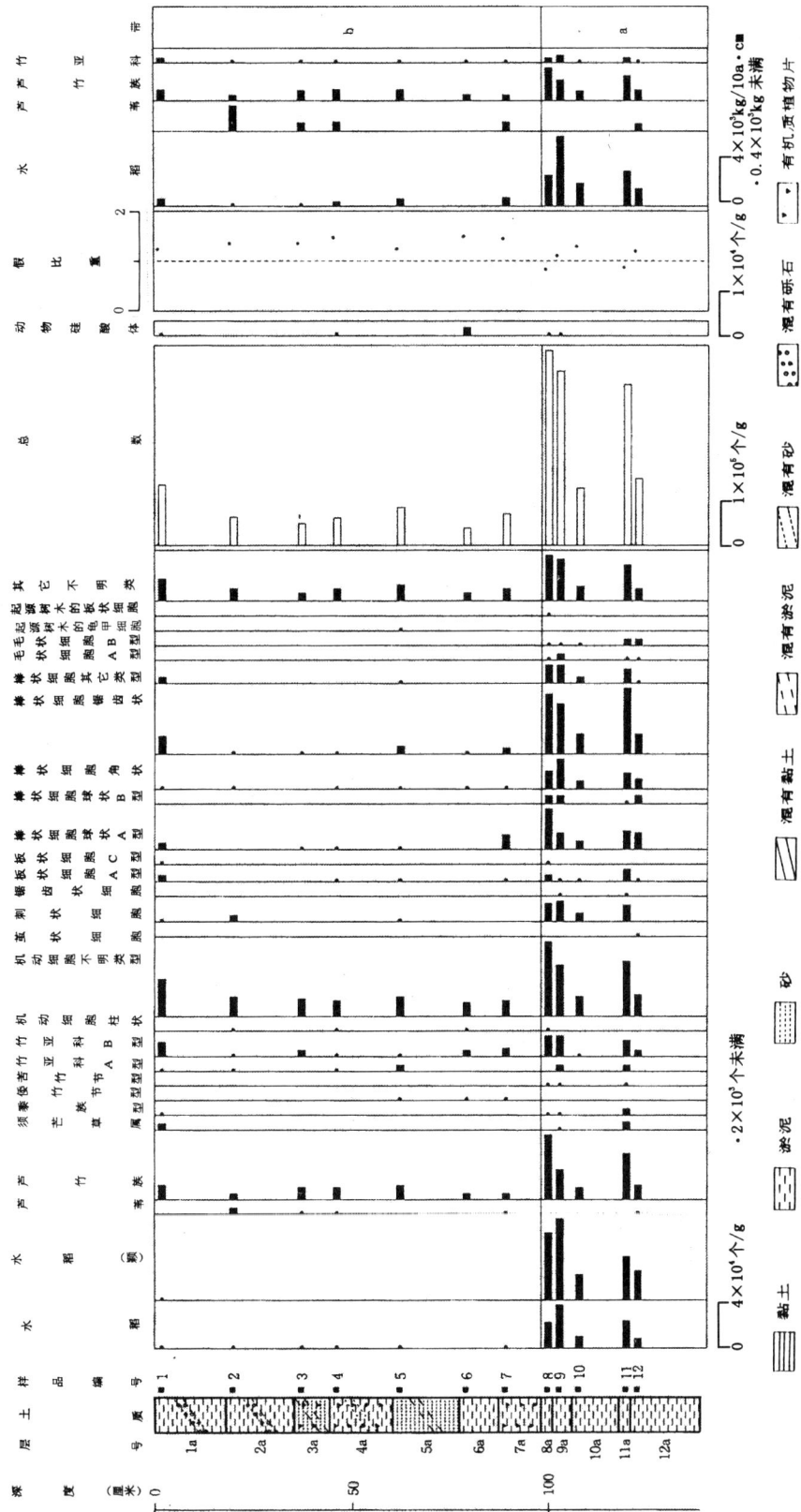

表一〇　　植硅石分析结果　F地点

表一一　植硅石分析结果　G地点

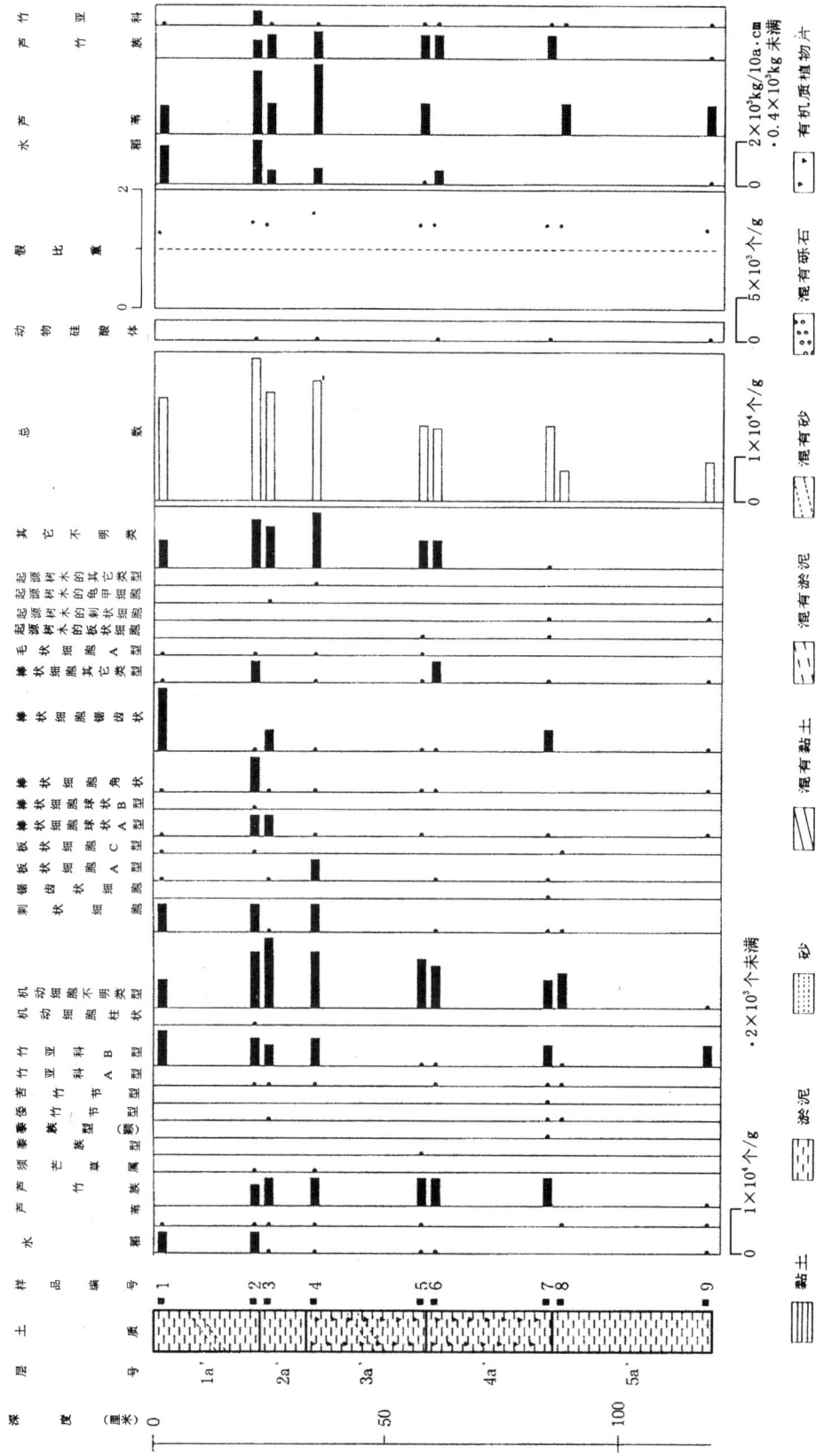

表一二　　植硅石分析结果　H地点

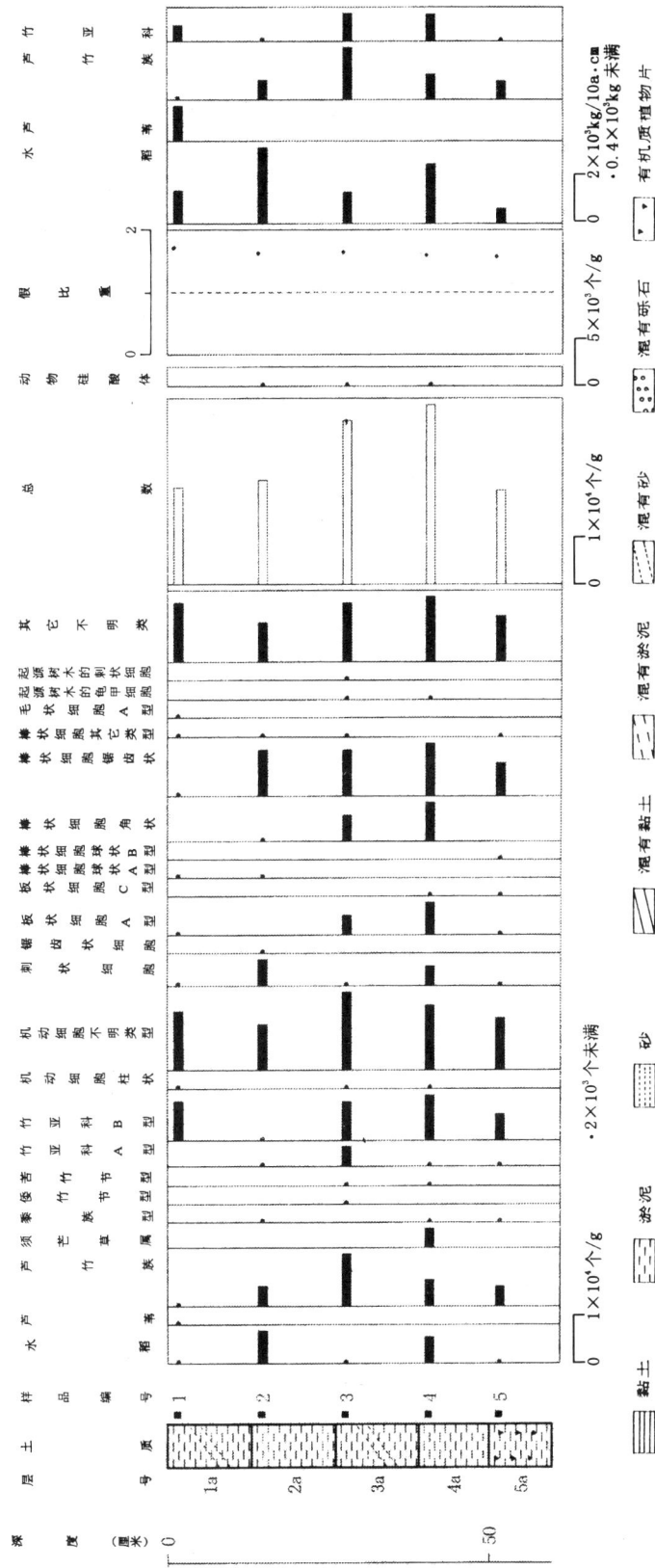

表一三　植硅石分析结果　Ⅰ地点

在这点上可以说，该遗构较同时期的草鞋山遗址小规模水田状遗构，无论形态还是水田营造技术的发展阶段上都存在差异。这些对于研究中国早期水田形态、微地形与水田形态间的关系等都十分重要。城头山遗址水田遗址的发现意义重大。

（二）水田下层稻的检出状况

水田遗址简易钻探样品的分析结果表明，水田面下约 60 厘米的层位有稻作存在的迹象。其特点是稻壳的检出量较少，不如水田面上那样多，芦苇属和稻交替检出。这表明曾利用稍为低湿的环境持续地进行过稻的栽培。

若将水田面的水稻、稻壳与下层的稻谷、芦苇属等的检出状况作一比较的话，可以看出稻作状况的显著变化。即，从利用旧河道、浅谷等微凹地的小规模水田阶段，发展到约 6500 年前有畦田、水渠、水坑等水利设施配套的大规模水田。

笔者将稻作的阶段性发展大致分为两大阶段。第一大阶段为构成稻作农耕文化各要素出现的阶段。这一阶段也分两小段。第一小段是在旧河道和低谷等微凹地，利用雨水和地下水直接栽培或移栽，将杂草作为草畦加以利用的阶段。第二小段即城头山遗址稻田所处阶段，为稻作开始期最初的状况，此时已存在水田遗址。第二大阶段为稻作农耕文化完成的阶段。标志是具备土畦、橛子、板桩等加固的畦田、水沟、堤堰等水利设施以及农耕用具的兴建，这是制作具备完整形态的真正稻作水田的阶段。非常清楚，长江流域的水稻农业起源可追溯至 6500 年前。

（三）稻壳的检出状况

在实施分析的遗址的 13 处取样点中，7 处的水田面及大规模沟状遗构的稻壳呈高出现率。所检出的不仅有稻壳，还有不少颖稻部分的化石，即颖稻中的棒状细胞丸状 A 型和 B 型、棒状细胞锯齿状及稻壳和芒中的毛状细胞 B 型等。这些不仅在水稻，而且在其他植物中也有检出，根据各细胞植硅石的组合，可辨别出其是哪一种植物的哪一个部位。这些检出状况，在探索城头山遗址的真相上是值得一提的。

从水田面稻谷及稻壳的检出数量如此之多，可以看出稻草和稻壳是被人为地留在当时的生产地的。有一个可能是脱谷后的稻壳与稻草一起被烧成灰用作肥料，这为研究水田施肥的状况及其起源提供了良好的材料。另一方面，考虑到由于某种原因将脱谷后的稻壳留在水田面的特殊用途，有必要将其与农耕礼仪联系起来一并研究。

此外，在水田遗址附近还发现了约 6000 年前用夯土筑造的土台状祭坛。遗址靠中央部位出土有不打地基直接立柱的柱址，可推断其为神殿遗迹。虽年代有异，但从水田面检出了大量稻壳，并于聚落内发现了祭坛和神殿遗构。总之，这些城头山遗址的发掘成果，不仅对研究水稻农业，而且对探索施肥、农耕礼仪的起源甚至稻作农业形式，都是十分重要的。

七　据点式聚落和生产、消费体系的形成

（一）沟状遗构的特征

城头山遗址的发掘调查结果表明，遗址为至少有 4 条沟状遗构（壕沟）环绕城墙的环壕聚落，被埋没的各条沟状遗构上又填埋有陶片、红烧土，从而形成新的城墙。此外，各遗构都显示出各自独特的植硅石出现趋势。下面将各沟状遗构从遗址内侧至外侧分为 I～IV 期，并对其特征进行比较。在大多数情况下，沟状遗构的位置由内往外推移，因而可分为 I、II、III、IV 期。

首先，I 期的沟状遗构规模小，属大溪文化一期早段的遗构。遗址在该时期已形成聚落，所发现的最早的水田遗址相当于其生产区域。对于那些被观察到较多稻谷、稻壳和芦竹族，单凭植硅石的分析结果尚不能确认稻壳是被带入聚落内后又被遗弃在沟状遗构内的。

其次，II 期的沟状遗构规模大，属大溪文化一期的遗构。与其他沟状遗构的植硅石检出状况大不相同，稻谷、稻壳等的颖稻部分呈高出现率。在沟状遗构遭埋没的过程中，稻草、稻壳等被废弃在此地，这与南门附近 C 取样点地层的堆积状况及植硅石分析结果间存在类似性。该沟状遗构的上部其后在大溪文化二期时被人为填埋。

再次，大溪文化二期，形成有小规模的沟状遗构，即 III 期的沟状遗构。分析结果表明，其上下层位的地层堆积环境迥然不同，根据下位废弃有稻谷、稻壳这一情况，可以推断上位的沟状遗构曾浸在水中。

此外，根据现存景观推测，IV 期的沟状遗构为环绕聚落、呈环壕状的大规模沟状遗构，根据考古学成果可将其年代定为屈家岭文化时期。IV 期的沟状遗构地相与 I～III 期的地相不同，就整体而言，G 取样点和 H 取样点植硅石的检出数量较少。IV 期沟状遗构的整体情况尚不详，至少取样点，很难想象只是低湿环境，而非处于浸水的状态。

（二）从稻壳看聚落的形成

遗址中，以沟状遗构为主集中发现了稻壳，这些稻壳与陶片、红烧土一起遭到废弃。如在 I 取样点所看到的，稻的生产区域位于遗址周边，而食用稻谷的人群生活在聚落内。遗址即为据点式聚落，从周围村落收交来的稻穗被保管在米仓内，并根据需要脱谷食用，后又被废弃在遗址内。因此，聚落内很可能有米仓，而米仓内则会残留有大量稻壳，城头山遗址作为据点式聚落发展壮大，直至形成生产、消费系统。时期为大规模遗构形成的 II 期，即大溪文化一期以后。

顺便提一下，检出有如此大量稻壳的日本的遗址，在笔者至今所分析过的 200 多处遗址中仅有二例。其一为滋贺县中主町西河原森内遗址，该处为白凤时期中心聚落的官衙遗址。从该遗址的同期层位检出了大量稻谷，由此可知颖稻是从周围村落收交来并在该处脱谷的。该遗址曾为公田等经营设施。

此外，大阪府和泉市、大津市交界处的池上曾根遗址，为以弥生时代中期据点式聚落闻名的环壕聚落。从该遗址环壕内的沉积物中检出了大量稻谷。这表明弥生时代中期，在环绕聚落的环

壕被废弃的过程中，一部分环壕被用作了垃圾场。该遗址虽与城头山遗址年代不同，但在沟状遗构失去功能的过程中所发生的状况却存在共性。

另外，在池上曾根遗址上还发现了具有脊柱、不打地基直接立柱的大型建筑物遗址及挖空樟树做成的水井。不少研究者认为，此类建筑物遗址即为宫殿遗址或是神殿遗址（图版一四）。分析在建筑遗址附近取样的含有大量中期陶片的黑土层，发现稻壳呈出现率。这种含有稻壳的地层以建筑物周围为主，广阔分布于聚落内。因此，笔者认为，该建筑物遗址曾为干栏式米仓。池上曾根遗址同城头山遗址相同，为据点式村落，保管从周边村落收交来的稻穗，按需取用。

此外，关于上述神殿遗址还有一种有趣的见解：平时为放置稻穗的仓库，而在春耕至秋收期间，则用作祭神的神殿。

如上所述，池上曾根遗址与城头山遗址时间上距离 2500 年以上，但两者存在共同点。池上曾根遗址、唐古·键遗址等弥生时代的环濠村落的原型就在城头山遗址。

八　结语

城头山遗址为面积约 8 万平方米的圆形聚落，遗址因位于阶地面上，故当时的聚落形态未遭泥沙埋没而被保留了下来。在遗址上还发现了大型畦田及配套有水渠、水坑等水利设施的水田遗址，推断其年代约在 6500 年前，为世界上最早的水田遗址。水田面上的植硅石分析结果表明，稻谷、稻壳等颖稻部分的化石检出数量极多。这对研究当时的水田施肥、农耕礼仪形态及其起源极为重要。

为了解水田面下层的状况，还进行了简易的钻探调查，以探究植硅石的出现趋势，结果在水田面以下约 70 厘米的上位地层，交替检出有稻及芦苇属植硅石。可以认为，当时的人们是在低湿的环境下，或利用在此环境下生成的地层进行稻的栽培的。这是稻作初期阶段常见的利用旧河道、浅谷等微凹地的水田。长江流域的水稻农业之起源，可能追溯至更早的年代。根据城头山遗址的植硅石分析结果可以断定，长江文明在很早的阶段就将生业基础定位在水稻农业上，从此遗址可寻找到日本文化的一个根。

在城头山遗址，还发现了 4 条沟状遗构。这些遗构可能曾环绕聚落，并可推断遗址曾为有着多重环壕的聚落。此外，各沟状遗构的特征及遗构内沉积物的植硅石分析结果表明，大溪文化一期时已形成了据点式聚落，而当时主要的生产区则分布于遗址周围，与负责生产的村落之间形成了生产消费体系。

在中国，以长江中游的湖北、湖南、江西及下游的浙江、江苏为主，至今已在约 150 处遗址发现了 4000 年前的稻谷资料。而 9000 年前的更早资料则集中于流入洞庭湖及鄱阳湖的河川流域，至 5000 年前更从中游扩大至下游。此后至 4000 年前，下游的资料不断增加，以至扩大到北部的黄河流域及南部地区。从这些稻谷资料的出土与分布情况，以及城头山遗址的植硅石分析结果可以判断，粳稻的起源地为长江中游。有关向日本传播稻作的情况，则有必要将其置于 5000 年至 4000 年前中国稻谷资料的传播途径中加以研究。

注　释

① 宇田津泽朗、汤陵华、藤原宏志等:《草鞋山遗址古代水田遗迹调查》,《日本文化财科学会志》
第 30 号, 1995 年; 邹厚本、谷建祥等:《江苏草鞋山与马家浜文化水田的发现》,《稻作 陶器
和都市的起源》, 文物出版社, 2000 年。

从城头山遗址沉积物的
孢粉分析看农耕环境

守田益宗 (冈山理科大学)   黑田登美雄 (琉球大学)

在长江中游的洞庭湖西北岸的澧阳平原，存在大量旧石器时代以后的遗址。其中，城头山遗址作为环壕遗址而著名，该遗址为约 6800 年至 6500 年前的汤家岗文化时期至约 4000 多年前的石家河文化时期的遗址。在约 6500 多年前的城墙遗址下部，发现了宽约 5 米的小块水田遗址，伴随有汤家岗文化时期的水渠和水坑，与同样位于澧阳平原的八十垱遗址及彭头山遗址一样，城头山遗址被认为是研究初期稻作农业极为重要的遗址。这种初期稻作农业究竟是在怎样的气候环境下经营的，伴随着农业的发展遗址及其周边植被又发生了怎样的变化？本研究为解答这些问题进行了孢粉分析。

在此，仅向提供调研机会的国际日本文化研究中心梅原猛顾问、河合隼雄前所长、安田喜宪教授，以及为实地调查提供帮助的中国湖南省文物考古研究所何介钧前所长及其他诸位先生，表示诚挚的感谢。

一　样品和分析方法

有关孢粉分析的沉积物，从汤家岗文化时期的水田遗址层位水渠中取样 3 份、水坑中取样 1 份、田埂中取样 2 份、水田遗址中取样 8 份、其他场所取样 2 份，共计 16 份样品（图一）。另从南门遗址墙面第 11 层取样 39 份、第 10 层取样 3 份、第 8 层取样 2 份、第 7c 层取样 2 份，共计 46 份样品。这些沉积物为约 6200 多年前的大溪文化早期至约 4000 多年前的石家河文化时期的遗物。

孢粉分析所用样品，经 10% KOH 溶液除去腐殖质后，以比重为 1.7 的 $ZnCl_2$ 溶液将花粉、孢子化石与矿物质分离。此外，花粉、孢子化石以外的植物物质经 acetolysis 处理去除后，装入丙三醇·甘油胶后做成切片保存。花粉、孢子的相同鉴定，在倍率为 250～1250 倍的显微镜下进行，禾本科花粉的鉴别则在相差显微镜下进行。每份样品的观察持续至乔木植物的花粉（乔木花粉：Tree Pollen）总数超过 200 粒为止，并记录其间出现的所有花粉和孢子。花粉和蕨类孢子的出现

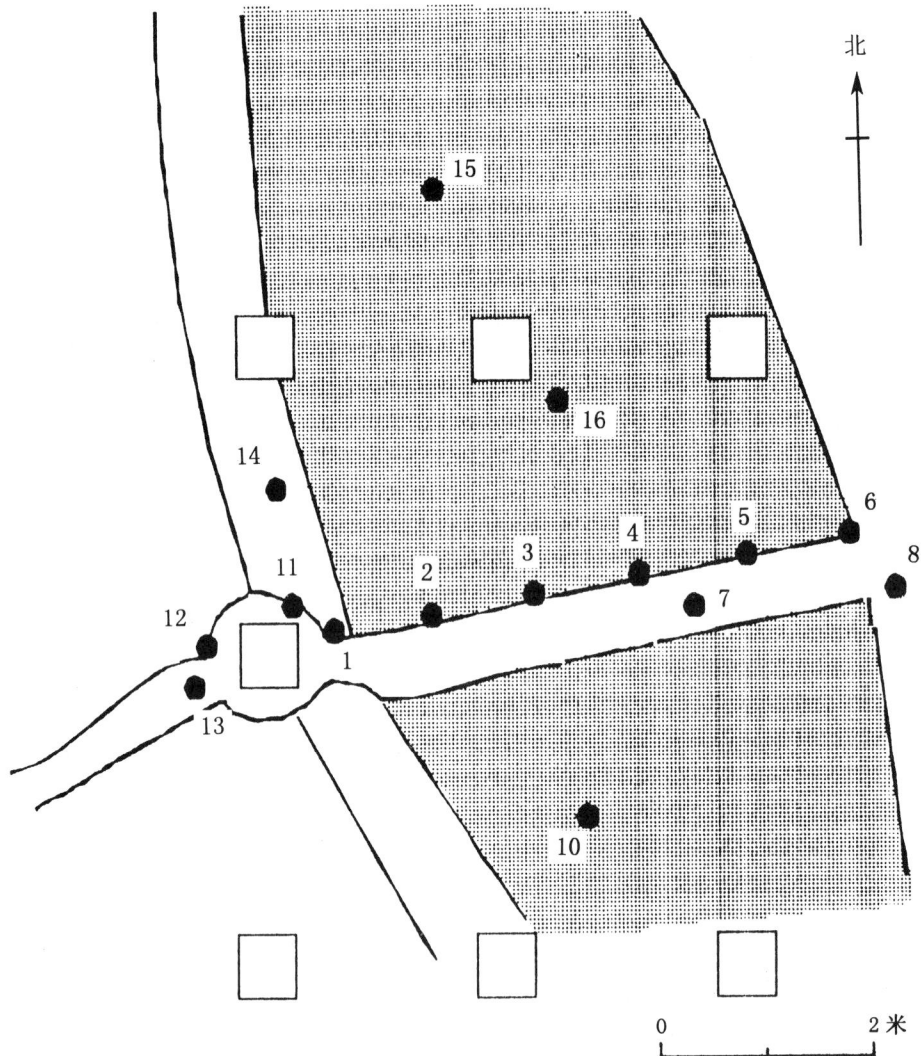

图一　城头山遗址汤家岗文化—大溪文化早期稻田取样点

率，乔木孢子花粉以乔木花粉总数为基数，其他花粉、蕨类孢子以除去乔木花粉的花粉、蕨类孢子总数为基数，通过百分比计算求得。

　　另外，样品 229 取样层位南门墙面的第 11 层最上部的非校正[14]C 年代测定值为 4750 ± 10yrB.P.，样品 235 取样层位南门墙面第 10 层最下部的非校正[14]C 年代测定值为 4550 ± 110yrB.P.，样品 251 第 10 层最上部的非校正[14]C 年代测定值为 4440 ± 100yrB.P.。

二　结果及考察

（一）汤家岗文化时期的水田环境和周边植被

约 6500 多年前的汤家岗文化时期水田遗址层位的分析结果见表一。取样于水田遗址的样品 2、

3、4、6、10、15、16 中检出了较多的孢粉，而其他地方样品中的孢粉含量则极少。即便水田遗址沉积物中，一个样品所含孢粉（样品 5）属乔木的总数也未满 150 个。观察孢粉含量较多的样品，发现其乔木花粉比率（所有花粉、孢子中乔木花粉所占的比例）较低，最高也仅约 37%，一般为 20% 左右。乔木花粉中，常绿青冈栎属（Cyclobalanopsis）检出率最高，为 40～50%；其次是落叶栎属（Quercus），为 25～35%；第三是枫香属（Liquidamber），为 5～10%。因此，可以推定，该处为暖温带南部至亚热带北部的植被环境。不过，如前所述，因乔木花粉的比例较低，故可推定其森林密度不高。灌木花粉中，从样品 3、6、15、16 检出了较多蔓性葡萄属，样品 6 中除乌桕（Sapium）含量较高外，其他含量极低。因此，该处极有可能原为小规模树林的开放式植被景观（表一）。

禾本科占了草本花粉的半数以上，样品 6、10 中蒿属较多，占了非乔木花粉、孢子的 30% 左右。禾本科花粉中，表面形状呈 maculate 型的较多，占所有禾本科花粉的 25～45%，占非乔木花粉、孢子总数的 10～33%（表二）。这些 maculate 型禾本科花粉，作为 maculate 形状则稍显粗大，虽与小麦属表面形状相似，但比小麦属花粉直径要小，故判定为稻属。现在大部分水田中稻属占了整个禾本科的 30% 以上。仙台市弥生至古坟时代的大多数水田中，稻属占了非乔木花粉、孢子总数的 5% 以上。可以说这次检出的比率较这些数据也是很高的。另外，水田杂草慈姑属（Sagittaria）、草泽泻属（Alisma）的孢粉检出率较低。蕨类植物的槐叶苹属（Salvinia）在水田遗址的样品中检出率较高，可以推断，当时该处为水田杂草较少、水流较为平缓的浅水环境。样品 6、8、12 中各检出旱作作物荞麦（Fagopyrun）花粉一个，样品 3、4、6 中检出较多的荨麻科（Urticaceae）和蒿属为旱地杂草，因此，可以推断该处曾被用作旱田。

（二）大溪文化时期至石家河文化时期遗址周边的植被

遗址南门城墙面的分析结果见表三及表四。样品 153、159、163、175 的孢粉含量极少，孢粉总数不满 200 个。样品 161、167、201 的孢粉含量也很少，木本花粉总数也未满 200 个。样品 195、229、235、251、261、269、277、285 的孢粉含量虽多，但木本花粉总数也不及 200 个。

在 11 层的大溪文化时期至屈家岭文化时期样品 175 的下位，乔木花粉比率在 2 层位超出 70%，在其他层位的出现率大多为 50%～65%。乔木花粉中，常绿栎属为 40%，其次落叶栎属为 20%～25%，板栗属—栲属（Castanea - Castanopsis）也有 5%～8%，还见有枫香树属，因此，可以推断其为暖温带南部至亚热带北部的植被环境。不过，如前所述，从孢粉含量较少这一结果可以断定，同汤家岗文化时期一样，当时这里的森林覆盖率较小。灌木花粉中，杨柳属（Salix）以 1%～5% 的出现率间断性出现，灌木花粉的检出率则大多较低。草本花粉中，属旱地及路边杂草类的荒地植物，如蒿属和苍耳属（Xanthiun）较多，前者最多达 54%，后者也达到过 40%。石竹科（Caryophyllaceae）、藜科—苋科（Chenopodiaceae Amaranthaceae）、桑科（Moraceae）植物的产出也令人注目。稻属型禾本科花粉连续检出，约占非乔木花粉、孢子总数的 5% 以上。此外，荞麦属也从 2 层位中检出。可以推断，当时的遗址周围已有水田，也有相当面积的旱地。

样品 177 至样品 229 中，乔木花粉的出现率逐渐减少，大多不超过 50%，上部为 30%～40% 左右。与此相比，草本花粉的比率呈上升趋势，出现率超过 50% 的层位增加，最多的达到 68%。木本花粉中，板栗属—栲属的出现率为 10%～15%，较前一时期稍有增加，但常绿栎属、落

表一　　　　　　城头山遗址汤家岗文化时期稻田各层位孢粉分析结果一览

学名	153	155	157	159	161	163	165	167	169	171	173	175	177	179	181	183	185	187	189	191	193
Pinus 松	5	57	23	6	18	16	19	9	3	10	39	2	22	19	29	12	31	30	15	31	17
Abies 冷杉					1																
Tsuga 铁杉		1												1			1			1	
Picea 云杉																				1	
Cedrus 雪松																					
Podocarpus 罗汉松							1							1				1		1	1
Taxodiaceae 杉科															1						
Sciadopitys 金松																					
Cupressaceae - Taxaceae 柏科 - 紫杉科																					
Pterocarya 枫杨		3			1		2		3	2	9		4	6		2	7	3	5	7	2
Juglans 胡桃											1			1							
Platycarya 化香树								1						3						1	1
Betula 桦		3	2		1		2		3	3	4		5	3		5	9	2		3	1
Carpinus 鹅耳枥		4	3		4		1	2	6	6	6		4	8	1	4	1	10	1	8	5
Fagus 山毛榉			4	1	1				4	4				3			3	1	1	1	3
Quercus 栎	7	46	50	16	17	19	50	34	50	56	70	6	65	58	48	52	66	65	54	67	47
Cyclobalanopsis 青岗栎	13	124	128	26	59	43	116	78	152	142	113	8	113	103	112	123	136	92	115	78	120
Castanea - Castanopsis 粟 - 槠		8	23	3	17	4	11	5	7	14	6		33	24	17	20	17	34	20	16	28
Ulmus 榆		1			4						4		4	3	2	1	3		1		1
Zelkova 榉			2					1		4	2			3	1				2	2	
Celtis - Aphananthe 朴树 - 糙叶树								1	1	1	5			1	2	1	2		2		1
Liquidamber 枫香		2	3	3	14	1	4	2	8	11	3		25	28	7	7	24	7	12	34	9
Acer 槭																		1			
Ephedra 麻黄														1							
Salix 柳			8		3		5	3	5	1		1		3	3	1	1	4	10	1	
Myrica 杨梅							1	1			1										
Corylus 榛	1	1	1		1		2	1	1			1	2	7	2		2	4	1	3	
Alnus 桤木		2		1	1		1	1		2				1		2	2	4			
Alnaster			2						1				1				1		2		
Пlicium 八角			3												1						
Camellia 山茶																					
Prunus 樱桃																					
Caesalpirnia 云实							1						1	2	19			7			
Albizia 合欢																					
Sapium 乌桕		1		2			2		1	3								1			
Mallotus 野桐			2					1		1				2		1			1		2
Rhusjavanica 漆树（日本型）																					
other Rhus 其他漆树								1						1			2	1	1		
Meliosma 泡花树																					
Rhamnaceae 鼠李科																					
Пex 冬青																					

195	197	199	201	203	205	207	209	211	213	215	217	219	221	223	225	227	229	235	243	251	261	269	277	285
18	29	26	6	16	30	28	30	29	32	51	17	39	37	42	47	39	34	29	40	76	39	23	42	11
		1															1		1		1	1	3	
					2	2			2		1						1		1	2				
			1									1			1									
									1														2	
					1																		1	
																					1			
	2								1												1	1	2	2
2	14	4	2	2	5	4	3	1	4	9	4	5	8	10	7	4	12	14	11	6	6	3	2	2
								1	2				1			1								
		1	3								1												3	
	5	8		2	8	1	3	5	9	4	5	4	4	3	6	1	1	3	1	6	2	4	5	
1	20	2			5	4	1	3	2	3	2	5	6	12	3	2	7	6	7	6	5	2	4	
1	16	4	2	1	4		2		6	1	2	1	2	2		1	1	1	3	3	2	3	5	
26	72	51	20	65	51	52	50	57	120	38	50	78	61	63	30	52	53	39	54	9	20	36	19	8
90	105	109	35	120	102	98	110	170	44	102	105	93	116	88	101	119	32	71	62	36	101	86	89	32
19	39	32	12	17	27	34	21	24	33	15	17	58	15	22	13	17	0	14	4	2	10	7	2	1
	5	1			1	1	2	2		2	1	1	3	5	2	1	4	3	5	3	1	2	1	
1	5	4	1			1			1	1		2	2	3	3	1	2		2	1	1		1	
	4								4					1			5	2	1	4	1	7	1	2
10	39	17	2	7	6	8	10	19	27	29	11	3	15	8	21	6	34	14	16	34	5	14	8	4
									1										1				1	
	1			1	2	1		2		2					1				1					
1				2	4	2	1	4			12	2	3	1	1	3	1			2				
	3				1			6	2	1	2	1	1		1		1		2	2	1		1	
1	8	3	1	2	2	4	1	1	1	1	3		2	1	1	3	3	2	2	4	3	2	3	1
1	5	1	1		4		1	3	2	4		2	1	2			3	2	4	1	4	2		
			1		1	2		1		2					1									
	1		1							1					3									
	1	1		1									1			2	1	1	2		3	6	3	
		2			1			1			1	1					1							
		2	3	1	4	7	4		2	6	1	3	2	1	1		1							
																			1					
2	2	5			5	3	2		1	5	2	1	1	2	1	3	3	1	8	3	1		1	2
2						1	2	1	1			2		1		1						2	1	
1																								
	1						2			1	1		4		1	3	1		1		1			
																	1							
			1	1										4								1	1	
										1	1													

续表一

学名	153	155	157	159	161	163	165	167	169	171	173	175	177	179	181	183	185	187	189	191	193
Pathenocissus　爬山虎															2						
Vitis　葡萄	1													1	3	1	2	1	4	1	1
Elaeicaroys　杜英																					
Elaeagnus　胡颓子																					
Melia　楝																1					
Cornus　山茱萸		1																			
Alangium　八角枫																					
Araliaceae　五加科																1					
Ericaceae　杜鹃花科																					
Diospyros　柿树																					
Symplocos　山矾														1	1						
Randia　山黄皮																				1	
Fraxinus　白蜡树			1																		
Ligustrum　女贞															1						
Lonicera　忍冬																					
Callicapa　紫珠																					
Gramineae　禾本科	5	7	22	12	36	11	23	12	11	15	18	6	29	167	81	106	100	81	319	42	38
Cyperaceae　莎草科		2	4	1	7	1	6	2	6	1	4		3	16	9	8	2	2	32	15	10
Typha　香蒲	1				1																2
Sagittaria　慈姑																			1		
Alisma　泽泻																					
Potamogeton　眼子菜																					
Moraceae　桑科	1	1	1				4	3	3	7	7		2	4	5		2	2	5	2	3
Urticaceae　荨麻	1						1		6	3	2			2	8		2	1	5	1	
Fagopyrum　荞麦		1								1											
Persicaria　马蓼	1		1	2	4		5	5	2	1		1		3	3	2	1	1	2		1
Polygonum　蓼										2				1	2	2	4		9	3	2
Rumex　酸模			2		1			1	1					1	1				1		1
Reynoutria															1						
Caryophyllaceae　石竹科			4	1	2			2	5						1	1	4		2	1	6
Chenopodiaceae – Amaranthaceae　藜科 – 苋科	1		4	1				1	14	12	3			2	2	1		4	13	1	7
Clematis type　铁线莲型			1																		
Ranunculus　毛茛科																			1		
Thalictrum　唐松草														1						1	1
Nelumbo　莲																					
Nymphaea　睡莲																					
Macleya　博落回																					1
Cruciferae　十字花科	1		1				1		1							1	1				
Sanguisorba　地榆												1									
other Rosaceae　其他的蔷薇科				1																	
Leguminoseae　豆科															1	1	1		1		
Cordhcropsis　田麻																					
Trichosanthes　栝楼														3		1					
Actinostemma　合子草			6				1	4	7	3	9		2	66	56	8	17	14	73	186	45

195	197	199	201	203	205	207	209	211	213	215	217	219	221	223	225	227	229	235	243	251	261	269	277	285
						1		3															1	
1		2	1	2	15	5	3	3		3	6	1	26	16	24	7	1		1			1		
																	1	1	2	1		1		
									1															
										1	1									3	1		4	8
			1														2		1	1	1	6	2	1
															1									
		1			1					2		5		5	1								2	
													1											
													1											
									1											1	1			1
	2	1						2															7	
													7	1	1	7	1	17		1	1	2		
																						1		
																	2							1
202	130	194	88	59	103	208	148	118	254	142	302	41	160	153	65	171	384	641	343	534	565	655	721	1104
26	8	33	6	5	9	26	12	9	24	13	18	8	14	15	6	19	9	19	15	8	15	72	20	12
				2				1					1											
1			1																			1	2	
																							2	
																	6	4	6	2	8	15	9	
3	12	5				3	1		2	5	4	1	2	5	1	3	8	8	8		4	15		3
	2		2		1	2		1			1	1	4			1	4	2		19	2	8	2	
		1				1							2				1				1		1	
3		1		1		2	4	1	2		3	1	2		1	3	1	2	1	4	8	3	3	6
3	3	5	5	2	11	3	2	6	4	4	10	2	2	9	1	4				2			1	
	1	3			1	1							4	2						5	3			
3						1	1																	
5	1	3		1		2	1	2			2	1	1	2	1	1	2		7	2		2	1	
2		3	3		2	10	1	2	1	4	7	2	2	2		1	1	2	5		1	4	1	1
														1										
		1								1	1	1					1							
		1				1											1		1					1
1						1	1																	
								2																
						1											6	11	16	2	22	54	14	6
	2																							
						1		1									1							
			1						1	1					1									
											1													
													1											
5	9	94	54	20	9	18	10	22	1	10	2	4	5	12	8	5	1	2	4	6	8	6	6	2

续表一

学名	153	155	157	159	161	163	165	167	169	171	173	175	177	179	181	183	185	187	189	191	193
Ludwigia 丁香蓼			1																		
Trapa 菱			2																		
Rotala 节节菜																					
Haloragis 小二仙草																					
Myriophyllum 狐尾藻											1			1			1				
Umbelliferae 形科	1			2		1		2		3				1	3	6	3	2	5	1	8
Plantago 车前草														1			1		4		
Lysimachia 珍珠菜			1																		
Galiurn 拉拉藤																					
Nymphoides peltata type 荇菜类型				1																	
Cuscuta 菟丝子																					
Labiatae 唇形科								1													
Patrinia 败酱																					
Artemisia 蒿	7	8	23	15	28	2	20	14	32	77	49	12	28	71	47	58	67	46	185	49	43
Xanthium 苍耳			22	7	11	1	16	9	74		4		1	72	26	18	11	11	16	6	5
other Carduoideae 其他的 Carduoideae										1				2	1	2	1		2	1	1
Cichorioideae 菊苣族																					
1-lete type FS 单裂缝蕨类		1	4	1	6		1		2	2	4			2	3	6	1	4	8	2	4
3-lete type FS 三裂缝蕨类					1		2			1				1	2	2	1		4	1	
Equisetum 木贼																					
Osmundaceae 紫萁科																			1		1
Lygodium 海金沙		1	2		1					1			1	3	5	2		3	5		1
Dicranopteris 芒萁									1										1	1	
Ceratopteris 水蕨																					
salvinia 槐叶			6	3		1	6	3	5	6	3		1	9	14	8	10	10	25	24	8
Pteris 凤尾蕨				1		1									1			1	1		1
Anthoceros 角苔																					
Trees 乔木	25	249	238	55	137	83	206	132	238	253	262	16	275	265	220	227	300	246	228	251	236
Shrubs 灌木	2	5	17	3	5	0	12	8	8	7	1	2	4	19	32	7	8	22	19	6	3
Herbs 草本	19	19	95	41	91	17	77	55	163	126	97	18	66	413	248	216	218	164	675	310	173
Ferns 蕨类	0	2	12	4	9	1	8	5	8	10	7	0	2	5	25	18	12	18	45	29	15
Unknown 未知数	1	14	26	15	23	7	13	12	23	48	37	2	27	47	40	55	26	31	80	23	26
Total 合计	47	289	388	118	265	108	316	212	440	444	404	38	374	759	565	523	564	481	1047	619	453
Zygospore 孢子	2		3		1		1						1	1	3	4	5		1	4	1
Concentricystis 环纹藻																					
Oryza/gramineae 水稻/禾本科	1/3	2/5	17/43	2/10	9/32	6/9	28/70	3/10	5/40	1/15	5/18	2/4	52/100	39/100	30/100	28/100	38/100	55/100	23/100	31/100	29/63
Coix/Gramineae 薏苡/禾本科														1/100							

195	197	199	201	203	205	207	209	211	213	215	217	219	221	223	225	227	229	235	243	251	261	269	277	285
						1							1					1						
			1								1													
		5																						1
1		1									1													
5		7	2	1	3	6	1	2	2		1	4	6	2	1	1	1	4	4	2	9	5	1	2
		1		3				1		1		1	8	1				6	2	4	2	2	1	4
						1																		
														1										
						1																		
					1																			
							1																	
												1												
65	24	130	44	24	41	120	55	49	39	74	62	22	34	56	13	30	33	51	57	27	40	74	43	12
8	2	2	3	6	7	65	11	15	3	71	6	1	3	3	2	5	5	17	1	3	11	11	12	6
			1						1	1				2	1	1	2	2	3		3	5		2
8	4	25	1	5	4	8	1	5	4	7	4	3	7	1	2	6		16	11	5	12	24	26	21
7	1	6	2		1	1	2	1	2	2	1	1	3	3	4	3		4	3	14	8	23	14	11
1														1										
			1	1																				
3	2	5	1		2	2	2	2	1	4	8		2	2	2	3	3		1		2	2	1	2
											1													
24	4	15	17	11	14	34	26	30	5	7	23	17	27	11	4	16	2	17	9	30	80	240	112	146
1		1	1	2	4			1	1	1			1	2	1					1	1	4	5	2
168	355	260	83	230	242	233	233	312	286	257	216	290	269	260	233	244	198	196	209	188	195	191	190	62
9	24	16	6	12	37	21	20	27	14	23	32	17	50	40	37	29	20	28	21	25	9	22	31	18
333	192	498	209	123	192	476	250	230	336	327	420	91	250	271	100	247	468	772	477	617	701	932	840	1162
44	11	52	23	19	25	45	31	39	13	23	36	23	40	21	14	28	2	38	23	52	103	291	159	182
44	38	70	33	27	53	58	46	44	49	41	58	26	39	43	31	28	29	30	31	32	33	34	35	36
598	620	896	354	411	549	823	580	652	698	671	762	447	648	635	415	576	717	1064	761	914	1041	1470	1255	1460
2	1	3	2	7	4	4	6	4	1	3	5	1	2				1							
			4																					
35/100	43/100	10/100	32/72	61/100	58/100	45/100	36/100	35/100	52/100	38/100	41/100	44/100	37/100	27/100	31/100	28/100	26/100	26/100	22/100	26/100	52/100	31/100	23/100	21/100

表二　　　　　　　　　　　　水田遗址层位中禾本科花粉所占比例

取样环境　　　　学　名	样品编号 1	2	3	4	5	6	7	8
	畦	水田1	水田2	水田3	水田4	水田5	水渠	非水田
水稻属/禾本科（个数）	0/1	32/100	38/100	28/100	19/67	25/100	18/60	2/11
水稻属/禾本科（%）	0.00	32.00	38.00	28.00	28.36	25.00	30.00	18.18
水稻/非乔木＋孢子（%）	0.00	24.17	28.43	18.43	20.65	10.45	14.40	9.09

取样环境　　　　学　名	样品编号 9	10	11	12	13	14	15	16
	非水田	水田	水坑	水渠	水渠	畦	水田	水田
水稻属/禾本科（个数）	12/39	41/100	0/2	1/1	0	11/62	45/100	33/100
水稻属/禾本科（%）	30.77	41.00	0.00	100.00	0.00	17.74	45.00	33.00
水稻/非乔木＋孢子（%）	12.00	21.98	0.00	33.00	0.00	10.48	33.15	21.36

叶栎属、枫香树属的出现率基本无变化。除乔木花粉外，前一时期较为显著的杨柳属有所减少，芸实属（Caesalpinia）则以1%～3%的比率间断性地出现。此外，山扁豆属（Actinostemma）也呈高出现率，样品191中的54%为其最高出现率。这些植物大多生长在沿河的堤坝或低地。禾本科花粉增加，稻属型花粉在10%～20%的出现率范围内波动，而蒿属和苍耳属减少。因此，可以推断，虽然暖温带南部至亚热带北部的植被没有发生变化，但水田面积的扩大导致森林和旱地面积减少。

在屈家岭文化时期至石家河文化时期样品235的上位，乔木花粉比率更低，最多也就为29%。落叶类栎属和板栗属—栲树属稍有减少，松属（Pinus）、水胡桃属（Pterocarya）、桦属（Betula）、日本千金榆属（Carpinus）等则小幅增加。但是，常绿栎属、枫香树属则基本无变化。灌木花粉所占比率也有所下降。草本花粉的比率进一步增加，达到65%～82%。草本花粉中大部分为禾本科，稻属型最少也占到非乔木花粉、孢子的15%，蒿属则不超过10%。此外，槐叶萍属大幅增加，上部最多可达19%。可以推测，当时周边有广阔水田，森林至多只是局部或是疏林，为开放式的植被景观。在这种植被环境下，容易过高评价风媒的乔木花粉。此处出现较多的是冷温带性水胡桃属、桦属、日本千金榆属及松属，可能也是远距离飞来花粉导致的。

城头山遗址沉积物中孢粉的显微照片见图版一五至一八，其种属见表五。

表三　城头山遗址南门城墙面孢粉分析结果一览

样品编号	1	2	3	4	5	6	7	8	9	10	11	12	13	14	15	16
取样环境 \ 学名 名	畦	水田1	水田2	水田3	水田4	水田5	水渠	非水田	非水田	水田	水坑	水渠	水渠	畦	水田	水田
Pinus 松	1	7	5	6	2	11	4	2	2	2	1			2	8	8
Abies 冷杉						1										
Pterocarya 枫杨		1	2	2		5	1			3				2		3
Platycarya 化香树			1													
Betula 桦			1				1			1					3	
Carpinus 鹅耳枥			3	3		4	2		1	4					2	2
Fagus 山毛榉		1	2			2	2	1	4	1			1			1
Quercus 栎		27	48	31	5	92	27	1	23	52	1	1		11	69	33
Cyclobalanopsis 青冈		47	52	51	11	132	40	2	44	93	1		1	15	88	44
Castanea-Castanopsis 栗-栲		2	5	3		5	3		1	5	1			1	6	4
Ulmus 榆						1	2			1					1	3
Zelkova 榉		4	1	2		2			2	1						2
Celtis-Aphananthe 榆-糙叶树				1			1			2		1				2
Liquidamber 枫香		12	9	6	2	13	5	1	4	11				6	15	11
Salix 柳			1			1	1								3	
Myrica 杨梅															1	
Coryfus 榛		1	1			2	2		1	1					1	4
Alnus 桤木			2			6			1						1	
Alnaster Alnaster						2			1	1					5	1
Sapium 乌桕		3	1	2		14			2					1	2	1
Mallotus 野桐																1
Rhus javanica type 漆树		1														
other Rhus 其它漆树		1		1												
Vitis 葡萄		1	13	5		16			4	1					31	36
Melia 楝						3	1									

续表三

样品编号 / 取样环境 / 学名	1 畦	2 水田1	3 水田2	4 水田3	5 水田4	6 水田5	7 水渠	8 非水田	9 非水田	10 水田	11 水坑	12 水渠	13 水渠	14 畦	15 水田	16 水田
Symplocos 山矾															1	
Lonicera 忍冬		1		3						1					1	1
Graminueae 禾本科	1	247	416	306	67	168	60	11	39	141	2	1		62	680	246
Cyperaceae 莎草科		5	5	4	4	17	5	2	4	11				4	26	7
Typha 香蒲		1														1
Sagittaria 眼子菜														1		
Alisma 泽泻			1													
Moraceae 桑科		1														
Urticaceae 荨麻			21	55	1	19	1		3					1	7	2
Fagopyrum 荞麦						1		1				1				
Persicaria 马蓼		6		2		3	1		6	2				1	3	2
Polygonum 蓼			1						1							1
Caryophyllaceae 石竹科		1	1	1		3								1	1	2
Chenopodiaceae - Amaranthaceae 藜科 - 苋科										1						1
Ranunculus 毛茛科			3													1
Thalictrum 唐松草																2
Cruciferae 十字花科			1	2	3	1									2	
Rosaceae 蔷薇科									1					1		
Trichosanthes 栝楼																
actinostemma 盒子草									1							1
Trapa 菱					1											
Umbelliferae Gossypium arboreum 伞形科				1		2			2							
蜡梅科															5	
Gossypiumarboreum 树棉	1															

续表三

样品编号	1	2	3	4	5	6	7	8	9	10	11	12	13	14	15	16
取样环境	畦	水田1	水田2	水田3	水田4	水田5	水渠	非水田	非水田	水田	水坑	水渠	水渠	畦	水田	水田
Labiatae 唇形科							1									
Artemisia 蒿	2	38	68	66	11	112	38	6	30	80	1			16	125	55
Xanthium 苍耳		1			1					2					1	
other Carduoideae 其它和 Car-duoideae	1	6	1	1	1	3	4		1	3					2	2
Cichoioideae 菊苣族																1
1-lete type FS 单裂缝蕨类	1	3	6	4	1	4	1			5	2		1	4	10	4
3-lete type FS 三裂缝蕨类		3	1	1	1	3	2			1				2	1	2
Lygodium 石松	1	8	6	5	1	4	3		2	2		1	1	3	2	2
Ceratopetris 水蕨														1		
Salvinia 槐叶蘋		1	5	6	1	15	4	1	2	11				7	9	3
Pteris 凤尾蕨			1					1								
Anthoceros 角苔		1	1													1
Trees 乔木	1	101	129	105	20	268	8	7	81	176	4	2	2	37	192	113
Shrubs 灌木	0	8	19	11	0	47	4	0	9	4	0	0	0	1	47	43
Herbs 草本	5	307	516	438	89	329	111	20	87	240	3	2	0	87	852	325
Fems 蕨类	2	12	21	16	3	26	10	2	4	19	2	1	2	17	24	12
Unknown 未知数	0	47	46	45	12	60	23	4	32	55	1	0	0	22	73	40
Total 合计	7	475	731	615	124	730	236	33	213	494	10	5	4	164	1188	533
Zygopore 孢子					2		3			2			1			1
Oryza/Gramubeae 水稻/禾本科	0/1	32/100	38/100	28/100	19/67	25/100	18/60	2/11	12/39	41/100	0/2	1/0		11/62	45/100	33/100

表四　　　　　　　　　　城头山南门城墙面孢粉变化表

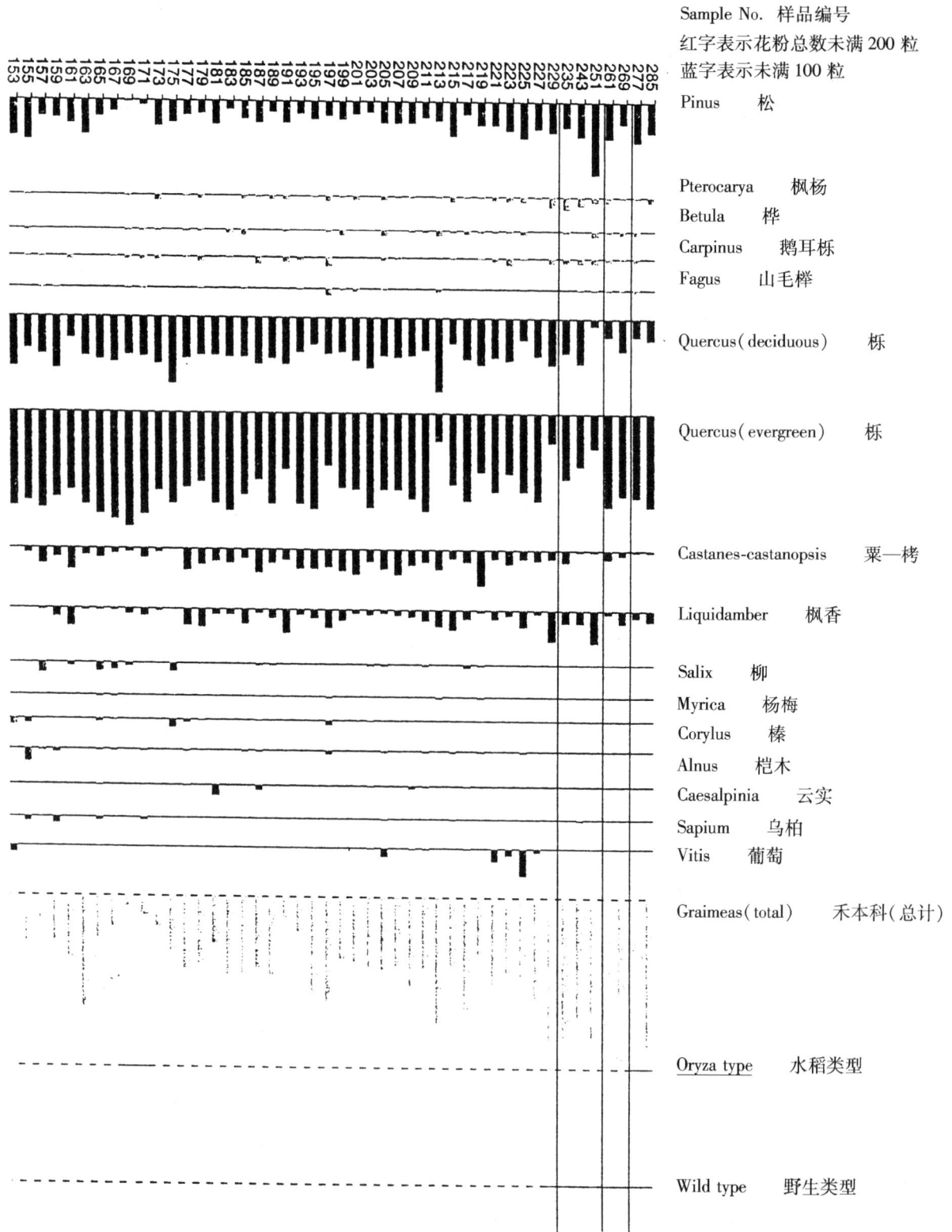

Sample No.　样品编号
红字表示花粉总数未满 200 粒
蓝字表示未满 100 粒

Pinus　　松

Pterocarya　　枫杨
Betula　　桦
Carpinus　　鹅耳枥
Fagus　　山毛榉

Quercus（deciduous）　　栎

Quercus（evergreen）　　栎

Castanes-castanopsis　　粟—栲

Liquidamber　　枫香

Salix　　柳
Myrica　　杨梅
Corylus　　榛
Alnus　　桤木
Caesalpinia　　云实
Sapium　　乌桕
Vitis　　葡萄

Graimeas（total）　　禾本科（总计）

Oryza type　　水稻类型

Wild type　　野生类型

续表四

名称	
Fagopyrum	荞麦属
Persicaria	马蓼
Polygonum	蓼
Caryophyllaceas	石竹科
Chenopodiaceas -Amaranthaceae	藜科—苋科
Actinostemma	合子草
Umbelliferae	缴形科
Artemisia	蒿
Xanthium	苍耳
Lygodium	海金砂
Salvinia	槐叶萍
Trees	乔木
Shrubs	灌木
Herbs	草木
Ferns	蕨类
层位	11 / 10 / 8 / 7c

表五　　　　　　　　　　城头山遗址沉积物中孢粉种属

图版编号		学名	试料（堆积物）编号
图版一五	1	Abies 冷杉	199
	2	Pinus 松	191
	3	Tsuga 铁杉	205
	4	Ephedra 麻黄属	205
	5	Myrica 杨梅	173
	6	Pterocarya 枫杨	183
	7	Platycarya 化香树	179
	8	Castanea or Castanopsis 板栗属—栲属	171
	9	Quercus （deciduous type） 栎属（落叶类型）	179
	10	Quercus （evergreen type） 栎属（常绿类型）	183
	11	Fagus 山毛榉	179
	12	Carpinus tschonoskii type 日本千金榆类型	179
	13	Alnus 桤木	199
	14	Beula 桦	211
	15	Zelkova 榉属	207
图版一六	1	Persicaria 马蓼	211
	2	Polygonum 蓼	179
	3	Caryophyllaceae 石竹料	169
	4	Chenopodiaceae or Amaranthaceae 藜科—苋科	179
	5	Nelumbo 莲属	207
	6	Thalictrum 唐松草	199
	7	Liquidamber 枫香属	179
	8	Sapium 乌桕	199
	9	Caesalpinia 芸实	179
	10	Parthenocissus 爬山虎	181
	11	Actinostemma 山扁豆	211
	12	Trapa 菱属	207
	13	Nymphoides peltata type 荇菜类	207
	14	Artemisia 蒿类	179
	15	Xanthium 苍耳属	179
	16	other Carduoideae	201
图版一七	1	Cyperaceae 莎草科	189
	2	Typha 香蒲	203

续表五

图版编号		学名	试料（堆积物）编号
	3	Salvinia（capsule）　蕨类槐叶萍属	179
	4	1-lete type FS　单裂缝蕨类	199
	5	Lygodium　海金沙	179
	6	Pteris　凤尾蕨	205
	7	other3-lete type FS　三裂缝蕨类	183
	8	Zygospore　孢子	211
图版一八	1	Gramineae（Oryza type）　禾本科（水稻类型）	189
	2	同上　位相差像	
	3	Gramineae（Oryza type）　禾本科（水稻类型）	207
	4	同上　位相差像	
	5	Gramineae（Oryza type）　禾本科（水稻类型）	211
	6	同上　位相差像	
	7	Gramineae（Wild type）　禾本科（野生类型）	207
	8	同上　位相差像	
	9	Gramineae（Wild type）　禾本科（野生类型）	211
	10	同上　位相差像	
	11	Gramineae（Wild type）　禾本科（野生类型）	211
	12	同上　位相差像	
	13	Otyza sativa 水稻（Norin type22）位相差像	现生标本
	14	Imperata cylindrical　白茅　位相差像	现生标本

城头山遗址孢粉分析

顾海滨（湖南省文物考古研究所）

选取城头山遗址中石家河文化、屈家岭文化、大溪文化地层共 22 个样品进行孢粉分析，除了 5 个样品没有发现孢粉外，其余样品均发现孢粉，为研究该地区的古环境提供了资料。

一　分析步骤

1. 称 2 克土样置入试管。

2. 加入 5％KOH 搅拌，若有钙质则先加入 HC1 去钙。

3. 过 250 微米的筛子，将太大的颗粒倒掉。

4. 在试管中加 1 厘米水，沉淀 1 分钟保留上部的沉淀，反复 5 次，至沉淀杯中干净为止。

5. 放入离心机中，以 1500 转/分转 5 分钟，快速倒掉上部的水分。

6. 重复上述步骤 4 至 5 次，致水透明为止。

7. 加 46％的氢氟酸，量是样品的 2 倍。

8. 静放一昼夜，倒掉上部的液体。

9. 水洗至中性。

10. 加入 100％的醋酸，离心，倒掉含有水的醋酸。

11. 按无水醋酸：硫酸＝9:1 的比例配置溶液（先放无水醋酸，否则爆炸）。

12. 上述液体加入样品中，放入沸水中 1 分钟，离心，倒掉上部的液体。

13. 加入醋酸，搅拌，加着色剂。

14. 离心，倒掉上部的液体。

15. 加入醋酸（加水的话会爆炸），搅拌，加入离心至中性。

二　孢粉分析结果

分析样品取自石家河文化二期 T6455③、石家河文化一期 T5005②、屈家岭文化二期 T1029⑤、T4401④c、大溪一期 T6351⑭、T3031 稻田、T3084⑫c、T3084⑭、T3084⑯、T6401⑱、T6355㉒、T6355㉓、H315，大溪二期 T6455⑪、T6455⑫、T3131⑧、H323、H333、H326，大溪三期 T5005H26、H419、H146。经实验室分析，除了大溪一期、大溪二期的样品发现了较为丰富的孢粉外，其余样品的孢粉均零星出现。此文仅对大溪文化一期和二期的环境进行分析。

（一）大溪一期文化层

大溪一期共分析 10 个样品，每个文化层孢粉含量均较丰富。

孢粉以被子植物为主，含量为 65.71%～97.14%，蕨类和裸子植物分别为 1.43%～5.88% 和 1.43%～16.16%。

高大的乔木花粉总体上占优势，最高可达 72.86%，（仅在水田 T3031 稻田、T3084⑯中含量较低，为 20%～37.21%）以常绿阔叶栎（*Quercus* sp.）、栗—栲（*Castanea* sp. -*Castanopsis* sp.）为主；落叶和针叶花粉很少，主要有榆（*Ulmus* sp.）胡桃（*Juglans* sp.）、枫杨（*Pterocarya* sp.）、山核桃（*Carya* sp.）、桦（*Betula* sp.）、鹅耳栎（*Carpinus* sp.）杉科（Taxodiaceae）、松（*Pinus* sp.）。

草本植物含量 25.71%～61.29%，主要以禾本科（Gramineae）为主，次有苋科（Amaranthaceae）、酸模（*Rheum* sp.）、石竹科（Caryophyllaceae）、伞形科（Umbelliferaceae）。值得注意的是在文化层 T3031 稻田中禾本科的花粉高达 48.84%，从禾本科的形态来看，虽然不能肯定说是水稻，但萌发孔比一般的禾本科植物大，可达 12μ，且地层中有大量炭化米出土，推测很可能这些禾本科是当时种植的水稻，而不是其他的植物。水生植物见有香蒲（*Typha* sp.）和环纹藻（*Concentricystes* sp.）。

蕨类植物主要见喜热的凤丫蕨（*Coniogramme* sp.）、石松（*Lycopodium* sp.）、车前蕨（*Antrophyum* sp.）、假蹄盖蕨（*Athyriopsis* sp.）、鳞盖蕨（*Microlepia* sp.）、车前蕨（*Antrophyum* sp.）、水龙骨（*Polypodium* sp.）等。

（二）大溪二期文化层

大溪二期文化层共分析 6 个样品。孢粉的类型总体与大溪一期文化层中的相同。

植物花粉仍以被子植物为主，含量为 70%～93.85%，蕨类和裸子植物分别为 1.54%～15% 和 3.08%～10%。

乔木花粉仍占优势，含量占植物总数的 50%～66.15%，以常绿阔叶栎（*Quercus* sp.）、栗—栲（*Castanea* sp. -*Castanopsis* sp.）为主；落叶和针叶花粉较少，主要有胡桃（*Juglans* sp.）、枫杨（*Pterocarya* sp.）、桦（*Betula* sp.），杉科（Taxodiaceae）、松（*Pinus* sp.）。

草本植物含量比上期减少，为 30%～36.21%，以禾本科（Gramineae）为主，次有酸模

（*Rheum* sp.）、石竹科（Caryophyllaceae）、伞形科（Umbelliferaceae），水生植物仍为香蒲（*Typha* sp.）和环文藻（*Concentricystes* sp.）。

蕨类有禾叶蕨（*Grammitis* sp.）、鳞盖蕨（*Microlepia* sp.）、车前蕨（*Antrophyum* sp.）、水龙骨（*Polypodium* sp.）。

三　讨论

从上述可知，大溪一期和二期植被具有相似性，均是常绿阔叶林为主的常绿落叶混交林，说明当时在遗址附近低矮的山岗及平地上生长着树叶革质、光滑，冬季能忍受短寒冷而不落叶的栎（*Quercus* sp.）和栗—栲（*Castanea* sp. -*Castanopsis* sp.），其中混杂着少量暖温带落叶的植物比如：榆（*Ulmus* sp.）、胡桃（*Juglans* sp.）、枫杨（*Pterocarya* sp.）、山核桃（*Carya* sp.）、桦（*Betula* sp.）、鹅耳栎（*Carpinus* sp.）等，林下发育有非常明显的草本层，草本层以禾本科为主，并且还有常绿的蕨类植物风丫蕨（*Coniogramme* sp.）、石松（*Lycopodium* sp.）、车前蕨（*Antrophyum* sp.）、假蹄盖蕨（*Athyriopsis* sp.）、鳞盖蕨（*Microlepia* sp.）、车前蕨（*Antrophyum* sp.）、水龙骨（*Polypodium*. sp）。池塘等水域中生长着香蒲（*Typha* sp.），河道两岸或漫滩上生长着阳性树—枫杨（*Pterocarya* sp.）。

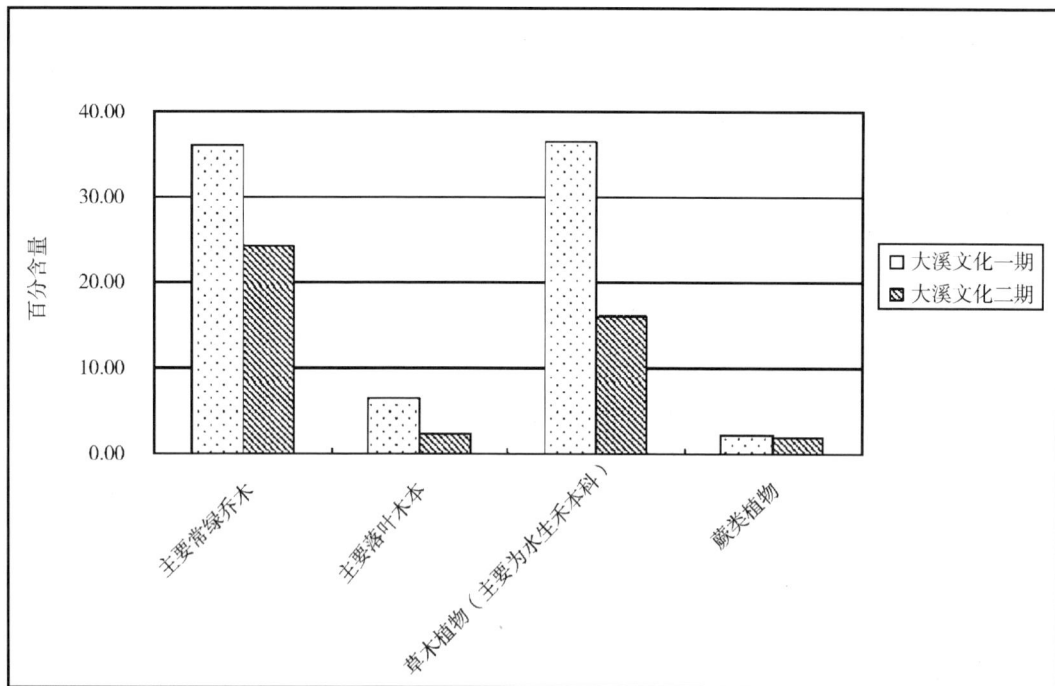

图一　大溪一、二期文化层植物含量对比图

但两个文化的古气候也具有差异。根据大溪一、二期文化植物类型对比（图一），可以看出，大溪一期文化常绿乔木和草本植物（主要为水生禾本科）高于大溪二期文化，说明大溪一期文化的气候比大溪二期要湿热。

参考文献：

中国科学院植物研究所形态室孢粉组，1960，中国植物花粉形态，科学出版社。

中国科学院植物研究所，1987，中国高等图鉴，科学出版社。

中国科学院北京植物研究所，1976，中国蕨类孢子形态，科学出版社。

周昆叔、巩启明主编，1991，环境考古研究（第一辑），科学出版社。

周昆叔、宋豫秦主编，2000，环境考古研究（第二辑），科学出版社。

城头山遗址的大型植物遗存

那须浩郎　　百原新

（千叶大学园艺学部）

　　此次，对城头山遗址南城墙通道所处 T6504 残方四壁的 9 层（最底层）、8 层、7 层的堆积物进行了大型植物遗存的调查。因 9 层很厚，取样时依其深度从下而上将其分为 9－④、9－③、9－②、9－①四小层，而 9－①又细分为 9－①－1 和 9－①－2。从 9 层往上，9－④、9－③、9－①－2、9－①－1、8、7、6B 等层获取了资料。含炭丰富的层位取 2000cm³/块，利用水洗的方法，用 0.5 毫米的筛子将植物遗存分离出来。

　　这次共发现大型植物遗存化石 360 个，共 23 个种。其中乔木 1 种，灌木 1 种，草本 21 种（表一）。9－④层共 73 个个体，12 种；9－③层共 258 个个体，16 种。除此之外，即使含炭碎片多的层位，种子、果实等大型植物遗存也是非常少的。乔木种包含有构属，灌木种包含悬钩子，草本中包含栽培的水稻炭化种子和颖壳。另一方面存在的水田杂草有湿生和水生植物，它们是莎草属、飘拂草属、蔍草属、苔草属、蓼属、酸模属、盒子草属。另一方面旱地杂草生长在比较干旱的向阳坡地上，这些植物有：藜科—苋科，繁缕属、紫堇属、马鞭草、野芝麻属、石荠苧属、茄科、接骨木、盒子草、苍耳，在它们中蓼、繁缕、紫堇、野芝麻的数量较多。

　　在 9 层下部存在埋藏沟的块状黏土，化石群被认为是湿地。一方面沟和其边缘的湿地上生长着蔍草属等莎草科和蓼属、酸模属、盒子草属等湿生植物，在其周围被认为有栽培的水稻。沟中是否有栽培的水稻还要参考植物硅酸体分析结果，考虑可能是投掷进去的。另一方面干燥的地方，生长草本植物的种类和数量较多，说明沟的边缘台地是荒芜的、比较干燥的旱地。

表一　　　　　　　　　　城头山遗址 T6504 大型植物化石一览表

分类群	Taxa	产出部位	产出层位							
			9－④	9－③	9－①－1	9－①－2	8	7	6B	个数计
乔木 构	Trees Broussonetia	核	1							1
灌木 悬钩子	Shrubs Rubus	核	21	15			1			37

续表一

分类群	Taxa	产出部位	产出层位							个数计
			9-④	9-③	9-①-1	9-①-2	8	7	6B	
草本	Herbs									
水稻	Oriza sativa	种子		1		1		1		3
莎草	Cyperus	果实	1							1
飘拂草	Fimbristylis	果实		1						1
藨草A	ScirpusA	果实	7	7	13					27
藨草B	ScirpusB	果实		1						1
苔草	Carexsect.	果实	3						3	
苔草	Carex									
苔草A	CarexA	果实			1					1
藜科	Chenopodiaceae	种子			1					1
苋科	Amaranthaceae									
酸模	Rumex	果实		6						6
蓼A	PolygonumA	果实		47		2				49
蓼B	PolygonumB	果实		36						36
繁缕	Stellaria	种子	3	30						33
紫堇	Corydalis	种子	1	26						27
马鞭草	Hyoericum	种子		1						1
	Verbena officinalis	果实	26	29		1				56
野芝麻	Lamium	果实	2	53						55
石荠苧	Mosla	果实	4	4		2				10
茄科	Solanaceae	种子		1						1
接骨木	Sambucus chinensis	核	2					1		3
盒子草	Actinostemma lobatum	种子	2			2				4
苍耳	Xanthium strumarium	果实	1							1
个体数			73	258	15	8	1	2	3	360
种类			12	16	3	5	1	2	1	
炭化物质数量			稍多	稍多	多	多	少	多	少	

注：发现大型植物遗存化石共23种，因各层位所出种类有重复，所以表中统计数累计多于实际种数。

试从大型植物遗存看
城头山遗址的稻作环境

——以杂草种子、果实为主

那须浩郎（千叶大学园艺学部）　　百原新（千叶大学园艺学部）
安田喜宪（国际日本文化研究中心）

种子、果实、叶子等大型植物遗存也是有可能认定种属的，且原地性高，故适合于遗址的古植被及其选址环境的复原。其中杂草类可分为水田杂草、旱地杂草、荒地杂草，许多植物能够特定它们的生长环境。通过杂草的种子、果实遗存，可以复原遗址中的农耕环境。

位于中国湖南省澧阳县台地上的城头山遗址为圆型古城遗址，其特点是筑有城墙和环壕，共发现了约6300年前的大溪文化时期至4500年前的屈家岭文化时期的四期城墙和环壕。大型植物遗存主要残留在环壕内的水成沉积物中，且保存程度好，因此，通过分析四期环壕内的大型植物遗存，可以复原各时期的植被和周边地区环境的变化。

本报告主要关注各时期杂草种子、果实成分的变化，力求解析当时稻作环境的变化，阐述杂谷类的粟、紫苏、白苏类的检出意义，并通过这些杂草、杂谷种子和果实，揭示稻作向日本传播的可能性。

一　调查方法

（一）调查地点

调查在城头山遗址东北部探沟进行（图一）。东北部探沟位于东门北部约30米处，东西长46米，宽约2~3米，为人工开挖的探沟。在这个探沟发现有三个环壕遗址，按年代分（自遗址西侧）为大溪文化时期以前的环壕（EN0）、大溪文化一期的环壕（EN1）和大溪文化二期的环壕（EN2）。大型植物遗存残留于三个时代环壕沉积物底部的灰色淤泥质黏土中。作为大型植物遗存分析用样品，从三处的灰色淤泥黏土中以柱状形式分别提取了样品（图二）。

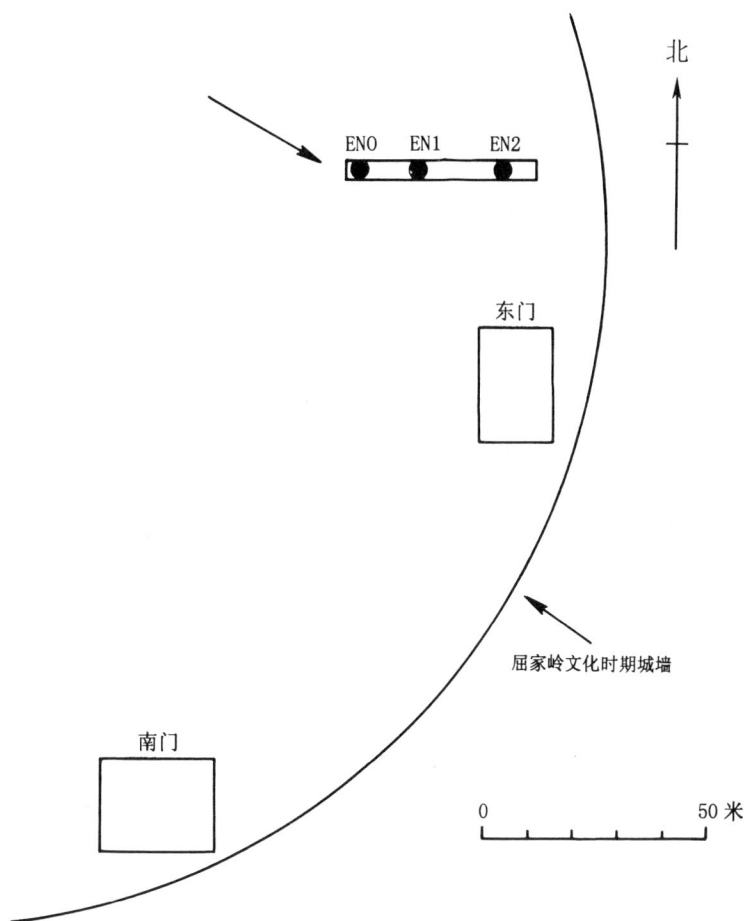

图一　城头山遗址东北部取样探沟位置示意图

（二）分析方法

从三处的柱状样品中，按块状切割 4～6 层位的土壤样品，每次将 500cc 样品溶于水中后，用 1 毫米、0.5 毫米、0.25 毫米网眼的筛网水洗，选出植物残片。选好的植物残片放在培养皿上，使用双筒立体显微镜检出种子、果实、叶子等植物遗存，通过与现生植物标本的对比，进行种类的同定。

检出的植物遗存全都放入小瓶里用 70％乙醇浸泡，保存在国际日本文化研究中心。

二　分析结果

（一）大溪文化时期以前的环壕（EN0）

在这里从总计 3000cc 的沉积物中，获得了 26 种 299 个个体的大型植物遗存（表一）。栽培植物中，炭化米 25 个，稻壳柄比较多，有 64 个，稻壳轴在所有层位都有检出。另外，粟果实 9 个，

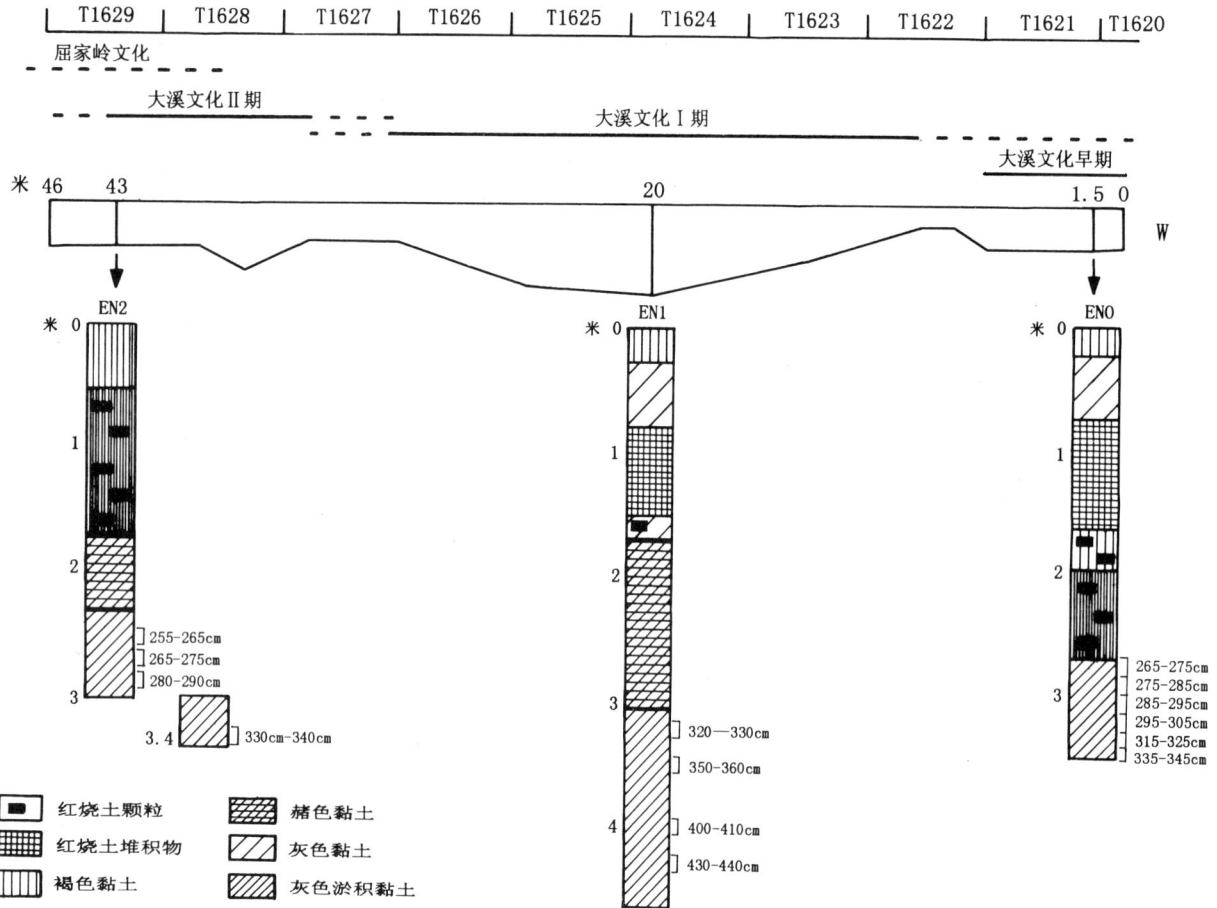

图二　探沟内三个时期环壕内地层堆积图

紫苏或白苏的紫苏属果实 2 个。乔木植物中，双叶松类的针叶 7 个、构树核 10 个。灌木植物中，悬钩子类 2 种共 20 个、香淑子果实 19 个、牡荆果实 10 个。藤木类中，葡萄类种子 4 个、猕猴桃类种子 1 个。属水田杂草的水湿地杂草中，小叶眼子菜果实 3 个、小茨藻种子 1 个，莎草属苔草果实 16 个、藨草属果实 34 个、布氏轮藻类卵孢子 4 个。生长在旱地、村落路旁或荒地上的杂草中，葎草果实 1 个、繁缕属果实 1 个、黄薰蓼种子 11 个、马鞭草果实 5 个、茄科种子 8 个、结骨木核 18 个。此外，于水田旱田共有的杂草中，分别检出乔本属、碎米莎草属、包括大犬蓼在内的蓼科果实 1～11 个。

（二）大溪文化一期环壕（EN1）

在这里从总计 2500cc 的沉积物中，获得了 42 种 1024 个个体的大型植物遗存（表一）。栽培植物中有炭化米 19 个，稻壳柄较多，有 225 个；炭化米和稻壳轴除 400～410 层外，其他层位都有检出。另外还有粟果实 13 个，紫苏或白苏的紫苏属果实 85 个。乔木植物中，有双叶松类的针叶 8 个、构树核 7 个。灌木植物中，有悬钩子类 2 种共 38 个、香淑子果实 8 个。藤本类中，有葡萄类种子 1 个、乌蔹莓种子 2 个。属水田杂草的水湿地杂草中，有小叶碾子菜果实 9 个、小茨藻种子 1 个、雨久花果实 1 个、灯芯草属种子 1 个、苔草果实 8 个、飘拂草属果实 2 个、藨草属果实

表一　探沟内各时期环壤沉积物取样中大型植物遗存统计表

文化分期	深度(cm)	水稻(种) Oryza sativa L.	水稻(植株) Oryza sativa L.	粟 Setaria italica (L.)P.Beauv	苏子 Perilla sp.	总计	松 Pinus sp.(Diploxylon)	构树 Broussonetia papyrifera Vent	悬钩子A Rubus sp.A	悬钩子A Rubus sp.A	花椒 Zanthoxylum schinifolium Sieb.et Zucc.	牡荆 Vitex cannabifolia Sieb.Et Zucc.	猕猴桃 Actinidia sp.	葡萄 Vitis sp.	乌蔹莓 Cayratia japonica(Thunb.)Gagnep.	总计	小眼子菜 Potamogeton Cristatus Regel et Maack	小茨藻 Najas minor All.	鸭舌草 Monochoria vaginalis (Burm.f)Presl var.planataginea (Roxb.)(Solms Laub.	灯心草 Juncus sp.	苔草 Carex sect.Carex sp.	Fimbristylis sp.	藨草 Scirpus sp.	日本蓼 Persicaria japonica(Meissn.)Nakai	金丝桃 Hypericum sp.	莕菜 Nymphoides peltata(Gmel.)O.kuntze	石龙尾 Veronica undulata Wallich	水绵类 Characeae sp.	苔藓类植物子 Moss	总计
EN2	255-285							1	1								2					7									7
	265-275	13		2		15			8								8							1							1
	280-290	1		1		2			6								6							20	4			42			66
	330-340	68	7	18	2	95	2		16		1			1		20					1			9						10
	总计	82	7	21	2	112	2	1	31		1			1		36					8		21	13			42			84
En1	320-330	93	6	4	5	108	3		6							9		1	1										1	3
	350-360	44	5	6	42	97	5	2	7	2	2					18					5		1			1			4	11
	400-410	38	7	3	15	63		2	9		1			1		13	9				2		1		1		1		1	15
	430-440		1		4	4		3	13		5	1				22				1	1	2	1						3	8
	470-480	50	1		19	70									2	2														
	总计	225	19	13	85	342	8	7	35	2	8	1		1	2	64	9	1	1	1	8	2	3		1	1	1		9	37
ENO	265-275	3				3		1								1														
	275-285	1		2		3		2								2														
	285-295	19	6			25		1	9				2			12					3									3
	295-305	12	12			24	2	5	7		9	5	1	2		31							7							10
	315-325	8		5		13	5		3		9	5				22					5		9							20
	335-345	21	11		2	32		1						2		3					8		15					4		25
	总计	64	29	5	2	100	7	10	19		18	10	1	4	2	71					16		34					4		58

续表一

层位／文化期	深度（cm）	葎草 Humulus scandens (Lour.) Merrill	繁缕 Stellaria sp.	藜科—苋科 Chenopodiaceae/Amaranthaceae sp.	黄堇 Corydalis pallida Pers.	十字花科 Cruciferae sp.	酢浆草 Oxalis corniculata L.	风轮菜 Clinopodium sp.	马鞭草 Verbana officinalis L.	石荠苧 Mosla sp.	野芝麻 Lamium sp.	茄科 Solanaceae sp.	接骨草 Sambucus chinensis Lindl.	苍耳 Xanthium strumarium L.	泥胡菜 Hemistepta lyrata Bunge	豨莶 Siegesbeckia sp.	总计	禾本科A Gramineae sp.A	禾本科B Gramineae sp.B	莎草 Cyperus sp.	大戟 Euphorbia sp.	蓼 Polygonum sp.	酸模 Rumex sp.	白蓼 Persicaria sp.	蚕茧草 Persicaria lapathifolia (L.) Gray	繖形科 Umbelliferae sp.	未知 Unknown	合计
EN2	255~265	1		7							1		14				27									1	3	48
	265~275				2												2									2		21
	280~290		2		4			2	4	1	1						14			9		4				9		99
	330~340	1	2		2				19	3							27	2		8			2			14	3	166
	总计	2	4	7	12			2	23	4	2		14				70	2		17		4	2			26	6	328
En1	320~330	1	3	3			2	2	18				1				30			9	2		1			12	2	164
	350~360		4	5	15	3	1		15		13	1	5		1		63			12		1	3			16	11	216
	400~410														6		6						11			11		21
	430~440	22	41		30		6		14			1					114			9	2		9	8	3	31	6	243
	470~480	5	25		67	1	4	32	10		12	2	18	5	7	1	208	1	5	26			60		3	95	2	406
	总计	28	73	8	112	4	13	36	57		28	6	35	5	14	2	421	1	5	56	4	1	84	8	6	165	21	1024
ENO	265~275												4				4										3	7
	275~285												2				2											9
	285~295											1	7				8									2		38
	295~305								5			6	1				12			2								66
	315~325	1										1	2				4	1				4				4	11	79
	335~345		1		11								2				14			7		11			1	20	10	124
	总计	1	1		11				5			8	18				44	1		9		15			1	26	24	299

3 个、金丝桃属果实 1 个、荠菜种子 1 个、水苦荬种子 1 个、藓纲枝 9 个。于生长在旱地、村落路旁或荒地上的杂草中，捡出葎草果实 28 个、繁缕 73 个、藜科或苋科的种子 8 个、黄堇种子 112 个、十字花科种子 4 个、酢浆草种子 13 个、风轮菜属种子 36 个、马鞭草果实 57 个、野芝麻属果实 28 个、茄科种子 6 个、接骨木 35 个、苍耳果实 5 个、包括泥湖菜在内的菊科果实 16 个。此外，水田旱田共有杂草的检出比较多，有乔本科果实 6 个、碎米莎草属果实 2 种共 60 个、包括大犬蓼在内的蓼科果实共 99 个。

（三）大溪文化二期环壕（EN2）

在这里从总计 2000cc 的沉积物中，获得了 27 种 328 个个体的大型植物遗存（表一）。其中于栽培植物中捡出炭化米 7 个、稻壳柄 82 个，此外粟果实比较多，有 21 个，紫苏或白苏的紫苏属果实 2 个。乔木植物中，有双叶松类的针叶 2 个、构树核 1 个。灌木植物中，有悬钩子类 31 个、香淑子果实 1 个。藤本类中，有葡萄类种子 1 个。属水田杂草的水湿地杂草中，有莎草属苔草果实 8 个、蔗草属果实 21 个、白衣蚕茧草果实 13 个，另外水苦荬种子比较多，有 42 个。于生长在旱地、村落路旁或荒地上的杂草中，获得葎草果实 1 个、繁缕属果实 4 个、藜科或石竹科的种子 7 个、黄堇种子 12 个、风轮菜属种子 2 个、马鞭草果实 23 个、石荠苎属果实 4 个、野芝麻属果实 2 个、接骨木核 14 个、豨莶果实 1 个。此外，于水田旱田共有杂草中，获得禾本科果实 2 个、碎米莎草属果实 17 个、蓼科果实 2 种共 6 个。

三　考察

（一）各时代稻作环境的变迁

在所有环壕的几乎全部层位中检出了炭化米和稻壳柄，因此，从大溪文化草创期至一期、二期都进行过稻作，这已十分清楚了。此外，对其后屈家岭文化时期以降的环壕堆积物也作了同样的分析，却没有获得植物的遗存。我们从多方面思考了其中的缘由，其一是当时的环壕可能为枯壕，植物遗存得以堆积保存的水域并不发达；其二是屈家岭文化时期以降的环壕可能用作干田，即可以进水或排水的水田，因而促进了植物遗存的分解。

就从大溪文化草创期环壕沉积物中获得的植物遗存结果而言，由于检出了生长在较深水域的小叶眼子菜、小茨藻、布氏轮藻类等，故可以推断环壕可能较深。再有，蔗草、苔草类等检出得也较多，说明周边有可能存在过湿地。这一时代的旱地、荒地杂草有黄堇、马鞭草、茄科、蒴藋等，即由大多生长于村落内的种类组成。这一事实说明：稻作以环壕周边的水湿地为主，可能在近村落的旱地栽培过粟、紫苏等。

进入大溪文化一期后，环壕中除小叶眼子菜、小茨藻外，还生长有荇菜、藓纲等，属生长在湿地的种类。这些植物的检出说明这一时代的环壕也较深。荇菜的存在显示其为水流缓慢的环境。另一方面，旱地、荒地杂草类的检出也很多，特别是葎草、繁缕属黄堇、酢浆草、风轮菜属、野芝麻属、野苦麻等生长在旱地的种类更多。随着旱地杂草的增加、紫苏类也增加很多。这一事实说明遗址周边栽培粟、紫苏类的旱地环境在增加，可能也有稻的旱地栽培。

在大溪文化二期，水生植物类消失，藨草属、白花蛇苺草、苔草等湿地草本增加。这一事实说明这一时期的环壕较浅，处于湿地状态。旱地、荒地杂草较一期减少，但马鞭草、蓼属依旧很多，粟也在增加，因此可以认为在近村落处进行过旱田栽培。

木本的组成就整体而言，以松属、桦木、悬钩子类、香淑子、牡荆、紫葛葡萄类等生长在村落较干燥地点的种类为多。综合而言，大溪文化时期城头山遗址的稻作可能是旱田栽培和水田栽培两种，即在较干燥的地点栽培粟、紫苏，在水渠周边的湿地进行水田栽培。

（二）在城头山遗址发现粟的重要性

将这次在城头山遗址检出的狗尾草属果实，与现生狗尾草属果实作形态比较的结果表明，能够同定于粟。狗尾草属中，粟和狗尾草外稃的表面形态都存在纵筋，能够与没有纵筋的金狗尾草、秋狗尾草区别开来。再有，为区别粟和狗尾草，我们对果实的纵横比予以了关注。因为果实的大小因时代和场所变异很大，但表示纵横比等形态的要素变异不大，能够很好地显示其种类的特点。粟的纵横比平均不超过 2，圆形；狗尾草超过 2，细长形。这次检出的狗尾草果实遗存为 1.67±0.12，属于粟的变异，而非狗尾草变异。

有关在中国新石器时代遗址发现粟的事例，时代最早的当数武安磁山遗址[①]。据此，在 8000 年前华北地区的河北省发现了最早的粟。根据这些事实，一般认为粟的发源地为中国北部的华北地区。但是 Sakamoto 根据在阿富汗、印度存在遗传上未分化的粟体系，以及在阿富汗、巴基斯坦发现了具原始特征的粟，力求在中亚—阿富汗—印度西北部地区寻找粟的发源地，并提出从那里经亚欧大陆向东、向西传播粟的新假说。支持这一假说的最新考古证据有，在云南省和西藏自治区分别发现了约 3000 年前和约 5000 年前的粟。这次在城头山遗址从较约 5600 年前更早的地层中发现的粟，是长江以南地区最早的粟。这一发现成为 Sakamoto 假说的新证据。

（三）在城头山遗址发现紫苏、白苏类的重要性

紫苏、白苏类种子与石荠苧属的石荠苧、野生白苏在形态上十分类似，用电子显微镜也难以识别。但是，它们之间存在变异，大小明显不同。栽培种的紫苏、白苏个大，野生种的白苏、石荠苧类个小，能够区别。日本学者笠原把长 1.4~1.5 毫米、宽 1.1~1.2 毫米的定为紫苏，把长 2.0~2.8 毫米、宽 1.8~2.5 毫米的定为白苏；而日本学者黑松、粉川不进行这样的区分，他们把最小值超过 1.1~0.9 的定为紫苏、白苏类，不超过上述值的定为石荠苧。这次在城头山遗址发现的紫苏类的识别依据是黑松、粉川的识别法。其结果显示，虽然存在鉴定属于石荠苧属的植物，但基本上其最小值都超过 1.2 毫米，能够同定于紫苏或白苏。

在中国发现紫苏、白苏，这次城头山遗址报告属首次。在此之前，不仅在中国，而且在印度、韩国都没有出土的报告。日本以外的东南亚仅有的一例为滨海边疆区的金代遗址。据此，似乎显示白苏也存在北方因素。但是，这次城头山遗址的发现表明，以往所言的紫苏、白苏为常绿阔叶林文化要素之一的可能性更高了。

（四）再论从杂草、杂谷种子、果实看稻作向日本的传播

这次以杂草种子、果实为主的分析结果表明，城头山遗址的稻作是在伴随有粟、紫苏等水陆

未分化的状态下进行的。这一种类的稻作在日本初期水田遗构的菜畑遗址也进行过。实施这一分析的笠原以伴随有粟等杂谷为由，认为在中国中南部发祥的稻作曾一度北上，与华北地区的粟进行融合后经朝鲜半岛传到日本。但是，这次在稻作发祥地的长江流域城头山遗址也发现了伴随粟等杂谷的水陆未分化稻作这一事实。它暗示存在稻作并非北上，而是直接从中国中南部传到日本路线的可能性。但是，仅就这一事实，也不能断言发祥于中国中南部的水陆未分化稻作没有经过朝鲜半岛。为了弄清这一传播路线问题，有必要研究稻、杂谷以外的随行植物。简而言之，在稻的随行植物中，中国中南部与日本有共同点，而朝鲜半岛却不存在，若有这种植物，也是证明直接传播路线的线索之一。

在这次检出的种子、果实类中，日本有的而朝鲜半岛当时没有的植物为紫苏、白苏类。关注这点，就能提出稻作与紫苏、白苏一起直接传到日本的可能性。但是，紫苏、白苏类植物在绳纹时代前期的鸟滨贝冢中也有发现。目前有关日本稻作的确凿证据有各种见解，但通常认为发生在绳纹时代晚期后半。因此，紫苏、白苏极有可能在稻作以前就已传到了日本。假设稻作是在绳纹时代前期传到日本的，以上学说便十分有效，但就目前而言，仅在朝寝鼻贝冢（约 6400 年前）检出过微量的稻属植硅石。

这次的研究成果提示了通过伴随稻作杂谷、杂草类推断稻作传播路线的可能性，但由于缺乏中国、朝鲜半岛的杂草种子与果实的分析数据，未能进行详细的探讨。今后，在充分收集东亚各遗址中此类杂草种子和果实详细数据的基础上，便有可能推断出稻作的传播路线和时期。

注　　释

① 　河北省文物管理处邯郸市文物保管所：《河北武安磁山遗址》，《考古学报》1981 年 3 期。

城头山遗址的植物遗存

刘长江（中国科学院植物研究所）　　顾海滨（湖南省文物考古研究所）

在澧县城头山遗址的考古发掘中，对不同时期文化进行了古植被的调查，发现了大量的植物遗存，尤其是在 T6401⑱大溪文化时期的壕沟中发现的植物，无论从属种类型、丰度还是保存状况，在我国已发现的考古遗址中均属罕见。且其中大部分属种在我国考古遗址属首次发现，为研究古代植被、气候提供了丰富的资料。对于其中出土木材的树种，日本学者米延仁志先生在《城头山遗址的木材分析》中已经公布，本文不再涉及。

一　工作方法

野外：对文化层土壤中包含的较大植物遗存进行人为挑选。

实验室：分别用不同粒径的筛子（1.2毫米、0.9毫米、0.5毫米、0.25毫米）对每一文化层的土壤进行筛选，筛选物在显微镜下挑选、鉴定。

筛选的地层：共筛选29个文化层的样品，年代涉及石家河文化一期、大溪文化一至四期。详见表一。

表一　　　　　　　　　　　取样的文化层年代表

出 土 地 层	年　代
M709	石家河文化一期
H273	大溪文化四期
H280	大溪文化四期
H293	大溪文化三期
H298	大溪文化三期
H323	大溪文化二期
H326	大溪文化二期

续表一

出 土 地 层	年 代
H328	大溪文化二期
H333	大溪文化二期
H345	大溪文化二期
H349	大溪文化二期
H377（祭祀坑）	大溪文化一期
H313（祭祀坑）	大溪文化一期
H314（祭祀坑）	大溪文化一期
H315（祭祀坑）	大溪文化一期
H329（祭祀坑）	大溪文化一期
H339	大溪文化一期
H348	大溪文化一期
H357（祭祀坑）	大溪文化一期
H359（祭祀坑）	大溪文化一期
H366	大溪文化一期
H379（祭祀坑）	大溪文化一期
T6401⑱	大溪文化一期
T6355⑲	大溪文化一期
T6355⑳	大溪文化一期
T6355㉑	大溪文化一期
T6355㉒	大溪文化一期
T6355㉓	大溪文化一期
T6355㉔	大溪文化一期

二　植物类型

通过对上述 29 个文化层土壤的筛选，在其中 11 个层位发现了古代植物遗存，尤其是在 T6401⑱（大溪壕沟）中发现了大量保存完好、种类丰富的植物遗存。目前这些植物能够鉴定到科、属或种的占已发现植物种类的三分之二，隶属 36 科、54 属、75 种，分属于 21 个不同的植物部位，如：果实、种子、茎秆、叶、皮刺等。将其所有特征归纳整理列为表二。

表二　　　　　　　　城头山遗址植物遗存一览表

出土层位	植物名称	主要形态特征
T6401⑱（大溪一期）	八角枫科 Alangiaceae 八角枫 *Alangium chinense* (Lour.) Harms	果核，倒卵形，长 6 毫米，宽 4.7 毫米，厚 3.9 毫米，黑灰色，种皮木质，边缘沟槽状（彩版一六，1）

续表二

出土层位	植物名称	主要形态特征
T6401⑱ （大溪一期）	泽泻科 Alismataceae 　利川慈姑 *Sagitaria li-chuanensis* J. K. Chen	珠芽，卵形，扁，长 10~11 毫米，宽 6~7.5 毫米，厚 2~4 毫米（压扁），表面黑色，有强光泽（彩版一六，2）
	苋科 Amaranthaceae 　苋属一种 *Amaranthus* sp.	种子，黑色，破粒（彩版一六，3）
	漆树科 Anacardiaceae 　黄连木 *Pistacia chinensis* Bunge	核果之果核，近圆形，扁，径 5.3 毫米，厚 3.04 毫米，黑色，表面粗糙（彩版一六，4）
	冬青科 Aquifoliaceae 　小果冬青 *Ilex micrococca* Maxim.	果核，橘子瓣状，背部有纵沟及粗突起（彩版一六，5）
	五加科 Araliacecae 　通脱木 *Tetrapanax papyri-fer*（Hook.）K. Koch	种子，卵状椭圆形，长 2 毫米，宽 1.8 毫米，皮木质，背拱凸，有 3 条纵沟，腹稍凹（彩版一六，6）
	紫草科 Boraginaceae 　麦家公 *Lithospermum arvense* L.	小坚果，卵形，上部为偏斜的角状，基端平截，边缘稍隆起，背部表面可见有不规则棱形凸起（彩版一六，7）
	十字花科 Cruciferae 　芸苔属一种? *Brassica* sp.	种子，球形，径 1~1.7 毫米，表面粗糙，稍见模糊网纹或无网纹（彩版一六，8）
	忍冬科 Caprifoliaceae 　接骨木 *Sambucus chinensis* Lindl.	种子，宽倒卵形，扁，长 1.5~2 毫米，宽约 1.3 毫米，黑褐色，有大的纵向条状棱（彩版一七，1）
	葫芦科 Cucurbitaceae 　盒子草 *Actinostemmalobatum*（Maxim.）Maxim. 　冬瓜 *Benincasa hispida*（Thunb.）Cogn. 　香瓜属一种 *Cucumis sativus* L. 　马𧰟儿 *Melothria indica* Lour. 　小葫芦 *Lagenaria siceraria var. microcarpa llara* 　栝楼 *Trichosanthes kirilowii* Maxim.	种皮，椭圆形，长约 7~8 毫米，宽约 5~6 毫米，深褐色，表面基部有 1 至 2 条短棱，边缘略卷（彩版一七，2） 种子，长卵形，扁，顶端有上、下两个尖头，长 10.31 毫米，宽 5.65 毫米，厚 1.79 毫米，两侧面破损塌陷，胚已腐朽，炭化（彩版一七，3） 种子，长椭圆形，扁，暗灰色，长 5.92 毫米，宽 2.80 毫米，厚 1.80 毫米，在高倍镜下观察可见表面有纵向细条状纹理（彩版一七，4） 种子，长卵形，扁，长 4.01~4.42 毫米，宽 1.85~1.90 毫米，厚 0.94~1.02 毫米，暗褐色，窄端及上部边缘略扁呈鸭嘴状（彩版一七，5） 种子和果皮。种子卵形，扁，基部截形，长约 8.9 毫米，宽约 4 毫米，黄褐色，每侧面有 2 条白色纵条带。果皮褐色—黑灰色，果皮厚 3~3.3 毫米（彩版一七，6） 种子，椭圆状卵形，长 11 毫米，宽 7 毫米，厚 2.8 毫米，暗褐色，两侧面沿边缘内约 1 毫米有一圈缝线，顶端有一短线形白色脐（彩版一七，7）

续表二

出土层位	植物名称	主要形态特征
T6401⑱ (大溪一期)	南赤瓟 *Thladiantha nudi-flora* Hemsl. 葫芦科一种 　较完整的葫芦 2 个	种子，长圆形—倒卵形，扁，长 5～7.75 毫米，宽 3.8～4.83 毫米，厚约 2.34 毫米，灰黑色—黑褐色，表面粗糙或密布瘤状突起，边缘环绕窄棱或裂线，顶端有的具裂口（彩版一七，8） 种子长椭圆形，长约 6.5 毫米，宽约 3.5 毫米（彩版一七，6）一个含种子 123 粒，另一个有 355 粒（彩版二五，1、2）
	莎草科 Cyperaceae 　异型莎草 *Cyperus difformi* L. 　碎米莎草 *Cyperus iria* L. 　莎草属 2 种 *Cyperus* sp. 　萤蔺 *Scirpus juncoides* Roxb. 　蔍草属一种 *Scirpus* sp.	小坚果，倒卵形，三棱，钝，长 0.7 毫米，宽 0.5 毫米，黑色，有细小突起（彩版一八，1） 小坚果，倒卵形，三棱，长 1.1～1.2 毫米，宽 0.5～0.6 毫米，黑色，表面有排列成行的细小突起（彩版一八，2） 小坚果，卵形—椭圆形，三钝棱，长约 0.8～1.8 毫米，宽约 0.6～1 毫米，黑灰色，表面有细网纹或排列整齐的细颗粒状突起（彩版一八，3） 小坚果，倒宽卵形，扁，双凸面，长约 1.8 毫米，宽约 1.7 毫米，表面有细点状纹，黑色（彩版一八，4） 小坚果，卵形，扁，长约 1.5 毫米，宽 1.2 毫米，黑色，基部有刚毛 4 条，瘪粒（彩版一八，5）
	菊科 Compositae 　菊科一种 *Carduus* sp. 　　　　　　 *Circium* sp.? 　苍耳 *Xanthium sibiricum* Patrin.	瘦果，长卵圆形，长约 2 毫米，宽约 1 毫米，顶端有短粗花柱残留物，表面有黑褐色细斑点（彩版一八，6） 带刺总苞。总苞椭圆形，木质，长约 10 毫米，宽约 6 毫米，表面多钩刺，黑褐色（彩版一八，7）
	石竹科 Caryophyllaceae 　卷耳 3 种 *Cerastium* sp. 　繁缕属一种 *Stellatia* sp.	种子，近圆形，扁，长约 0.7～1.7 毫米，黑色，表面有同心排列的瘤状突起（彩版一八，8；彩版一九，1、2） 种子，圆形或宽椭圆形，长约 1.5 毫米，宽 1 毫米，黑灰色，表面为不规则星状小突起（彩版一九，3）
	旋花科 Convolvulaceae 　牵牛属一种 *Pharbitis* sp.	种子，椭圆形，背部厚，腹部中间有一纵脊，呈橘子瓣状，长 6 毫米，宽 3.5 毫米，黑色，脐在腹面纵脊一端（彩版一九，4）
	藜科 Chenopodiaceae 　藜属 1 种 *Cheopodium* sp.	种子，种子圆形，略扁，双凸镜状，径约 0.8～1.0 毫米，黑色，有光泽，平滑，有时带白色薄膜（彩版一九，5）
	大戟科 Euphorbiaceae 　大戟属 2 种 *Euphorbia* sp.	种子，宽椭圆形—倒宽卵形，长 2.9～3.5 毫米，宽 2.4～3 毫米，厚 1.3～3.0 毫米，种皮厚 0.2～0.3 毫米，黑色，一端有突尖，腹面中央纵向稍隆起，表面有皱状凹坑或大网状纹（彩版一九，6、7）
	壳斗科 Fagaceae 　乌冈栎 *Quercus phillyraeoides* A. Gray 　栗 *Castanea mollissima* B. 　石栎属一种 *Lithocarpus* sp. 　栎属（乌冈栎或白栎）*Quercus* sp. (*Q. phillyraeoides* A. Gray or *Q. fabri* Hance)	坚果，椭圆形，果壳木质，长 12.5 毫米，径 10～12 毫米，黑褐色，有宿存短花柱，果脐隆起（彩版一九，8） 两片子叶已分离，两子叶合在一起，高 14.1 毫米，径 15.0 毫米，两子叶连接面平，中央有纵腔，胚根脱落后在一端留有短沟，因无总苞及果皮，仅从子叶表面皱褶粗大看，似粟的圆粒型，炭化（彩版二〇，1） 幼果，上下扁的圆形，高 2.95 毫米，宽和厚均为 4.25 毫米，果之下半部为一大果痕几与果同宽（彩版二〇，2） 子叶，黑色，矩圆形，长 12～13 毫米，宽 6.4～6.5 毫米，厚 3.7～3.74 毫米，子叶连接面一端可见胚根遗痕（彩版二〇，3）

续表二

出土层位	植物名称	主要形态特征
T6401⑱ （大溪一期）	禾本科 Graminee 薏苡 *Coix lacryma* jobiL.	幼果，幼果外之囊状总苞卵形至宽卵形，长 5～8 毫米，宽 4.6～5.5 毫米，厚 2～2.5 毫米（已压扁），可见总苞基部圆形疤痕及顶端伸出的小穗残留物（彩版二〇，4）
	马唐 *Digitalia sanguinalis*（L.）Scop.	小穗长 3 毫米，宽 0.3 毫米，黄褐色，背部有毛，腹部有纵脉（彩版二〇，5）
	稻 *Oryza sativa* L.	主要保存类型为米粒（颖果），极少以带稃颖果、茎叶、稃，有粳稻也有籼稻。籽粒长 3.24～7.25 毫米，宽 1.62～3.49 毫米，长／宽比 1.92～3.13，无芒或有芒，稃表面有较均匀的毛（彩版二〇，6、7）
	狗尾草 *Setaria viridis*（L.）Beauv.	带稃颖果，椭圆形，长约 2 毫米，宽约 1.3 毫米，黑色，稃表面有明显的小突起，颖果胚区长为果长的 2/3（彩版二〇，8）
	豆科 Leguminosae 合欢属一种 *Albizzia* sp.	荚果碎片，种子椭圆形，在荚果内单行排列，荚果皮可见网状细脉（彩版二一，1、2）
	唇形科 Labiatae 筋骨草属一种 *Ajuga* sp.	小坚果，长肾形，表面大网状纹，果脐大，长椭圆形，约占腹面长的 1/2（彩版二一，3）
	野生紫苏 *Perlla frutescens*（L.）Britton	种子，球形，表面红黑色，大网纹，种脐圆形（彩版二一，4）
	樟科 Lauraceae 山胡椒属一种 *Lindera* sp（?）	种子，卵圆形，腹部中间有浅沟，长 6 毫米，宽 5.2 毫米，厚 4.3 毫米，黑色有褐色斑（彩版二一，5）
	桑科 Moraceae 葎草 *Humulus scandens* Merr	瘦果，圆形，扁，径 2.84～3.5 毫米，厚 1.99 毫米，边缘平滑或呈脊棱（Lour.）状，黑色，表面可见 4 至 5 条纵脉纹（彩版二一，6）
	楝科 Meliaceae 楝树 *Melia azedarach* L.	核果之果核，宽椭圆形，长 14 毫米，径 12.6 毫米，黑色，有 5 条粗厚纵棱，棱纵裂可见其内薄片状种子边缘，另有一未成熟小粒，长 7.4 毫米，径 6.1 毫米（彩版二一，7）
	睡莲科 Nymphaeaceae 芡实 *Euryale ferox* Salisb.	种子残块，近球形，黑色，长 7.6～8.0 毫米，径 6.5 毫米，表面稍不平，一端在圆形盖状物下有种孔，径约 1.3 毫米，紧连其旁有一椭圆形浅疤，木质种皮厚 0.7～1 毫米，可见纸质内种皮（彩版二一，8）
	珙桐科 Nyssaceae 蓝果树属一种 *Nyssa* sp.	核果之果核，一粒圆柱形，长 12 毫米，径 5.3 毫米，黑色，表面粗糙，核硬，壳厚 0.8 毫米。另一粒椭圆形，长 8.2 毫米，宽 5.3 毫米，厚 3.8 毫米，横断面实心，似压合的碎木屑状（彩版二二，1）
	酢浆草科 Oxalidaceae 酢浆草 *Qxalis corniculata* L.	种子，椭圆形，扁，长 1～1.3 毫米，宽 0.6～0.8 毫米，黑色，表面有深而宽的 7～9 条横棱（彩版二二，2）

续表二

出土层位	植物名称	主要形态特征
T6401⑱ （大溪一期）	蓼科 Polygonaceae 　羊蹄 *Rumex japonica* Houtt.	花被瘦果，花被片边缘锯齿状，有一大肿瘤，瘦果宽卵形，三棱三面体，黑色，长 2.7 毫米，宽 1.4 毫米（彩版二二，3）
	扁蓄 *Polygonum aviculare* L.	瘦果，长卵形，三棱，长 2 毫米，宽 1.2 毫米，黑色，具细颗粒，排成纵条（彩版二二，4）
	酸模叶蓼 *Polygonum lapa-thifolium* L.	小坚果，宽卵形，扁，中央略内陷，长约 2 毫米，宽 1.7 毫米，表面黑色，有光泽，细颗粒状（彩版二二，5）
	蓼属 5 种 *Polygonum* sp.	小坚果，长、宽椭圆状—倒卵形，扁，三棱三面体，长 1~2 毫米，宽 1~1.7 毫米，黑色，表面粗糙，有的具大网状纹（彩版二二，6~8）
	商陆科 Phytolaccaceae 　商陆 *Phytolacca acino-sa* Roxb.	种子，圆形，扁，径约 3 毫米，黑色，有光泽，光滑，边缘有模糊的细棱（彩版二三，1）
	蔷薇科 Rosaceae 　枸子属一种 *Cotoneaster* sp.	破碎果实，核木质，二核以上，每核内有一种子（彩版二三，2）
	桃子 *Prunus persica*（L.）Batsch	桃核，椭圆形，长 2 毫米，宽 4 毫米，厚 1.2 毫米，黑色，木质内果皮表面有沟和凹坑，两侧具背腹缝线（彩版二三，3）
	野李 *Prunus salicina* Lindl.	幼果核，椭圆形，黑色，长 14.4 毫米，宽 10.3 毫米，厚 4.4 毫米，壳硬而薄，可见其内的薄片状子叶（彩版二三，4）
	李属一种 *Prunus* sp.	核果之果核，近圆形，扁，一端有尖头，残留部分果肉，一粒长 7.3~9.2 毫米，宽 6.5~7.1 毫米，厚 4.7~4.9 毫米，可见核的腹缝线上的锐棱（彩版二三，5）
	蔷薇属一种 *Rosa* sp.	皮刺（彩版二三，6）
	高粱泡 *Rubus lamber ianus* Ser.	果核，倒卵形或肾形，长 1.8~2.1 毫米，宽 1.0~1.5 毫米，灰褐色，表面有明显的椭圆形大网纹（彩版二三，7）
	悬钩子属 *Rubus* sp.	果核、聚合果碎块或皮刺。果核，卵形或肾形，扁，一侧直，一侧拱凸，长约 1.5 毫米，宽 0.6~1.0 毫米，壳硬，有大网状纹。见聚合果碎块，若干干燥的小核果紧贴花托上。皮刺，弯（彩版二三，8）
	鼠李科 Rhamnaceae 　马甲子 *Paliurus ramo-sissimus* Poir.	核果带翅（残），盘状，宽约 10 毫米，高 7 毫米，黑色（彩版二四，1）
	毛茛科 Ranunculaceae 　毛茛 *Ranunculus* sp.	瘦果，宽倒卵形，扁片状，长 3.5 毫米，宽 2.5 毫米，褐色，顶端有宿存花柱，表面细网纹状（彩版二四，2）
	红豆杉科 Taxaceae 　红豆杉 *Taxus chinen-sis*（Pilger.）Rehd.	叶片，叶片条形，长 1.5~2.0 毫米，宽 0.5~2.0 毫米，顶端有急尖头（彩版二四，3）
	菱科 Trapaceae 　细果野菱 *Trapa maxi-mowiczii* Korgh	果实，不完整果实，连角部宽约 2 厘米，残存一侧尖，直，两侧面各有一断角痕，呈褐色，坚硬（彩版二四，4）
	伞形科 Umbelliferae 　伞形科一种	分果瓣（彩版二四，5）
	葡萄科 Vitaceae 　蘡薁 *Vitis adstricta llance*	种子，梨形，有长喙，长 1 毫米，宽 2.5 毫米，腹面有突出纵脊，两侧各有一凹坑，背部有圆凹区（彩版二四，6）

续表二

出土层位	植物名称	主要形态特征
T6401⑱ （大溪一期）	马鞭草科 Verbenaceae 黄荆 *Vitex negundo* L.	坚果，近球形，黑色，坚脆，长 2.6~2.9 毫米，径 2.2~2.28 毫米，表面稍隆起不平，光滑，顶端平或稍凹入，有些坚果带果柄及宿存萼片，萼片表面粗糙（彩版二四，7）
	马鞭草 *Verbena offici-nails* L.	小坚果，三棱状矩圆形，长 1.5~2 毫米，宽 0.5~0.8 毫米，背面 3 至 5 条纵棱，腹面密布白色突起（彩版二四，8）
T6355⑲ （大溪一期）	禾本科 Graminee 稻 *Oryza sativa* L.	保存类型为米粒（颖果），籽粒长 3.24~7.25 毫米，宽 1.62~3.49 毫米，长/宽比 1.92~3.13，无芒或有芒，稃表面有较均匀的毛
T6355㉑ （大溪一期）	禾本科 Graminee 稻 *Oryza sativa* L.	保存类型为米粒（颖果），籽粒长 3.24~7.25 毫米，宽 1.62~3.49 毫米，长/宽比 1.92~3.13，无芒或有芒，稃表面有较均匀的毛
T6355㉒ （大溪一期）	禾本科 Graminee 稻 *Oryza sativa* L.	保存类型为米粒（颖果），籽粒长 3.24~7.25 毫米，宽 1.62~3.49 毫米，长/宽比 1.92~3.13，无芒或有芒，稃表面有较均匀的毛
	蓼科 Polygonaceae 蓼 *Polygonum* sp.	小坚果，长、宽椭圆状－倒卵形，扁，三棱三面体，长 1~2 毫米，宽 1~1.7 毫米，黑色，表面粗糙，有的具大网状纹
	壳斗科 Fagaeeae 栎属（鸟冈栎或白栎）*Quercus* sp.（*Q. phillyraeoides* A. ray or *Q. fabri* Hance）	子叶，黑色，矩圆形，长 12~13 毫米，宽 6.4~6.5 毫米，厚 3.7~3.74 毫米。
T6355㉓ （大溪一期）	未知树叶	
H313 （大溪一期）	蓼科 Polygonaceae 蓼 *Polygonum* sp. 未知植物 2 种	小坚果，长、宽椭圆状－倒卵形，扁，三棱三面体，长 1~2 毫米，宽 1~1.7 毫米，黑色，表面粗糙，有的具大网状纹
H315 （大溪一期）	禾本科 Graminee 稻 *Oryza sativa* L.	保存类型为米粒（颖果），籽粒长 3.24~7.25 毫米，宽 1.62~3.49 毫米，长/宽比 1.92－3.13，无芒或有芒，稃表面有较均匀的毛。米粒表面呈气沟状，易碎
	蓼科 Polygonaceae 蓼 *Polygonum* sp.	小坚果，长、宽椭圆状－倒卵形，扁，三棱三面体，长 1~2 毫米，宽 1~1.7 毫米，黑色，表面粗糙，有的具大网状纹
	忍冬科 Caprifoliaceae 接骨木 *Sambucus chinensis* Lindl 未知植物 3 种	种子，宽倒卵形，扁，长 1.5~2 毫米，宽约 1.3 毫米，黑褐色，有大的纵向条状楞
H339 （大溪一期）	禾本科 Graminee 稻 *Oryza sativa* L 未知植物 1 种	保存类型为米粒（颖果），籽粒长 3.24~7.25 毫米，宽 1.62~3.49 毫米，长/宽比 1.92~3.13，无芒或有芒，稃表面有较均匀的毛
H348 （大溪一期）	蓼科 Polygonaceae 蓼 *Polygonum* sp.	小坚果，长、宽椭圆状－倒卵形，扁，三棱三面体，长 1~2 毫米，宽 1~1.7 毫米，黑色，表面粗糙，有的具大网状纹

续表二

出土层位	植物名称	主要形态特征
H323 （大溪二期）	禾本科 Graminee 稻 *Oryza sativa* L.	保存类型为米粒（颖果），籽粒长 3.24～7.25 毫米，宽 1.62～3.49 毫米，长/宽比 1.92～3.13，无芒或有芒，稃表面有较均匀的毛
H333 （大溪二期）	禾本科 Graminee 稻 *Oryza sativa* L. 未知植物 1 种	保存类型为米粒（颖果），籽粒长 3.24～7.25 毫米，宽 1.62～3.49 毫米，长/宽比 1.92～3.13，无芒或有芒，稃表面有较均匀的毛

从表二可以看出，植物种子出土的年代基本上是大溪文化一期，大溪文化二期仅在 H323、H333 两个灰坑中发现极少量的种子，且以禾本科的水稻为主，因此本文在以下的讨论中将不涉及各个文化时期植物和气候的演变问题。另外从植物种子的保存状况来看，H315 出土的炭化水稻与其他层位出土的截然不同，疏松易碎，表面呈气泡状。经现代实验证明炭化米在埋藏前曾经用火烧过，推测可能与当时的祭祀活动有关。

三　结　论

经对各文化层土壤中植物遗存的挑选和鉴定，湖南澧县城头山遗址植物遗存有 75 种，隶属 54 属，36 科，另有三十余种未能鉴定出种属（彩版二五，3～6；彩版二六～二八）。已鉴定属种中木本植物 24 种，占 33％；草本植物 51 种，占 67％。木本植物中常绿植物 5 种，占 20％；落叶植物 19 种，占 80％。城头山遗址出土植物遗存种类之多在我国新石器时代考古工作中前所未有。

在遗址中发现的遗存种子、果实往往代表较小地理范围的地方性植被特征，从而有助于研究当时周围的植被状况以及先人的生存环境。从植物种类所反映的地理环境看，城头山一带的植被群落属于典型的中亚热带常绿—落叶混交林，反映当时地处温暖湿润的森林草地及河湖沼泽发育的环境。在丘陵或低山上主要生长着常绿乔木乌冈栎、石栎和红豆杉。其他落叶乔木有合欢、李、桃、小果冬青、栗、黄连木、楝树和蓝果树等。林下发育有较明显的灌木层和草本层，藤本植物也很丰富。灌木层以蔷薇属、马甲子为主，悬钩子属次之。此外，还有枸子属、通脱木、八角枫、酸模属、毛茛属、繁缕属、卷耳属、商陆、酢浆草、马鞭草、筋骨草属和紫苏等。生于林缘或荒地的旱生野草有藜属、苋属、大戟属、狗尾草、马唐、苍耳、牵牛属和麦家公等。河湖等水域中生长有芡实、利川慈姑和细果野菱等。在植物种类中有一个明显的特点就是藤本植物种类相当多，尤其是葫芦科植物，如盒子草、南赤爬、栝楼、小葫芦、冬瓜、香瓜属和马㼎儿等，此外还有葎草、薐蓠。这反映了外围低山、丘岗的植物分布。在表一所列植物中，许多种类具有重要的经济价值。首先是重要的粮食作物——稻。按米粒长度和宽度可分为长宽、中宽、短宽、长细、中细和短细六个类型。并从部分米粒的侧生胚已全部脱落或部分脱落以及有碎米粒看，这些米粒似经过脱粒加工操作。果树类有桃、李、薐蓠、栗和悬钩子属等。其他可食植物有冬瓜、香瓜属、薏苡、紫苏、细果野菱、芡实及利川慈姑等。这些可食植物的存在，反映了当时相当发达的农业和先人可利用植物的多样性。而多种草本植物为食草动物的自然存在和人工饲养提供了丰富的天然食物来源。

参考文献

祈承经主编：《湖南植物名录》，湖南科学技术出版社，1987 年。

中国科学院植物研究所：《中国高等植物图鉴》（1 至 5 册），科学出版社，1987 年。

中国科学院北京植物研究所：《中国蕨类孢子形态》，科学出版社，1976 年。

周昆淑、巩启明主编：《环境考古研究（第一辑)》，科学出版社，1991 年。

周昆淑、宋豫秦主编：《环境考古研究（第二辑)》，科学出版社，2000 年。

中国科学院植物研究所：《杂草种子图说》，科学出版社，1980 年。

应俊生、张玉龙著：《中国种子植物特有属》，科学出版社，1994 年。

国家林业局国有林场和林木种苗工作总站主编：《中国木本植物种子》，中国林业出版社，2001 年。

中国植被编辑委员会：《中国植被》，科学出版社，1995 年。

从城头山遗址的植物遗存看
大溪文化的环境背景

顾海滨（湖南省文物考古研究所）

湖南澧县城头山遗址位于北纬29°42′，东经111°40′。在该区11年的考古发掘中，多次对大溪文化时期（距今6300年左右）的土壤进行植物遗存的调查，发现大量保存完好、种类丰富的植物遗存，其大部分属种在我国考古遗址中尚属首次发现。这些资料为研究当时的植被、气候条件提供了丰富的资料。

一 植物类型

目前发现的大溪文化时期的古植物遗存隶属36科、54属、75种，隶属于植物21个不同的部位，有茎秆、果实、叶、皮刺等，详见表一。表一列出了各种植物遗存的名称、性质、现在的地理分布和主要用途。

二 城头山遗址的古植被及古环境

从表一可知，在城头山遗址大溪文化层发现的75种植物中，有木本植物24种，占33%；草本植物51种，占67%（有水生植物）。而在木本植物中有常绿植物5种，占20%；落叶植物19种，占80%。植物群落属于常绿阔叶与落叶阔叶混交林。此带是亚热带常绿阔叶与温暖带落叶阔叶林之间的一种过渡类型，这种类型在中国亚热带地区具有较广泛的分布，其典型的分布范围是北亚热带和中亚热带北缘的丘陵、低山。一般来说，在北亚热带北缘，乔木层是由落叶阔叶树或以其为主所组成，而在中亚热带北缘和北亚热带南缘，则通常是两种类型均等混合组成，形成典型的混交林。城头山遗址常绿植物仅略多于落叶植物，应属于中亚热带北缘和北亚热带南缘的交互地带，为温暖湿润的森林、草地及河湖沼泽环境。

在该带中造林的乔木层以乌冈栎 Quercus phillyraeoides A. Gray（乌冈栎）为主，Albizzia sp.（合欢）次之，还有 Castnea mollissima B（栗）、Lithocarpus sp.（石栎）、Prunus salicina Lindl（野李）、Prunun sp.（李）、Prunus persica（L.）Batsch（桃子）、Ilex micrococca Maxim（小果冬青）、Taxaceae（红豆杉）、Pistacia chinensis Bunge（黄连木）、Melia azedarach L.（楝树）、Melia azedarach L.（蓝果树）。这些植物主要生长在遗址边缘的丘陵山冈上，林下发育有较明显的草本层和灌木层，其中藤本植物也非常普遍。其中灌木层以 Rosa sp.（蔷薇）、Paliurus ramossissimus Poir（马甲子）为主，Rubus sp.（悬钩子）次之，还有 Cotoneaster sp.（栒子）、Rubus lamber ianus Ser（高粱泡）、Tetrapanax papyrifera（Hook.）K. Koch（通脱木）、Alangium chinense llarms（Lour）（八角枫）、Alangium chinense（Lour）llarms（接骨木）、Lindera sp?（山胡椒）、Vitex negundo L.（黄荆）；草本层以草本植物 Oryza sativa L.（稻）、Oxalis corniculata L.（酢浆草）、Chenopodium（藜）、Verbena officinalis L.（马鞭草）、Cyperus sp.（莎草）、Cerastium sp.（卷耳）、Stellatia sp.（繁缕）、Polygonum sp.（蓼）为主，还有 Setariya viridis（L.）Beav（狗尾草）、Digitalia sanguinalis L.（马唐）、Brassica so（芸苔）、Amaranthus sp.（苋）、Ranuncufus sp.（毛茛）、Ajuga sp.（筋骨草）、Perilla frutescens（L.）Britton（野生紫苏）、Euphorbia sp.（大戟）、Lithospermum arvense L.（麦家公）、Scirpus sp.（藨草）、Scirpus juncoides Roxb.（萤蔺）、Cyperus difformi L.（异型莎草）、Cyperus iria L.（碎米莎草）、Carduus sp. Circium sp.?（菊）、Xanthium sibircum Patrin（苍耳）、Rumex japonica Houtt（羊蹄）、Polygonum sp.（酸模叶蓼）、Phytolacca acinosa Roxb（商陆）、Pharbitis sp.（牵牛）、Polygonum aviculare（扁蓄）、Umbelliferae（伞形科）；藤本植物缠绕着灌木或木本植物的茎秆攀缘，以 Thladiantha nudi flora Hemsl.（南赤包）、Trichosanthes kirilowii Maxim（栝楼）、Actinostemma lobatum（Maxim.）Maxim.（盒子草）、Lagenaria siceraria var. microcarpa llara（小葫芦）为主，还有 Cucumis sativus L.（黄瓜）、Benincasa hispida（thund.）Cogn（冬瓜）、Melothria indica Lour.（马交儿）、Humulus scandens（Lour.）Merr.（葎草）、Vitis adstricta llance（蘡薁）。河湖等水域里生长着 Euryale ferox Salisb（芡）、Sagittria lichuanensis J. K. Chen（利川慈姑）、Trapa maximowiczii Korgh（细果野菱）等水生植物。屋前房后有绿篱植物 Paliurus ramossissimus Poir（马甲子）、Pharbitis sp.（牵牛）。

表一　　　　　　　　　　　　　城头山遗址植物概况一览表

科	属、种名称	茎的性质	现在用途	分　布
禾本科	水稻	一年生草本	粮食、饲料、造纸、搓绳、编器物	广泛栽培
	狗尾草	一年生草本	田间杂草，也可作饲料	广布世界各地，我国南北均有，生于荒野
	薏苡	一年生或多年生草本	果含淀粉和油脂，供食用和酿酒，药用利尿强壮，茎叶可造纸	广布全球温暖地区，我国野生、栽培均有，生于湿地
	马唐	一年生草本	秋季牧草，谷粒可做淀粉	全球温带、热带

续表一

科	属、种名称	茎的性质	现在用途	分　布
十字花科	芸苔属	草本	大部分为蔬菜，如：白菜、大头菜	我国各地栽培
蔷薇科	枸子属	落叶—常绿灌木		广布我国
	悬钩子属	攀缘灌木	有的果实可食用	生于沟、路或岩石旁
	蔷薇属	常绿灌木或攀缘或直立	该属部分种果可熬糖、酿酒，花、根药用或提取芳香油	华中、华东、西南、河北、山西、陕西、甘肃、青海，栽培或野生
	野李属	乔木	果食用，核仁入药，活血去痰，润肠利尿，根、叶、花、树胶入药	除台湾、福建、新疆、西藏、内蒙古外，广布其他地区
	李属	常绿灌木—小乔木	与野李相似。	东北、广东、广西、云南、湖北、四川、台湾、内蒙古、陕西、甘肃，生于丘陵、山坡或山地腐林
	高粱泡	半常绿蔓生灌木	果可食用，生津止渴或酿酒，根入药清热散瘀，止血	江苏、浙江、福建、台湾、广东，生于沟、路或岩石旁
	桃属	落叶小乔木	果食用，桃仁活血行瘀，花、枝、叶、根树胶均药用	栽培
冬青科	小果冬青	落叶乔木	木材做板材	生于浙江、江西、广东、台湾，阔叶林中
豆科	合欢属	乔木	树皮、花药用，安神活血，木材做家具，纤维可造纸或人造棉	华东、华南、西南、辽宁、河北、陕西，栽培于人行道，生于山谷、平原。
鼠李科	马甲子	灌木	常作绿篱，根、叶、花、枝、刺、果均药用，解毒散瘀，种子制烛	华东、中南、西南、陕西，山地平坦地区
壳斗科	乌冈栎	灌木—乔木	种子含淀粉，木材做建材	长江中下游和南部各省密林
	栗属	落叶乔木	种子含淀粉可食用，木材为建筑材料（造船、枕木），花、果壳、壳斗、树皮及根均可入药，消肿解毒	广泛栽培于辽宁、河北、黄河流域和以南各省，生于向阳、干燥的沙漠土壤
	石栎属	常绿乔木	种子含淀粉和油脂	广东、福建和浙江，日本也有，生于山坡林中
桑科	葎草	一年或多年生缠绕草本	茎纤维可造纸和纺织，全草药用，清热解毒凉血	除青海、新疆外，全国均有，生于沟边、路边荒地
葡萄科	蘡薁	木质藤本	果实含糖可酿酒，藤条代绳索或造纸，根药用去湿消肿	湖北、江西、浙江、安徽、山东、江苏

续表一

科	属、种名称	茎的性质	现在用途	分　布
苋科	苋属	一年生草本	有的种为蔬菜，嫩叶茎可做野菜、饲料，也可药用，清热解毒	我国南北各地，田野、路旁、村边
五加科	通脱木	灌木或小乔木	茎为中药的"通草"利尿解毒	长江南和陕西，生于向阳肥土上，偶有栽培
八角枫科	八角枫	落叶灌木或小乔木	树皮纤维做人造棉，根、壳、叶可药用，祛风除湿	长江、珠江流域各省，印度、马来西亚、日本，限湿杂木林中
酢浆草科	酢浆草	草本	茎叶含草酸等，磨镜或擦铜镜使其光亮，全草入药	世界温带、热带，我国南北均有，生于旷地或田间
睡莲科	芡实（鸡头米）	一年生草本	种子食用或酿酒，全草做饲料，根茎叶均可药用，补脾益肾	我国南北各省，日本、印度也有，生于湖塘、河泽中
忍冬科	接骨木	高大草本—半灌木	全草入药，治跌打损伤	湖北、湖南、广西、广东、浙江、江西、福建、贵州、四川、云南，生于林下、沟边或山坡草丛
伞形科		多年生草本或一年生草本		
葫芦科	南赤瓟	茎草质攀缘		陕西、河南南部及长江流域各省，山谷林下或灌木丛中
	栝楼	茎攀缘	根果种子药用（天花粉）	我国北部—长江流域、朝鲜、日本
	盒子草	一年生草本茎攀缘	种子及全草药用，利尿消肿清热毒，去湿	南北各地均有分布，朝鲜、日本、原苏联也有，生于水边草丛中
	小葫芦	茎草本攀缘	果实药用，种子油制肥皂，瓠果成熟后果皮木质硬，可作各种容器，也可药用	世界温带—热带，我国各地栽培
	冬瓜	一年生蔓生草本	果做蔬菜，果皮、种子药用，消炎利尿消肿	亚洲热带—亚热带，澳大利亚东部，我国栽培
	黄瓜	一年生蔓生或攀缘草本	果为蔬菜，茎藤药用	原产印度，现广植于世界温带热带地区，我国各地均有栽培
	马𤓰儿	草质藤本	全草入药，清热解毒，利尿，消肿	河南南部、长江以南各省，越南、马来西亚、印度
毛茛科	毛茛属	多年生草本	有的药用，此属全为有毒	我国大部分地区，大部分生存于沟边湿地
唇形科	筋骨草属	多年生草本	草药用，治疮、咳血	西北、西南及黄河流域大部分省，生于林下、溪边、坡地
	野生紫苏	一年生草本	药用油，叶可食用	各地栽培

续表一

科	属、种名称	茎的性质	现在用途	分　布
樟科	山胡椒?	落叶灌木或小乔木	木材作家具，叶果提芳香油，种子油工业用（肥皂）根叶入药祛风湿，消肿毒	长江流域各省及陕西、山西、河南，生于林中灌木丛
藜科	藜属	一年生—多年生草本	有的种药用，有的种幼苗可食用	全国
莎草科	藨草	多年生草本	药用，茎造纸	全国大部分地区，生于水边、路旁等湿地
	萤蔺	多年生草本	全草可造纸、编织草篮，药用清热解毒，凉血利尿，止咳明目	除内蒙古、甘肃、西藏没有，各省均有分布，亚洲热带—亚热带，大洋洲，北美，田边、路边、沼泽地
	异型莎草	一年生草本		全国大部分地区，生于田中或水田边
	莎草1	一年—多年生草本	有的可编席，少数可药用，如"香附子"理气止痛	
	莎草2	一年—多年生草本	用于编席，少数可药用，如"香附子"理气止痛	
	碎米莎草	一年生草本		全国，大洋洲、非洲北部、美洲，生于路边、山坡、田间、路旁
菊科	菊科一种 Carduus sp. Circium sp.(?)	多年生草本	有的药用，治疮	我国大部分地区，山坡、草地、林边、路旁
	苍耳	一年生草本	种子油作油漆、油墨及肥料的原料，果药用	全国，生于平原或低山丘陵
石竹科	卷耳	多年生草本	全草如药，清热解毒	全国大部分田边、路旁、山地、林缘、高山
	繁缕	一年—多年生草本	有的可作野菜、饲料	全国，田间、路边、溪边
蓼科	羊蹄	多年生草本	根入药，杀虫、清热、凉血	长江流域、福建、四川、广东、广西，生于山野路旁湿地
	蓼属	一年生草本	大部分种可药用	全国分布，生于沟边湿地或路旁、高山
	酸模叶蓼	一年生草本		我国东北地区、河北、山西、山东、安徽、广东、湖北等省。朝鲜、日本、蒙古、印度也有生产。生于路旁湿地
商陆科	商陆	多年生草本	根有毒入药，泻水利尿，也可作农药	全国，喜阴湿，生于林下、路旁、宅边

续表一

科	属、种名称	茎的性质	现在用途	分　布
旋花科	牵牛属	一年生草本	种子药用,有消毒,泻湿热,利大小便	原产美洲,我国各地栽培或野生于荒地、篱间
马鞭草科	马鞭草	多年生草本	全草入药,清热解毒,活血散瘀利尿消肿	主产热带美洲,我国大部分地区,生于山脚、路旁、林边、荒地
	黄荆	灌木或小乔木	茎皮可造纸及人造棉,茎叶治痢,种子清凉镇静,根治蛲虫,花和枝叶提芳香油	全国均有分布。亚洲南部、非洲东部及南美洲,生于山坡路旁、林边
红豆杉科	红豆杉	常绿乔木	木材水湿不腐,木工工程的优良木材,如:造船。种子可入药驱虫及制皂	甘肃南部、陕西南部、湖北、四川,生于海拔1500～2000米以上的山地
漆树科	黄连木	落叶乔木	茎皮纤维中织粗布	分布于云南、广东各省,东南亚也有,常生于谷地或溪边
大戟科	大戟	多年生草本	根入药,利尿通经,可作兽药	除新疆、西藏外,全国各地均有分布。生于山坡、路旁荒地、草丛、林缘及疏林
棟树科	棟树	落叶乔木	种子制油漆、润滑油,花提芳香油,树皮、叶、果入药、驱虫,木材建筑用	河南省以南,东至台湾省,南至海南,西至四川、云南、甘肃。印度、缅甸也有分布
泽泻科	利川慈姑	多年生直立草本	球茎食用	广布于欧洲、北美洲至亚洲。我国南北各省水稻田和沼泽地常见,南方各省也有栽培,也为田间杂草
珙桐科	蓝果树	乔木	木材坚硬作枕木和建筑用	长江流域及华南各省。生于海拔800～1400米的林中
菱科	细果野菱	一年生水生草本	果含淀粉,供食用和酿酒	东北至长江流域,生于池塘或缓慢流水中
紫草科	麦家公	一年生草本		东北、甘肃、陕西、河南、山东、山西、河北。亚洲温带地区。生于丘陵、低山草坡或田边

三　植物的利用价值推测

(一)能够作为补充食物来源的植物

6000多年前人们已经能够种植水稻,从事农业生产,这一点早已被证实。城头山遗址中发现的大量水稻也证明了稻在当时人们的生活中占了重要的地位。但在已发现的植物中,还有很多是可以食用的，比如：*Coix lacrynia jobi* L.（薏苡）、*Castanea mollissima* B（栗）、*Euryale ferox* Salisb（芡实）、*Sagittria lichuanensis* J．K．Chen（利川慈姑）、*Trapa maximowiczii* Korgh（细果野菱）等含淀粉的植物，*Prunus persica*（L.）Batsch（桃子）、*Prunus salicina* Lindl（野李）、*Prunus* sp.（李）、*Rubus lamber ianus* Ser（高粱泡）、*Vitis adstricta llance*（蘡薁）、*Benincasa hispida thunb* Cogn（冬瓜）、*Cucumis sativus* L.（黄瓜）、*Lagenaria siceraria var. microcarpa llara*（小葫芦）等瓜果类的植物，还有草本类的 *Rubus lamber ianus* Ser（苋）、*Chenopodium* sp.（藜属）等。虽然无法肯定当时的人们吃了这些植物，但这些植物就生长在人们的左右，种类如此丰富，采集如此便利，是随时有可能被人类采集用来充饥的。相信古人食用野生的植物种类比我们要多得多，那些无毒、味美的植物，都有可能成为他们食物的来源。

（二）丰富的草本植物为食草动物提供了天然的食物

城头山遗址中草本植物占总植物量的 66%，这些植物中有很多可以作为食草动物的食物来源，比如：*Setariya viridis*（L.）Beav（狗尾草）、*Brassica* sp.（芸苔）、*Amaranthus* sp.（苋）、*Chenopodium* sp.（藜属）、*Rubus* sp.（悬钩子属）、*Alangium chinense*（Lour）llarms（接骨木的叶）、*Stellatia* sp.（繁缕），包括人可食用的 *Oryza sativa* L.（稻）、*Coix lacrynia jobi* L.（薏苡）、*Euryale ferox* Salisb（芡实）、*Benincasa hispida*（Thunb.）Cogn（冬瓜）、*Cucumis sativus* L.（黄瓜）、*Sagittria lichuanensis* J．K．Chen（利川慈姑）、*Trapa maximowiczii* Korgh（细果野菱）、*Lagenaria siceraria var. microcarpa llara*（小葫芦）等。这些植物给大食量的食草动物，如：牛、象、鹿等提供了丰富的、充足的天然食料，促进了我国南方畜牧业和养殖业的发展。

（三）能作为纺织用途的植物纤维

城头山遗址中出土了最原始的布，虽然不知是何物织成的，但笔者认为是天然的植物纤维。在出土的植物中出现了茎纤维很发育的 *Pistacia chinensis* Bunge（黄连木）和 *Humulus scandens*（Lour.）Merr（葎草）。据《中国植物图鉴》，这两种植物的纤维即使是现在也是可以用来织粗布的。古人是否也利用了这两种植物的茎皮纤维来织出最原始的布呢？这点还有待于今后对出土的布做进一步的化学分析的测试。

（四）能作为建材用的木材

出土的植物中有许多乔木或灌木（小乔木）类植物，如：Taxaceae（红豆杉）、*Ilex micrococca* Maxim（小果冬青）、*Albizzia* sp.（合欢）、*Quercus phillyraeoides* A．Gray（乌冈栎）、*Alangium chinense*（Lour）llarms（八角枫）、*Tetrapanax papyrifera*（Hook.）K．Koch（通脱木）、*Lithocarpus* sp.（石栎）、*Pistacia chinensis* Bunge（黄连木）、*Melia azedarach* L.（楝树）、*Melia azedarach* L.（蓝果树）、*Vitex negundo* L.（黄荆）、*Castanea mollissima* B（栗），这些植物的茎秆都可以作为木器、木构件的原材料，其中 Taxaceae（红豆杉）和 Castanea mollissima B（栗）的茎秆由于遇水不易腐烂，适合做船。在城头山遗址虽然没有发现船，但发现了船桨，说明当时人们已会制造船，推测造船所用的木材与上述植物有关。

（五）能做盛器的植物

城头山出土了许多小葫芦籽（*Lagenaria siceraria var. microcarpa* llara），还出土了二个略为完整的葫芦，这些葫芦嫩的时候可以食用，当果实木质化后可以用做盛放物品的盛器。

参考文献

祈承经主编：《湖南植物名录》，湖南科学技术出版社，1987 年。

中国科学院植物研究所：《中国高等植物图鉴》（1 至 5 册），科学出版社，1987 年。

中国科学院北京植物研究所：《中国蕨类孢子形态》，科学出版社，1976 年。

周昆叔、巩启明主编：《环境考古研究（第一辑)》，科学出版社，1991 年。

周昆叔、宋豫秦主编：《环境考古研究（第二辑)》，科学出版社，2000 年。

中国科学院植物研究所：《杂草种子图说》，科学出版社，1980 年。

应俊生、张玉龙：《中国种子植物特有属》，科学出版社，1994 年。

国家林业局国有林场和林木种苗工作总站主编：《中国木本植物种子》，中国林业出版社，2001 年。

中国植被编辑委员会：《中国植被》，科学出版社，1995 年。

城头山遗址的木材分析

米延仁志 (鸣门教育大学)

本研究为对城头山遗址出土木材样品的分析结果。样品为城头山遗址南门环壕 T6402～T6405、T6452～T6455 第 17 层自然埋置木和木栅的用材（JT2 系列），以及从邻接南门的环境考古学样品用探沟中提取的土壤样品（从各地层提取，每层厚约 22 毫米，间距、宽度 50 毫米）中所含炭化木片和微小木片（HE 系列），并对它们进行了树种鉴定，第 17 层的时代根据湖南省文物考古所研究确认为大溪文化一期，距今 6000 年左右。

一　方法

炭化木片以外的样品在蒸馏水中用超声波洗净，视保存状况有选择地进行解纤处理或包埋处理。

（一）解纤处理

1. 将洗净的样品放入即效性溶液中加热 1～2 分钟（乱块状样品的解纤）。

2. 用藏红（24 小时）及不褪绿（5 小时）染色。

3. 用乙醇系列（乙醇 30%、40%、50%、70%、90%、100%）脱水，用乙醇—二甲苯等量混合液、100% 二甲苯固定样品。

（二）包埋处理

1. 用乙醇系列脱水。

2. 用减压方法将包埋剂单体（异丁烯酸甲基、异丁烯酸丁基容积比 1:10 混合）浸入样品中。

3. 在封入塑料密封器后，脱气并进行包埋剂的共聚合，固定样品。

有关固定后样品的端面、曲线纹理、径面纹理三断面，使用滑行式切片机制作用于光学显微镜观察的薄片（厚度 12～18um）。薄片用香胶或丙三醇—明胶封入显微镜用标本中，用作观察。有关炭化木片，用剃须刀片对端面、曲线纹理、径面纹理三断面做切除处理，用立体显微镜观察。

二　结果和考察

（一）木材的树种

城头山遗址南门环壕第 17 层出土的自然埋置木及用材的树种鉴定结果：均为小口径木，其中发现 14 份样品有加工痕迹。31 份样品中，27 份为枫香树属（Liquidamber sp.），占压倒多数。其他数量很少，检出有蚊母树属（Distilyum sp.）、栲属（Castanopsis sp）。HE 系列从检出的形状看为自然木，有枫香树属及小构树属（Broussonetia sp）。这些树的现生树种分布在中国如下地区：

Liquidamber spp.（枫香树属）：L. acalycina, formasana（2 种）。长江流域以南各省：四川、贵州、云南东南部、广东、广西、海南岛、台湾；海拔 1500 米以下，其他地区 1000 米以下。

Distilyum spp.（文母树属）：D. myricoides, racemosum（2 种）。浙江、广东、广西、福建省，海拔 400～800 米。

Castanopsis spp.　（栲属）：C. carlesii, fabri, fargesii, indica, delavayi, hainanesis, eyeri, sclerophylla, fordii, lamontii, hystrix, tibetana（12 种）。长江流域以南各省：四川、贵州、云南、广东、广西、福建、海南。

Broussonetia spp.（小构树属）：B. papyrifera kaempferi（2 种）。中国南部：浙江、广东、广西、福建、安徽、江西及山东、河北等地。

可以看出以上树种全部分布于包括城头山遗址在内的长江中游稍为温暖的地区。但是在中国等人为介入自然程度严重的地域，这些是否就反映了天然分布尚存疑问。这有待于周边及该地点的孢粉分析和植物遗存的鉴定结果，但偏重这些树种与其证明是周边的植被，倒不如是反映了为加工目的而选择材料种类的结果。除此之外，在孢粉分析用样品的炭化木片中也检出了枫香树属。一般而言，出土炭化木片的树种鉴定较为困难，对这次样品同样也不能断定，但炭化木片和烧焦的土块同时出土，说明在城头山的古代文明中，人们偏爱使用周边大量存在的枫香树。

（二）用作材料的枫香树属

枫香树属是阔叶树材（hardwood）之一种。近年日本的一部分工业试验场在研究台湾枫香树的利用问题，但就目前而言尚不认为是有用的材料。另一方面，在现代中国，它广泛被用作胶合板、家具、枕木、车轮等，即既用于装饰方面，又用于构造方面。

有关中国新石器时代至古代的木工技术尚不清楚。一般认为新石器时代的代表性技术是利用原本简单的暗销接合，即尚未产生利用裂缝的板材加工。1998 年发现的、位于城头山遗址附近的鸡叫城楚墓木棺中，虽也不见制材的加工，但除暗销外，还有小榫槽嵌接、拉销合角接两种做法。这在汉代的乐浪郡时代遗址中也有发现。

在城头山遗址南门发现的木材采用的是如下方法，将暗销接合或简单的切槽放在小口径原木一侧，使之垂直后组合枝干等细小材料，再用绳子绑牢。使用这种加工方法重要的是材质的硬度。枫香树的曲线纹理及径面纹理的布氏硬度小，容易加工，硬度值接近轻软的松树等针叶树材。上述树种使用上的偏重情况除说明周边植被中存在不少枫香树外，还暗示材料树种的选择适应了当时的加工技术水准。

城头山遗址的昆虫和硅藻化石

森勇一 （爱知县立明和高等学校）

一 前言

笔者有机会获得参加中日共同学术调查的机会，并于 1998 年 12 月 10 日至 12 日共 3 天的时间，去了中国湖南省城头山遗址。在调查的时候，从同一遗址中取昆虫和硅藻的土壤样品，进行昆虫化石的提取和硅藻的分析。下面将就目前为止已知的分析结果简要述之。

二 分析方法和分析的样品

分析的样品是城头山遗址南门环壕东壁（C 点），从地表至环壕底层。与皇学馆大学的外山秀一先生植物蛋白石分析的样品采自同一地点，样品的数量不同但采样的标准完全一致。

昆虫的提取是在室内切成薄片在显微镜下全面镜检，之后用筛子水洗分析，进行筛选。硅藻化石的提取是放在过氧化氢中处理，离心分离，放入中介物质密封，制成标本，镜检；在 1200 倍下沿任意方向鉴定、统计。城头山遗址埋藏的环壕堆积物，自上可分为六层。上面二层夹有陶片，考虑是人为埋藏的，本次分析未取样品。这两层，相当于外山样品的 T－1 至 T－12。本次分析，是它之下含炭末的黏土、暗灰色淤泥层的 7 个样品（M－1~7）；暗灰色含砂黏土、淤泥层 3 个样品（M－8~10）；暗灰色薄层淤泥层 4 个样品（M－11~14）；以及最下层的暗灰色块状淤泥层的 3 个样品（M－15~17），共计 17 个样品。

三 分析结果

城头山遗址埋藏的环壕堆积物，在中心地带出现水生昆虫，部分地方伴有地表步行虫，它们的数量不多；在湿生和水坑中多含有硅藻，硅藻在出土层位上稍有差异。以下简单论述这些层位主要出现的种以及根据它们推测的古环境。

含炭片的黏土、暗灰色淤泥层（M-1~7）：

昆虫化石——昆虫化石发现极少，属于 Coleoptera。

硅藻化石——Synedra ulna Pinnularia subcapitata, p. borearis 等。

几乎没有昆虫，硅藻化石以喜空气的陆生藻类为主，根据这个结果推测几乎没有一人高的水域。

暗灰色含砂黏土、淤泥层（M-8~10）：

昆虫化石——Curculionidae, Ditiscidae Hydrophilidae

硅藻化石——Hantzschia amphioxus, Synedra ulna, Pinularia gibba, P. microstauron 等。

出现水生昆虫；硅藻化石一部分为陆生的，大部分为水生的，对 PH 适应性好，不耐碱。认为当是浅水的水域。

暗灰色薄层淤泥层（M-11~14）：

昆虫化石——Scarabaeidae Ditiscidae。

Coleoptera（甲虫类鞘翅目）

硅藻化石——Eunotia pectinaris, Pinularia interrupta, S. ulna-var. ramesi, Tabellaria fenestata, A ctinella brasiliensis 等。

虽然昆虫化石出现的不多，不能反映特定的环境，但硅藻化石喜酸性的 Eunotia 属及 Pinularia 属种数多，且还有开始生长在湿地后期喜好水域的 Tabellaria fenestata, Actinella brasiliensis 等大量出现。从硅藻化石可以推测不是湿地而是沼泽。

暗灰色块状淤泥层（M-15~17）：

昆虫化石——Ditiscidae Staphylinidae, Carabidae, Coleoptera。

硅藻化石——Caloneis silicula, Cymbella turgidula, Gomphonema augur, G. parvulun, Stephanodiscus astraea, Surirella angusta 等。

昆虫化石出现的数量多；硅藻的种类、带壳类多，推定为水草茂盛静止的水域。

城头山遗址的寄生虫分析

金原正明（天理大学附属参考馆）

　　寄生虫是伴随粪便被排泄，以化石的形式残留于土壤中的，能够同花粉一起被提取。根据寄生虫的化石不仅可以分析当时人们的病况还可以推测人口的多少。此次对城头山遗址南门10层下部、9层以及东门的含炭富积层进行了分析。分析结果如图一所示。南门10层至9层在提取花粉的同时分析出大量的鞭虫卵，鞭虫卵出现的几率与平城京侧沟相似。看上去好似距6000年至5000年的城头山遗址城内都市化进步状态与平城京接近。与此同时，根据花粉分析结果推知，这里遗址周边的草本植物丰富，是荒芜的环境。离城头山遗址稍远的地方存在以青冈栎为主的森林。具有稻作农耕社会特点的蛔虫卵此次也分析出来了。大量的鞭虫卵（？蛔虫卵）在绳纹时代的青森县三内丸山遗址被分析出。据此，最低限度在9层以下的城内应该存在水田、都市及旱地作物的环境。

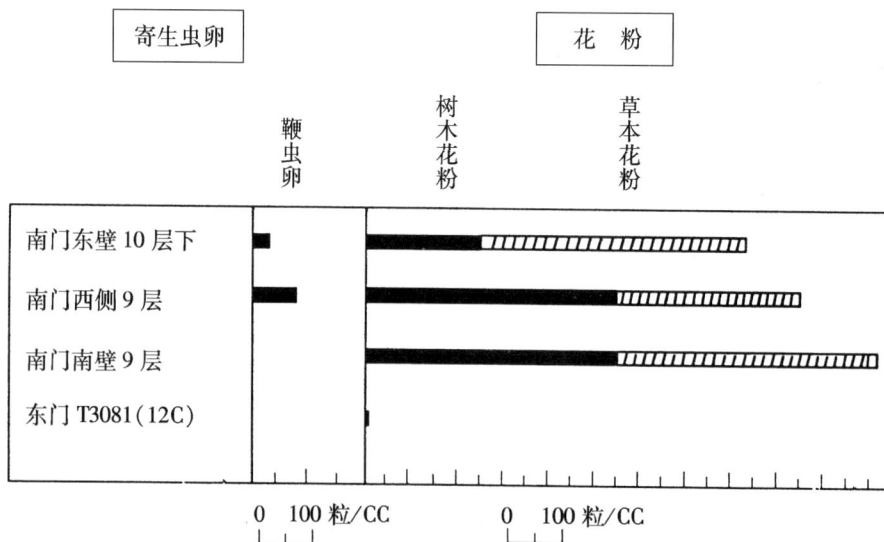

图一　城头山遗址寄生虫卵分析图

城头山遗址出土动物残骸鉴定

袁家荣（湖南省文物考古研究所）

城头山遗址出土了丰富的动物残骸，它们大多出自南城墙外二期环壕（发掘初期称为堰塘1）的 17 和 18 层，本文以 LCDY 为南门二期环壕的代号。其他地层单位所出，则另行注明所出探方和层次。现将采集标本鉴定于下：

智人 Homo sapiens　标本 5 件。其中牙齿 2 枚，为左下第一臼齿、左上第一臼齿，均轻微磨蚀；骨头残品 4 件，为顶骨、骶椎、右肩胛骨、盆骨（彩版二九，1）。

黑鼠 Rattus rattus　标本 10 件。计有左侧下颌骨 2 件、右下颌骨 1 件、枢椎 1 件、骶椎 1 件、左肩胛骨 1 件、左肱骨 1 件、左尺骨 1 件、左胫骨 1 件、肋骨 1 件。

狗 Canis sp.　左侧股骨标本 1 件 94LCDY18：103，仅存远端部分（彩版二九，2）。

貉 Nyctereutes porocyonoides　标本 5 件。残破头骨，含左、右上颌骨，上面附有左侧 P^4、M^1、M^2、右侧 P^3、P^4、M^1、M^2；右下颌骨，保存较完整，附有 I_2、C、P_{1-4}、M_1、M_2；3 枚零星牙齿，即右侧 P_2、P_3、M_1（彩版三〇，1）。

鼬獾 Melogale moschata　标本为一件左下颌骨，牙齿全部缺失。

獾 Meles meles　标本 29 件，全部为同一个体。其中脊柱骨 10 件，肋骨 15 件，肢骨 4 件。

脊柱骨，计有环椎，枢椎，第三、四、五颈椎、第三（四）、八（九）胸椎，第二、三、四腰椎（彩版三〇，2）。

肋骨，计有左侧第四、八、九、十肋骨，右侧第四、五、六、七、八、九、十、十一、十三肋骨。残段 2 件（彩版三〇，3）。

肢骨，计有左肩胛骨 1、右肱骨 1、指骨（或趾骨）2。

大灵猫 Viverra zibeetha　标本为一件残破头骨，保留部分有上颌、额顶骨、右耳泡、枕骨（残）。上颌附有左侧 $P^4 - M^2$、右侧 $P^3 - M^2$ 牙齿。M^2 均没有完全长出来。

象 Elephas maximus　标本 4 件，采自大溪文化一期祭祀坑 H377 底部，为象的月骨、距骨（彩版三一，1）、趾骨 3 件。

鹿类 Cervus　鹿类标本 23 件。其中有水鹿、麂。有一部分标本未能鉴定属种。

水鹿 Cervus（Rusa）unicolor　标本 11 件。鹿角 2 件，均为左侧（彩版三一，2）。股骨 5 件，左侧骨 3 件，右侧骨 2 件。胫骨 3 件，左侧骨 1 件，右侧骨 2 件。

麂 Muntiacus sp.　标本 3 件。其中左股骨 1 件，右股骨 1 件，左胫骨 1 件。

鹿 Cervus sp.　未能鉴定种属的标本 9 件。计有环椎 1 件、颈椎 1 件、腰椎 1 件、右股骨 2 件、右尺骨 1 件、左蹠骨 1 件、趾骨 2 件。

牛 Bovinae　标本 28 件，全部为残骨。其中脊椎骨 4 件，计有环椎 1 件、胸椎 1 件、腰椎 1 件、尾椎 1 件。肢骨 24 件，计有右肩胛骨、左肱骨 2 件、左尺骨 1 件（彩版三二，1）、右尺骨 2 件、左桡骨 1 件、左股骨 2 件（彩版三二，2）、右股骨 2 件、左胫骨 1 件（彩版三二，3）、右胫骨 1 件、左跗骨 1 件、右蹠骨 1 件、左跟骨 1 件、右跟骨 1 件、左距骨 1 件、冠骨 3 件、系骨 2 件、趾骨 1 件。

其中三件标本可以鉴定到种：

水牛 Bubalus bubalus　94LCDY13，左侧中央第四跖骨，后内侧粗隆不发达，与黄牛有别，应当为水牛。

黄牛　Bos taurus　二件标本。94LCDY116，右侧肩胛骨，保留远端部分。肩胛岗前倾，盂下切迹不明显，具有黄牛的特点（彩版三二，4）。94LCDY113，左侧胫骨，保留近端部分。胫骨粗隆宽阔，呈三角形，它的宽度在长度的 75％ 以上，内缘没有突起，逐渐下降到胫骨的内侧面，内踝间隆突比外踝间隆突要高，并且位于外踝间隆突之前。

猪 Sus sp.　20 件标本，均残破。其中残骨 9 件，计有左肱骨 2 件、右桡骨 1 件、右尺骨 1 件、左肩胛骨 2 件、左胫骨 2 件、环椎 1 件；附有牙齿的上颌骨 2 件、下颌骨 6 件、零星牙齿 3 枚（彩版三三，1）。

右上颌骨，93LCDY17，残块，附有 P^3、P^4、M^1、M^2。

左上颌骨，94LCDY181，保留左颧弓的前部，附有 DP^4、M^1、M^2。

右上颌，94LCDY192，残块，仅保留 M^2、M^3 及其牙床部分。

下颌骨残块，94LCDY182，附左侧 I_1、I_2、右侧 I_1。

下颌骨，94LCDY104，保存较完整，仅左侧下颌枝残破。左右 P_3、P_4、M_1、M_2、M_3 均保存（彩版三三，2）。

下颌骨，93LCDY29，下颌枝残缺，附有右 M_3、左 M_3（残），其余牙齿根部保留在齿槽中。

左下颌骨，94LCDY109，冠突、P_3 之前的骨体、牙齿残缺。保存的牙齿有 P_3、P_4、M_1、M_2、M_3（跟座未出）。

右下颌骨，94LCDY110，下颌枝和门齿及其齿槽残缺，附有 C（残）、P_1、P_2、P_3、P_4、M_1、M_2、M_3（跟座未出）。

龟 Emydidae indet.　腹板 6 和背甲 5 碎片 11 件。出土于 T1624 第 10 层，即大溪文化环壕（一期环壕）淤泥中。背甲的 5 块碎片能粘合，可见一侧缘边，粘合后长 21 厘米、宽 12 厘米（彩版三三，3）。

真骨鱼类　均为残骨，有脊柱（彩版三四，1）、棘、头部骨片。

蛙类　均为破碎小骨，有肢骨（彩版三四，2）和脊椎骨。

鸟禽类　均为残骨，主要为肢骨（彩版三四，3）。

城头山遗址出土猪骨鉴定

袁　靖（中国社会科学院考古研究所）

2004 年 9 月，我到湖南省文物考古研究所参观访问，着重对石门燕耳洞、道县玉蟾岩、黔阳高庙、澧县城头山等遗址出土的动物残骸进行了观察和鉴定。此前，袁家荣先生已经对城头山遗址出土动物残骸进行了鉴定[①]，鉴定结果非常准确，我仅就猪骨的鉴定作点补充。

93LCDY17

右上颌骨，残存 P^3—M^2（破碎），M^3 萌生未完成。M^1 长 17.59、前宽 14.42、后宽 14.74 毫米。磨损程度为 f 级。年龄为 2 岁以下。

94LCDY181

左上颌骨，残存 dp^4、M^1（破碎）、M^2，M^3 已经露出齿孔。M^1 长 16.17 毫米，其他测量点破碎。M^2 长 18.35、前宽 15.16、后宽 15.93 毫米。M^1 的磨损程度为 c 级，M^2 为 a 级。年龄为 1.5 岁以上。

94LCDY104

一付下颌骨，左侧残存 C、P_1、P_2（齿孔）、P_3（仅有齿根）—M_3，右侧残存 C、P_1、P_2（齿孔）、P_3（破碎）—M_3。P_2—P_4 和 M_1—M_3 之间不在一条直线上，齿列呈扭曲状。左侧 P_2 前为 49.67、M_1 前为 48.5、M_3 后为 55.25 毫米；齿列 P_1—M_3 的长度为 131.66、P_2—M_3 为 110.86、P_1—P_4 为 58.94、P_2—P_4 为 38.91、M_1—M_3 为 75.62 毫米；M_1 长 15.38、前宽 11.23、后宽 12.03 毫米，M_2 长 20.46、前宽 14.88、后宽 15.51 毫米，M_3 长 38.36、宽 16.46 毫米。M_1 的磨损程度为 g 级，M_2 为 f 级，M_3 为 d 级。年龄约为 3.5 岁左右。雌性。

93LCDY29

右下颌骨，残存 M_3，长 36.91、宽 17.49 毫米，磨损程度为 c 级，年龄为 3.5 岁左右。

94LCDY110

右下颌骨，残存 P_1—M_3（萌出一半），从排列状态看，P_3 和 P_4 稍错位，M_2 和 M_3 不在一条直线上，整个齿列呈扭曲状。P_2 前为 42、M_1 前为 37.07 毫米，M_1 长 17.14、前宽 11.82、后宽

12.27 毫米，M₂ 长 21.1、前宽 14.56、后宽 14.81 毫米。M₁ 的磨损程度为 f 级，M₂ 为 d 级。年龄为不到 2 岁。

依据对城头山遗址出土猪颌骨的观察和测量结果，可以明确地把这个遗址出土的猪定为家猪（*Sus sorofa domesticus* Brisson）。

注　　释

① 　袁家荣：《城头山遗址出土动物残骸鉴定》，见本书。

城头山遗址南门外古地形及古水田调查

顾海滨（湖南省文物考古研究所）

1994 年 10 至 11 月，为了寻找遗址南门外的古代水田，在 227700 平方米范围内，打钻孔 42 个，取水稻硅酸体样品 196 个。通过对这些资料的分析不仅掌握了遗址外围水稻硅酸体的分布，而且还利用地理信息软件对南门外不同地层的古地面进行了复原，为今后更进一步开展该项工作打下了基础。

一　钻孔的分布

在城址南门外现代水田中设置钻孔 1 的位置。该点北距 T6451 西南角 3 米，平面坐标设定为 (0，0)，其余钻孔均以该点为中心点，向东、南、西三个方向延伸，总铺设面积为 227700 平方米，打钻孔 42 个。详见图一。

各点钻孔平面坐标如下：

钻孔编号	平面坐标	钻孔编号	平面坐标
1	0，0	22	15，-300
2	30，0	23	45，-270
3	30，90	24	45，-210
4	75，-90	25	15，-210
5	60，0	26	-15，-210
6	90，0	27	135，-330
7	120，0	28	195，-330
8	150，0	29	255，-330
9	180，0	30	315，-330
10	30，-45	31	30，150

11	60，-45	32	30，180
12	90，-45	33	30，210
13	120，-45	34	30，240
14	150，-45	35	60，240
15	105，-90	36	90，240
16	75，-150	37	120，240
17	75，-210	38	180，240
18	75，-270	39	150，240
19	75，-330	40	150，210
20	75，-390	41	150，180
21	75，-450	42	150，270

　　根据钻孔坐标作出钻孔分布图（图一）。从图中可以看出，铺设面积东西长 690 米、南北宽 330 米，钻孔间距一般为 30 米，最大不超过 60 米。

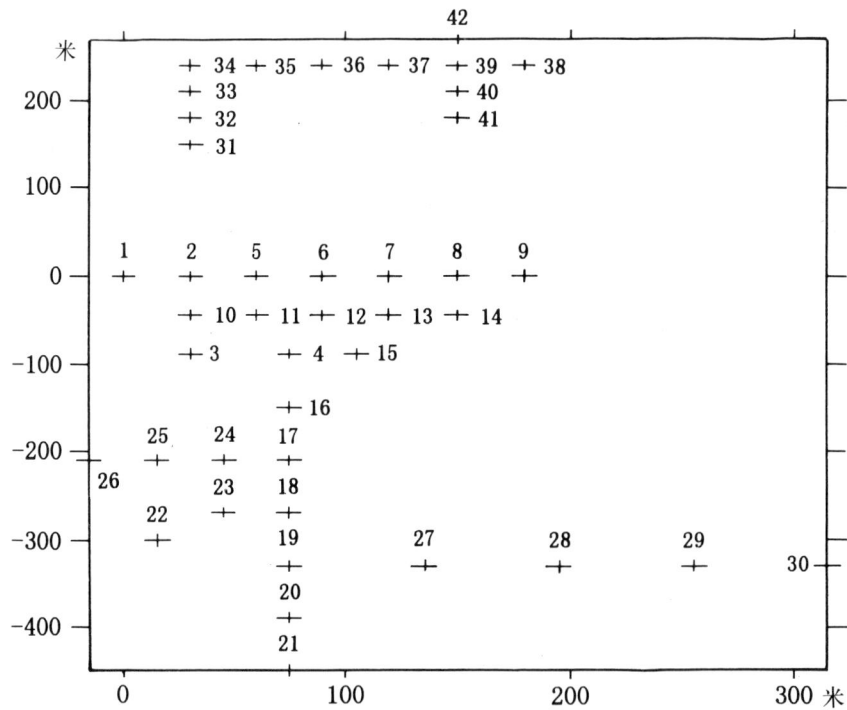

图一　城头山遗址南门外古稻田调查钻孔分布图

二　南门外古地形复原

　　根据 42 个钻孔的资料，城墙外地层大致可归纳为以下四层：

第一层：耕土层。

第二层：黄灰—灰色黏土，夹有铁锰结核。

第三层：黄色黏土。

第四层：灰色—灰褐色黏土。

由于第四层向南、向西有缺失，因此在对古地形恢复时，仅对第一和第二层接触面、第二和第三层接触面进行了复原。它们分别代表了揭开耕土层后的古地面和揭开第二层古土壤之后的古地面。

因各地层中暂未发现陶片，土壤也未做¹⁴C 或热释光等年代学测定，故地层年代还有待今后更进一步的研究。

（一）第一和第二层接触面

该接触面为第二层顶面的古地形，也就是揭开耕土层后可见的第一个古地面。

下面给出了 42 个钻孔的三维坐标，其中 X 代表南北方向距中心点的距离，Y 代表东西方向距中心点的距离，Z 代表地层深度（地表 Z 值设为 0，地表之下均为负值）

钻孔编号	X	Y	Z	钻孔编号	X	Y	Z
1	0	0	-16	22	15	-300	-40
2	30	0	-24	23	45	-270	-40
3	30	-90	-33	24	45	-210	-40
4	75	-90	-35	25	15	-210	-40
5	60	0	-27	26	-15	-210	-40
6	90	0	-25	27	135	-330	-40
7	120	0	-30	28	195	-330	-40
8	150	0	-25	29	255	-330	-40
9	180	0	-40	30	315	-330	-40
10	30	-45	-15	31	30	150	-40
11	60	-45	-15	32	30	180	-30
12	90	-45	-20	33	30	210	-40
13	120	-45	-25	34	30	240	-40
14	150	-45	-25	35	60	240	-40
15	105	-90	-25	36	90	240	-30
16	75	-150	-40	37	120	240	-40
17	75	-210	-30	38	180	240	-30
18	75	-270	-35	39	150	240	-30
19	75	-330	-40	40	150	210	-30
20	75	-390	-40	41	150	180	-30
21	75	-450	-40	42	150	270	-30

根据上述数据，利用地理信息系统软件，做出耕土层等值线图（图二）、第二层顶面的线框图（图三）和表面图（图四）。在图二中，等值线的数值代表耕土层的厚度，数值越大，说明第二层

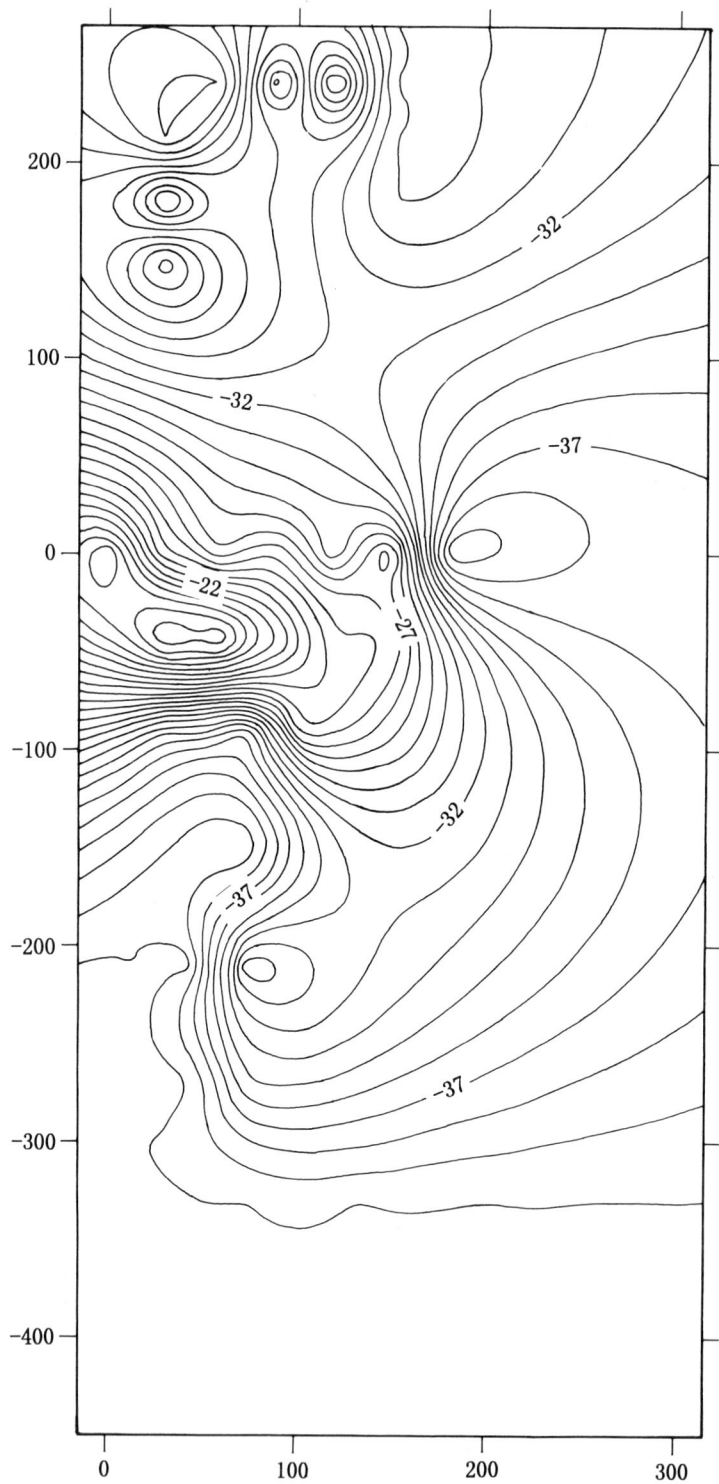

图二　耕土层等值线图

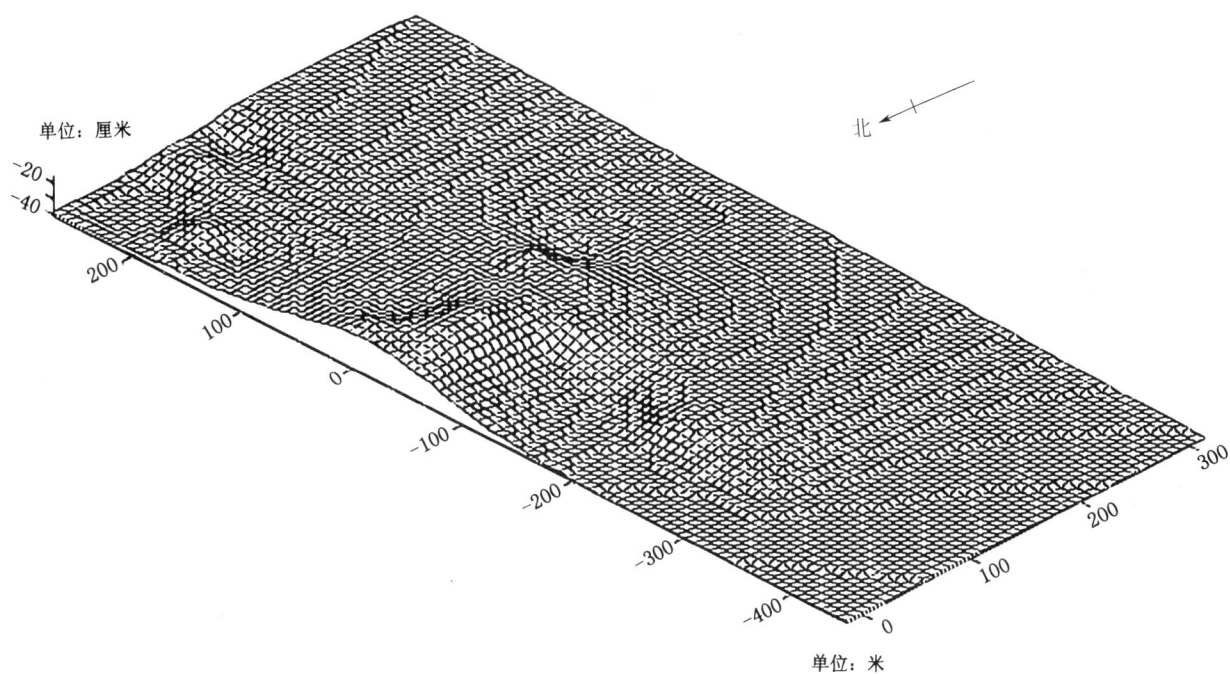

图三　第二层顶面的线框图

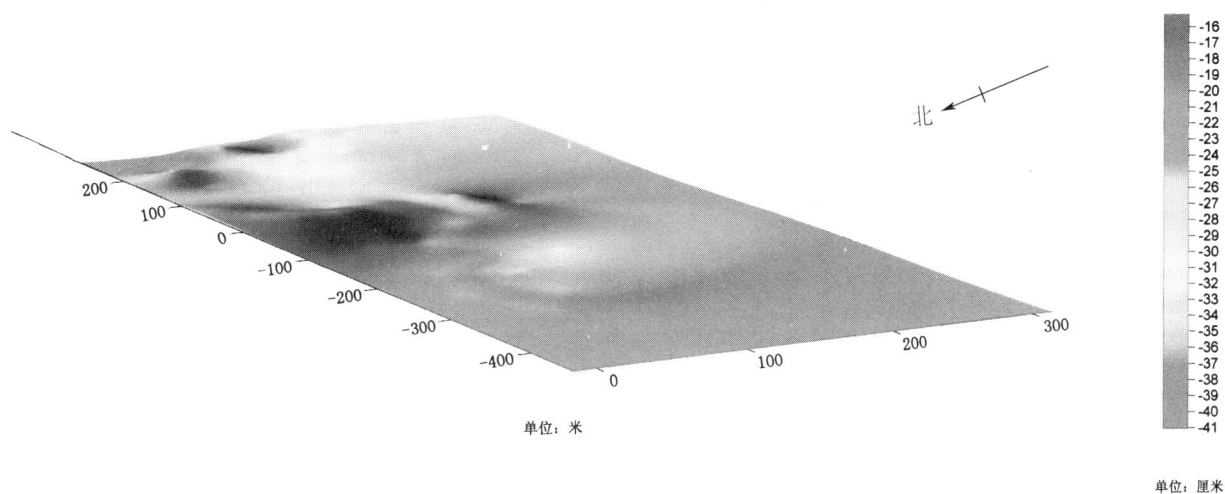

图四　第二层顶面的表面图

的顶面距地表越远。图三、图四反映了第二层顶面地形的起伏变化，尤其是图四，非常直观、形象地再现了当时的古地面。在图四中，颜色的不同反映地层的深度不同，从图例中可知土黄→浅黄→浅蓝→蓝代表距地表的深度依次递增。

根据这三张图可以看出地形大致的走向为西低东高，南低北高。最高点位于中心点，即钻孔1附近。

（二）第二和第三层接触面

该层为第三层顶面的古地面，亦即揭开耕土层和第二层古土壤之后可见的第二个古地面。

42 个钻孔点的三维坐标如下，其中 X 代表南北方向距中心点的距离，Y 代表东西方向距中心点的距离，Z 代表第三层顶面到地表的距离（地表 Z 值设为 0，地表之下均为负值）。

钻孔编号	X	Y	Z	钻孔编号	X	Y	Z
1	0	0	-300	22	15	-300	-75
2	30	0	-270	23	45	-270	-60
3	30	-90	-270	24	45	-210	-50
4	75	-90	-80	25	15	-210	-60
5	60	0	-170	26	-15	-210	-55
6	90	0	-131	27	135	-330	-75
7	120	0	-85	28	195	-330	-70
8	150	0	-25	29	255	-330	-90
9	180	0	-25	30	315	-330	-90
10	30	-45	-270	31	30	150	-100
11	60	-45	-270	32	30	280	-160
12	90	-45	-60	33	30	210	-200
13	120	-45	-110	34	30	240	-240
14	150	-45	-160	35	60	240	-75
15	105	-90	-85	36	90	240	-60
16	75	-150	-55	37	120	240	-150
17	75	-210	-80	38	180	240	-100
18	75	-270	-75	39	150	240	-110
19	75	-330	-85	40	150	210	-110
20	75	-390	-60	41	150	180	-100
21	75	-450	-45	42	150	270	-100

据上述数据，做出第三层等值线图（图五）、第三层顶面的线框图（图六）和表面图（图七）。在图五中，等值线的数值代表耕土层和第二层古土壤的厚度，数值越大，说明第三层的顶面距地表越远。图六、图七形象地反映出第三层顶面地形的起伏。同图四一样，图七中的色彩反映深度的变化。

从图中可以看出中心点附近有一个非常低洼的地带，该低洼地带东西长大于 350 米、宽大约50 米。目前由于未钻探到任何可以作为地层对比的资料，有关它的性质和作用（是堰塘还是壕沟？）、与大溪文化的壕沟有怎样的关系等问题暂还不得而知。

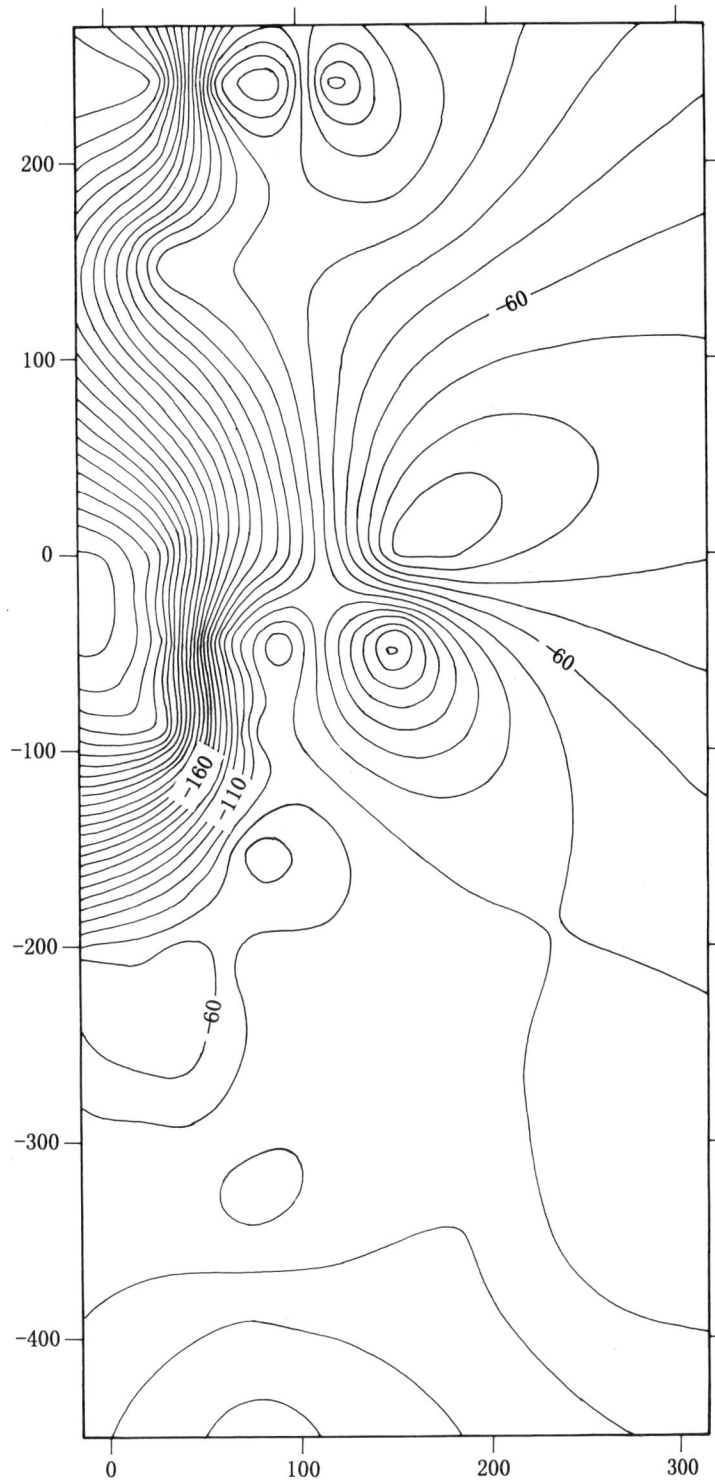

图五　第三层等值线图

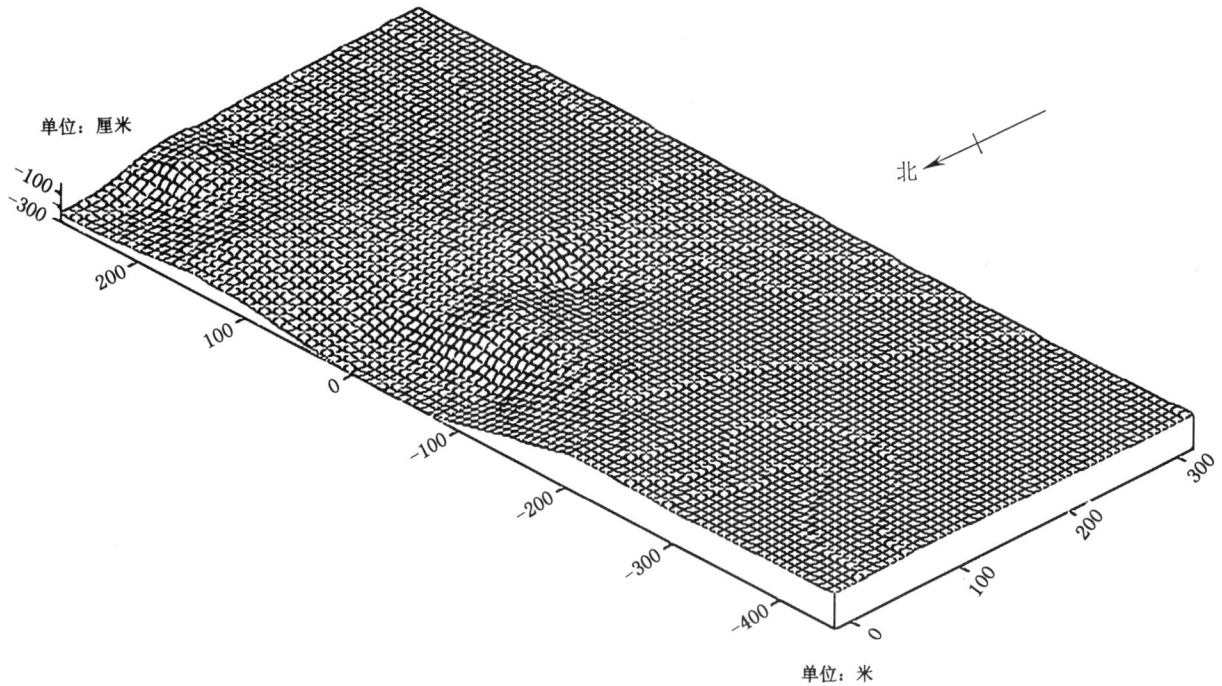

图六　第三层顶面的线框图

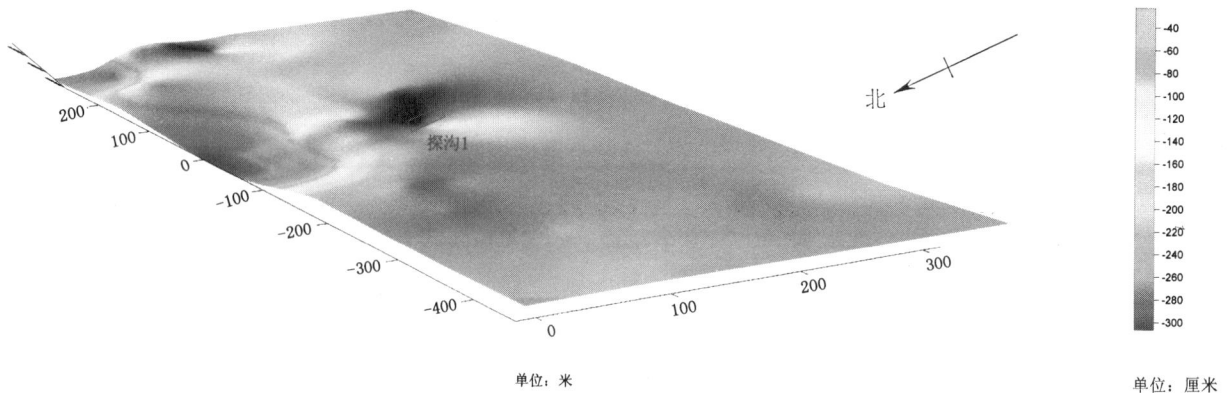

图七　第三层顶面的表面图

三　水稻硅酸体检测情况

　　古代水田能够被保存下来与其所处的位置及后期埋藏状况有很大关系，假若后期没有接受沉积或虽接受沉积但其覆盖物不足以起到保护作用时，很容易遭受后期人类活动的破坏，有的也许一直可被人类沿用，而继续耕种至今。只有那些深埋于地下的古代水田才有可能被完整的保存下来，对于这些水田的探测就要借助地形调查和水稻硅酸体检测的手段。水稻在种植或收割过程中，会有少量的稻叶、稻谷散落在水田中，稻叶、稻谷中含有大量的硅酸体，假若在遗址周围通过钻探发现了含水稻硅酸体的地层，在此有目的的进行小规模发掘，根据一些遗迹现象和出土器物，就可判断有无水田的存在。

上述 42 个钻孔共分析水稻硅酸体 196 个。不同钻孔出现水稻硅酸体的深度见表一。

表一　　　　　　　　　铅孔深度及出现水稻扇形硅酸体深度一览表　　　　　　　单位：厘米

钻孔编号	出现水稻双峰硅酸体的深度	出现水稻扇形硅酸体的深度
01	0~80	0~40
02	0~35	0~25
03	0~46	0~46
04	0~80	0~60
05	0~27	0~170
06	0~25	0~45
07	0~30	0~60
08	0~25	0~25
09	0~40	0~40
10	0~15	0~50
11	0~15	0~50
12	0~20	0~60
13	0~25	0~35
14	25~55	0~160
15	0~25	0~65
16	0~40	0~40
17	0~30	0~65
18	0~35	0~65
19	0~40	未见水稻扇形硅酸体
20	未见水稻双峰硅酸体	0~60
21	0~40	0~55
22	未见水稻双峰硅酸体	0~75
23	未见水稻双峰硅酸体	0~60
24	0~40	0~50
25	0~65	0~65
26	0~40	0~40
27	0~75	0~75
28	0~40	0~50
29	未见水稻双峰硅酸体	0~40
30	0~40	40~55

续表一

钻孔编号	出现水稻双峰硅酸体的深度	出现水稻扇形硅酸体的深度
31	0～70	0～90
32	0～30	0～75
33	40～50	0～90
34	40～65	0～40
35	0～40	0～50
36	未见水稻双峰硅酸体	0～30
37	0～70	0～40
38	0～30	未见水稻扇形硅酸体
39	0～30	0～30
40	未见水稻双峰硅酸体	0～30
41	未见水稻双峰硅酸体	0～30
42	0～30	0～30

　　从表一可以看出，在0～60厘米深度范围内，水稻硅酸体出现的频率较高，因此在这个范围内可能存在水稻田，但由于离地表较近，即使有古代水田的存在，也由于反复耕种或人类的活动而不能保存下来。所以暂时放弃在这个范围内寻找古水田。

　　第5钻孔、第14钻孔分别在距地表170厘米和160厘米处出现水稻扇形硅酸体，深度较为合适。但从图七可知第5钻孔的位置不但太接近遗址，受人类活动干扰较大，而且正处于非常低洼的地带（当时认为是环壕的一部分），也暂时放弃。因此选第14钻孔的位置进行小面积的试掘，挖南北向3×4米探沟1条。如图七中探沟1的位置。

　　该探沟共分四层：

　　第一层：厚20～25厘米，褐色耕土层。

　　第二层：厚60～70厘米，灰褐色黏土夹大量Fe、Mn结核。

　　第三层：厚65～75厘米，黄灰—灰黄色黏土，下部灰色黏土增加。

　　第四层：未见底，黄色黏土。

　　通过考古发掘获知，每层的地层界面较为平直，无任何打破关系，也未见疑是稻田的痕迹。且在发掘过程中，每一层土壤的土色、土质较为纯净，无人类活动的遗物。因此排除了在该位置存在古代水田的可能。

城头山遗址周边水田选址环境与
传统的水利灌溉系统
——关于长江中游地区稻作的基础研究

元木靖 (琦玉大学)

一 引言——问题之所在

长江流域是世界上最大的稻作空间，而长江中游地区尤其是洞庭湖周边地区作为稻作的起源地，近年来受到人们的注目①。位于湖南省西北部的澧阳平原城头山遗址和彭头山遗址周边地区是其重要的一部分。特别是城头山遗址，它是一个具有城墙、港口等的古城，稻作是支撑这种城市文明的生产基础，它有别于黄河流域的旱作②。那当时究竟存在着怎样的一种稻作呢？或者在当时稻作还未普及，旱稻种植以更加广泛的形式得到了普及。或者不仅是稻作一种形式，它是与旱作、渔捞一起，以所谓复合型的生产基础为主，形成了这种文明的轨迹。

总之，长江流域稻作文明的起源和发展这一重要课题，今后将以一种综合遗址发掘成果基础上的环境考古学分析的形式更为具体地深入下去。届时，事先考察该遗迹周边的现今水田和稻作也是十分必要的。或许完成课题的线索或启示，不仅隐藏在以往的事实里，而且还隐藏在近现代的稻作中。遗址形成时的稻作形式，今天已不复存在，但不能说当时稻作的发生情况与今天大范围的水田地带之间完全没有关系。倒是可以推测，在该遗址上发现的灌溉稻作的痕迹③，从某种意义上说它暗示着与现今水田的关系。

本研究基于以上认识，以探讨城头山遗址周边的水田选址环境与传统的灌溉系统为目的。本文中的"传统的水利灌溉"这一用语，不是指某个特定时期，而是指形成现今基本水利形态以前的水利灌溉。本论文首先概括澧县农业在洞庭湖周边地域的位置，弄清现代的要素是什么。其次除去城头山遗址周边的水田选址环境及现代的要素后，以期复原传统的灌溉系统。最后，就城头山遗址在水田开发史上的意义发表若干意见。

二　垸田与水利概观——澧县农业的定位

（一）洞庭湖周边的垸田

湖南省的城头山遗址位于洞庭湖西北部的澧县。洞庭湖西北部按中国农业规划委员会划定属洞庭平原丘陵区，地理上划分为湘北农业区④或湘北经济地理区⑤，构成了湖南省最重要的农业地区。这一农业地区有以下共性：第一，分布有大范围的海拔 50 米以下的低平地，在省内也是农田（耕地）集中的地区；第二，七成以上耕地为水田；第三，耕地为垸田形态。其中，长江中游水田地带最具特点的就是垸田的存在。

所谓"垸田"，指类似于长江下游湖泊沼泽地带的"围田"，是用堤防围起来的农田。农田水高田低，受洪水、积水及地下水位高的危害性重。也就是说农田低于水面，易受洪水、内陆水域及地下水位上升而引起的灾害的影响，作为一种防灾对策人们筑起了"垸堤"。"垸"或"垸田"这种称呼，是洞庭湖平原至湖北省江汉平原一带的独特称呼⑥。一般认为，在洞庭平原建设这种垸田，是以受长江（荆江）洪水影响形成陆地化为前提的。

对洞庭湖平原现今主要的 40 多处垸进行的研究结果表明，垸的规模和堤防的长度是多种多样的，但堤防的高度有标高 37～46 米和 4～10 米两种类型。与澧县有关联的澧阳垸属于前一种类型，西官垸属于后一种类型，垸的堤防顶部高度为标高 10 米。

另外还弄清了以下几点，洞庭平原的垸就其历史特征而言，自北宋以降、特别是明清时代建造的居多；现今"垸"的大部分以合并小规模的旧垸为主，合并时期大多在解放后。因此，不可能从现状来推知垸当初的样子。但是至少可以说对于这个湖面，人们早就开始了建造垸的尝试，这一点是毫无疑问的。

据卞鸿翔、龚循礼的调查，由于垸的合体，从 1949 年到 1979 年前，洞庭湖区垸的数量由 993 个减至 278 个，耕地面积由 593.5 万亩增至 868.7 万亩，内湖面积由 300 万亩减至 150.4 万亩，外湖面积由 4350 平方公里缩小到 2740 平方公里，人口由 256.5 万人增加到 598.2 万人⑦。在这种堤垸重组的背景下，由于洪水泛滥，泥沙堆积在河流和湖沼，内湖面积年年缩小，其蓄水能力不断受到削弱。与此同时，陈旧的垸田使得内陆水域难以自然排水，也就是说，由于垸外河流的河床和湖底增高，它们丧失了自然排水能力。

总之，现今我们看到的垸是在这种情况下重新建造的。澧县垸的分布如图一所示。由此我们可以知道，垸是以县东部的平坦地区为中心形成的。其中在城头山遗址所在地澧阳平原上，形成了最大规模的澧阳垸。近年来，与周边各垸联合形成了松澧圈。这是强化治水对策的联合组织。澧阳平原平均海拔 40 米，西高东低，平缓倾斜，北面是涔水，南面是澹水、澧水等。如果将澧阳垸和澧县其他的垸作一比较的话，我们发现澧阳垸不仅规模大，而且地理位置非常有利。例如，位于澧县东端的西官垸，标高约 30 米，比澧阳垸低 10 米，自长江流入洞庭平原的四条流出通道之一松滋河在其东侧由北向南通过。顺便提一下，在治水对策上，澧阳垸是重点堤垸，而西官垸是一个兼作蓄洪垸也就是防洪的蓄水池。

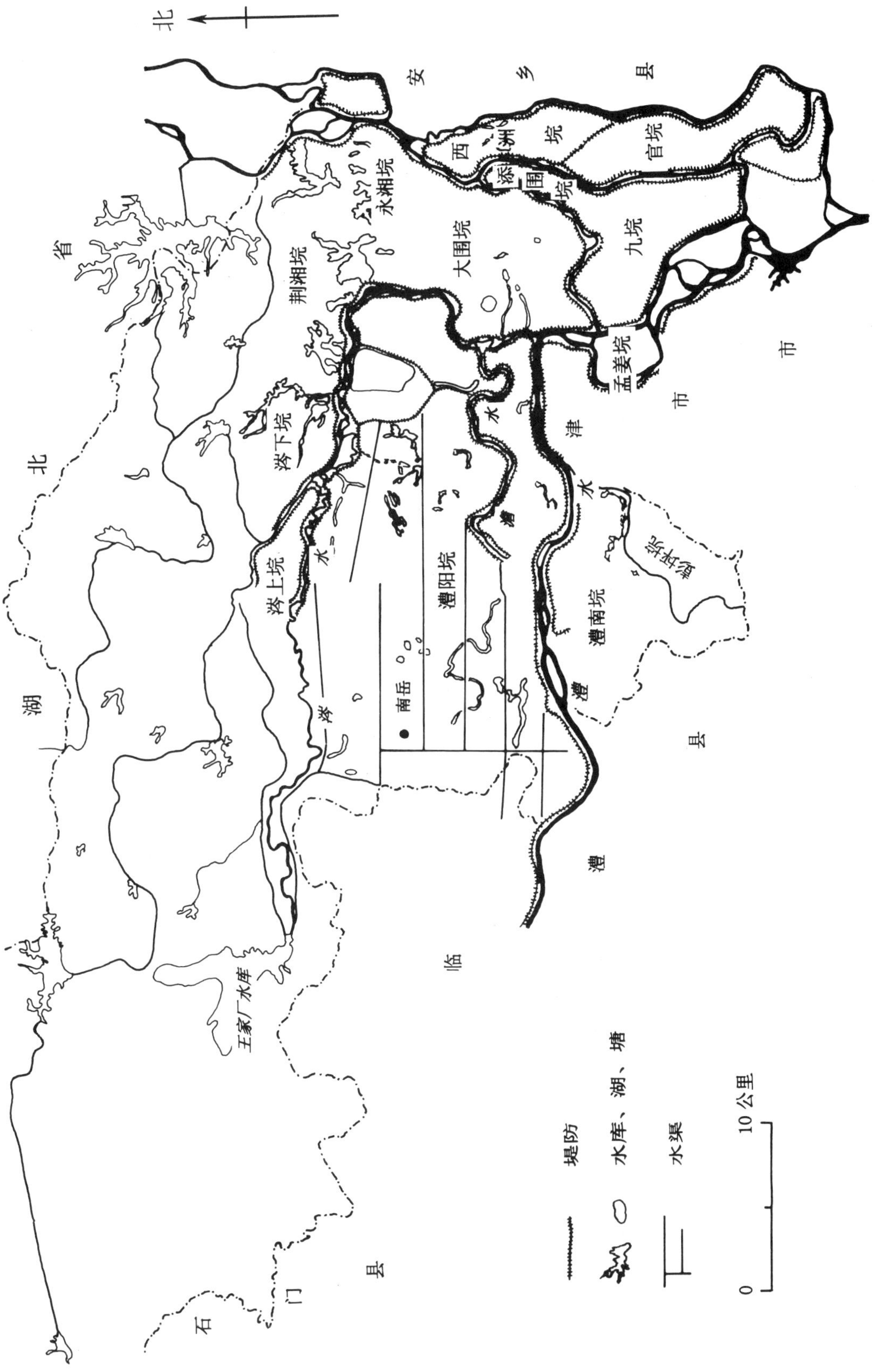

北　←

安　乡　县

西洲垸

添洲垸

官垸

九垸

永湖垸

大围垸

荆湘垸

省

孟姜垸

溆下垸

津

市

市

水

澧

阳

平

原

堤

垸

分

布

图

溆上垸

澧阳垸

澧南垸

涔

水

南岳

澧

湖

北

临

澧

县

图一　澧阳平原堤垸分布图

石

门

县

王家厂水库

澧

堤防

水库、湖、塘

水渠

0　　　　　　　　10公里

（二）澧阳平原的农业水利

解放后，洞庭湖区农业水利建设事业的发展分三个阶段。即第一阶段（1952～1958年）为加固防洪堤防，合并垸（图版一九，1）；第二阶段（1964～1966年）建设电力排灌设施；第三阶段（1966～1975年）完备垸内的农田基础设施。澧阳垸也是在这三个发展阶段中合并、加固，治理内部环境的（图版一九，2）。其实质性成果是对灌溉水利进行了治理。澧县位于洞庭平原丘陵区西北部，由西部的山地、丘陵地带和东部的平原组成。涔水上游的王家厂水库（1958年动工，1959年竣工）被用作澧阳垸的水源。这座水库还兼有蓄洪的功能，高35.5米，堤防长450米，汇水面积462平方公里，贮水量2亿立方米。如图一所示，澧阳垸内的堤防设有干线引水渠，用以灌溉澧阳垸内的31.5万亩（2万1千公顷）农田。各干线渠还建有向各处调水和排水的设施。排水最终以地下排水或电力排水方式把水从澧阳垸的堤垸排到周围的河流里去，前者是在周围河流（或湖面）的减水期采用的排水方式，后者是在增水期采用的强制排水方式。另一方面，水渠如图版二所示，引水渠（图版二〇，1）与道路并行，并直线延伸，水从设置在引水渠上的闸门（图版二〇，2）流出，经支渠（图版二一，1）流入农田。

包括城头山遗址周边地区在内的澧阳平原水利灌溉的利用途径为王家厂水库—干线渠—支线渠—水田，基本上以自然流水方式供水。但水田的地形不均，田地也没有全部平整过，水田多大小不一。因此，从水利方面来看水渠和农田的关系未必合理。从城头山遗址眺望农田（图版二一，2）便一目了然。

因此，虽然澧阳平原的水利灌溉体系在解放后得到治理，但还未进行过像日本水田普遍实施的彻底的农田整治。不仅地貌、河流（支谷）状态没有很大改变，而且还保留了一部分解放前传统的水利设施。

（三）解放后发生巨大变化的稻作农业

据《湖南省农业统计年鉴》（湖南人民出版社，1998年）统计，1997年澧县的总人口为87.7万人。其中农业人口有69万人（78.6%），耕地面积占土地面积（2107平方公里）的比例为32%（67.87千公顷），位居湖南省第五位。耕地面积中，水田和旱田的比例分别为72%（48.87千公顷）和28%（19千公顷）。水田和旱田的比例，中国整体上是26:74，湖南省是79:21。因此，湖南省作为水田地带的特色，在澧县的土地利用上表现得十分显著。粮食作物的播种面积为79.2千公顷，产量为449.8千吨。其中水稻占绝大多数，分别为87.5%和94%。稻作分早稻（29千公顷）、中稻（5千公顷）和晚稻（35.6千公顷），主要为早稻和晚稻的双季稻。另外，杂交稻以晚稻为主，占播种总面积的54%左右。

图二是根据《湖南省农业统计年鉴》的统计数据制作的。包括澧县在内的常德市早稻、晚稻产量（kg/ha）曲线图。从图中可以看出，水稻的产量，无论是早稻还是晚稻较解放初期都增长了约3倍。另外从20世纪80年代起，与早稻相比，晚稻的增长更加显著。粮食作物以外的商品农作物主要有油菜籽和棉花，其中油菜籽的产量居全省第一，棉花产量居全省第四。但是第一产业在全省排名17位，第二产业排名36位，人均国民生产总值3993元，排全省第25位，处于低迷状态。这种状况正如我将要在以下文章中阐述的那样，稻作产量的提高与农村人口生活状况的提高不成正比。

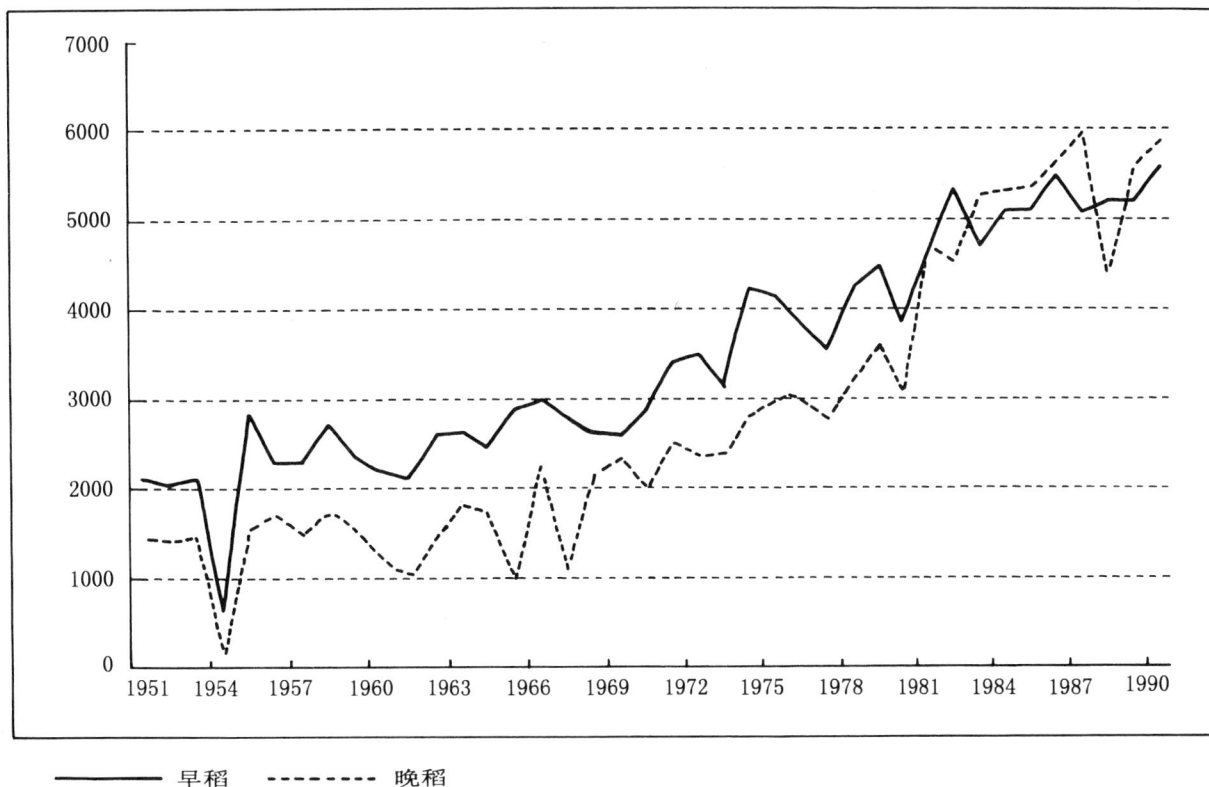

图二　常德市早稻、晚稻产量（kg/h　）曲线图

三　城头山遗址周边的水田是否为垸田？——关于堰塘群的考察

（一）堰塘景观及其多种作用

仔细观察城头山遗址周边（旧车溪乡、大坪乡、大堰垱）的农村时，最引人注目的是水田中堰塘的存在。这些堰塘的形态大小不一，多种多样，有圆形的、长方形的，还有旧河道状的，甚至有不规整形的。

根据当地的询问调查得知，在王家厂水库建成后，1970～1971 年开挖干线引水渠，这以后，堰塘改成水田或消失的例子不少。据说堰塘原本独立的居多，有关开挖年代有 900 年以前的（家堰）或 300 年以前的（大家堰），众说纷纭，但不知确切时间。其水源主要是雨水，不足时，也有堰塘掘井的例子。水深和规模也不尽相同，在解放前的土地契约里记载有灌溉的详情，水深似乎是左右土地条件的重要因素。

但颇有意思的是，这种堰塘同开垦低落湿地的沟渠一样，具有多种功能。结合该地区位于现今的澧阳垸这点来考虑时，会产生以下疑问：水田是否是作为所谓的"垸田"而产生的？这些堰塘是否保留着当作"垸田"开垦的痕迹？

这里介绍一个实例，即车溪乡宝宁村的堰塘。该处堰塘深约 5 米，面积约 20 公顷。但据说自引来水库的水后，这个堰塘的利用价值就减少了。当被问及该堰塘以前的作用时，农家这样回答我：

第一是其作为灌溉用水的水源。这户农家还保存着灌溉农田用的水筒水车。第二是利用其作为饮用水等生活用水。为方便用水，在住宅背后的堰塘旁砌有石台阶，水面上用简单的木框隔开，以防水草混入。不仅在此洗衣服、洗菜，并且从这里取水灌入大瓶，沉淀、煮开后作为饮用水。第三是把沉积在堰塘底部的淤泥当作肥料使用，把水边狭窄的农田作为家庭菜园子。第四具有蓄水功能。洪水泛滥时周围的旱田也会浸水，1998 年洪灾时，据说水位比堰塘水面高出 2 米。

因此，这一地区的堰塘，从灌溉用水到生活用水，与人们的生活息息相关。有关堰塘的作用，综合调查结果可概括为：（1）灌溉水；（2）饮用水；（3）排洪（蓄洪）。仅从以上几项考虑，可以说堰塘的作用与过去日本在沟渠地带的习惯做法极其相似。但是，堰塘环绕农家的实例较少，几乎没有听说过有用于农业劳动或水灾时避难的船的存在。

另外，在有堰塘的农村，人们的生活方式还保留着相当深的传统习俗。这种状况也表现在零乱的村落的存在。就一般而言，农民现金收入的来源仅靠养鸡、积攒鸡蛋出售换线，再者就是一部分农家饲养了几头猪。据说只有到春节时才杀猪请客。准备猪饲料就像做我们人吃的饭一样，用大锅把米煮熟喂猪。由此可以看出这里的农村是以种植稻米为生活基础的。

（二）地貌与堰塘

城头山遗址周边的地貌从 1/50000 的地貌图（1959 年航测，1960 年制图）来看，可以概括为下列几点。（1）自丘陵山脚南北向 50 米、45 米、40 米的等高线向西延伸形成的扇形河滩地。（2）在 50 米等高线附近，各处筑有低堤防，以用于防洪；在 45 米等高线附近，筑有较长的堤防。这些堤防与谷底线成直交状。

图三显示的是以上地貌环境中城头山遗址周边的详细状况。位于台地状地貌面上的城头山遗址周边部分，以东侧为主分布有数条侵蚀谷，其地貌面不平坦，凹凸不平。

图四显示的是该遗址周边堰塘的分布状况。多数堰塘群位于山谷（或河道）走向高地处（比高标准 2～3 米），而不是在台地平原的谷地部分。

从这种堰塘分布的特点可以推测，城头山遗址周边的水田至少不是作为垸田而存在的。

（三）堰塘分布形态的比较

笔者为了更加正确的了解城头山遗址周边水田的选址特点，仔细查看了几乎澧县全县的地貌图并进行了实地考察。笔者注意到，不仅在城头山遗址周边地区，而且在该县的大部分地区分布着形式多样的堰塘。这些堰塘大致可分为 a、b、c 三大类（图五～七）。"a"是分布在澧县西部丘陵地区的堰塘类型，它形成于谷源或谷地出口。其分布密度并不高。或可称其为单独的拦截型，处于对周边水田能够进行自然灌溉（自流灌溉）的位置上。澧县平原第二、第三种类型的堰塘与这种在丘陵地区所看到的堰塘类型不同，第二种类型"b"的堰塘在城头山遗址周边可以看到，它们广泛分布于下刻台地的谷地和台地面上。前者是为拦截旧河道而建成的，而后者以其形状不同、规模小而引人注目。但是，无论那种情况，都是单独或是连接在一起的。它们的共性是需要向周边水田送水。因此，第二种类型的堰塘可以称作"抽水地区型"。另一方面，第三种类型"c"的堰塘可以称作"排水地区型"或是"沟渠型"，这在现今的洪泛区或旧湖面上可以见到。这种堰塘

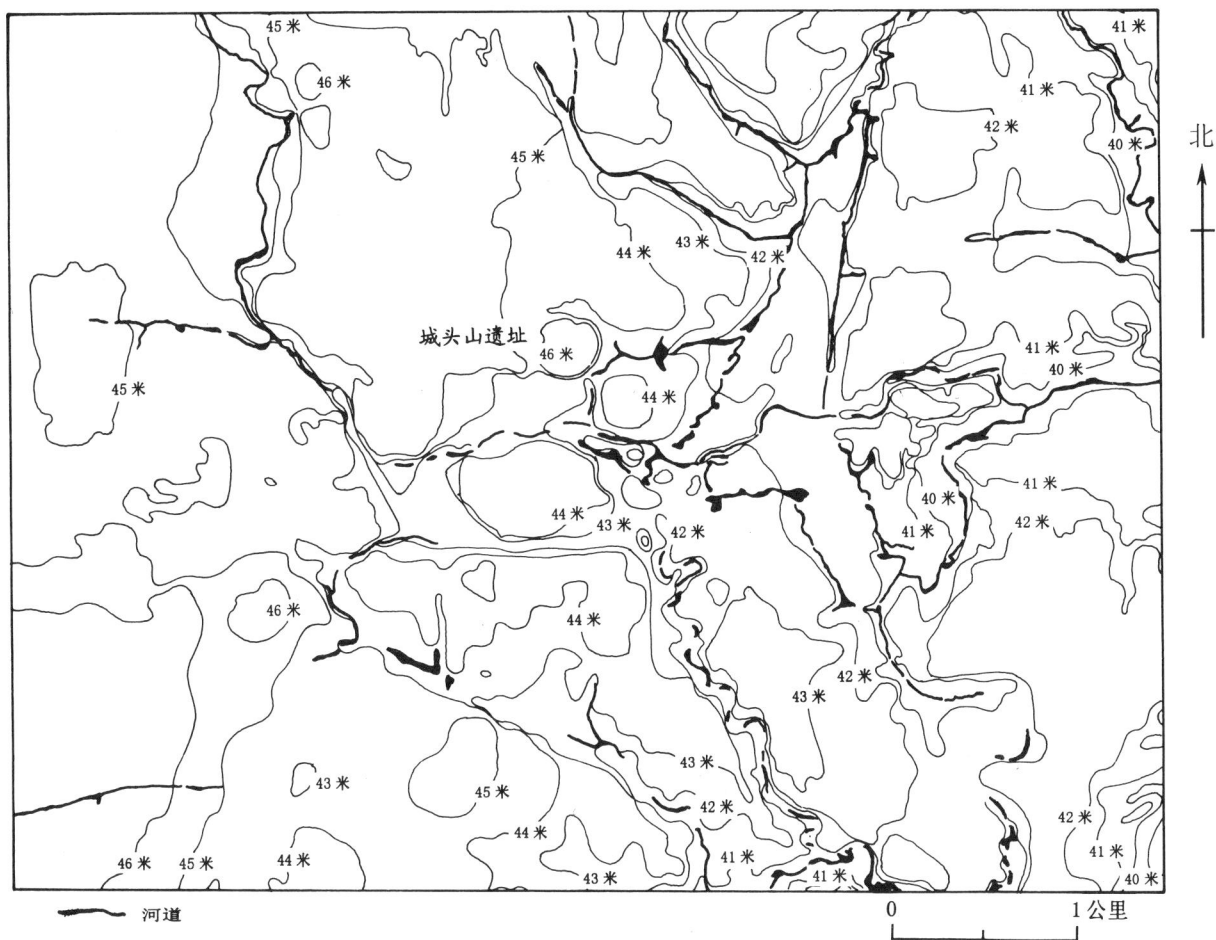

图三　城头山遗址周边地形与河道分布

的形状细长，其特点是各个堰塘相互连接。它被用于海拔35米附近水田的灌溉，而35米以上高位部分的水田则利用第二种类型的堰塘。

上述事实说明，城头山遗址周边的水田虽然位于现今的澧阳垸内，但不能把它与洞庭平原上典型的垸田相提并论。这个地区的水田是出现在澧水下游平原上的，并非在洞庭湖形成期以后于湖面下被开垦出来的。

（四）城头山遗址周边的水田选址环境

在《澧县县志》[8]上可以看到颇有意思的农业地区划分的记载，它从历史上印证了上述情况。据《澧县县志》记载，澧县按惯例划分为山乡、平乡、垸乡三个地区。其中平乡的生产力最先进，山乡和垸乡分别受到干旱和水灾的威胁。值得注意的是，这里把平乡与垸乡加以区别。就上述堰塘类型而言，垸乡的是"排水地区型"或是"沟渠型"，平乡的是"抽水地区型"，城头山遗址周边的水田地区属于平乡。

这种划分概括了澧县县内水田的选址环境。表一可以证实城头山遗址周边水田选址的环境。即，城头山遗址周边的水田位于澧阳大垸，作为垸田是不成立的。

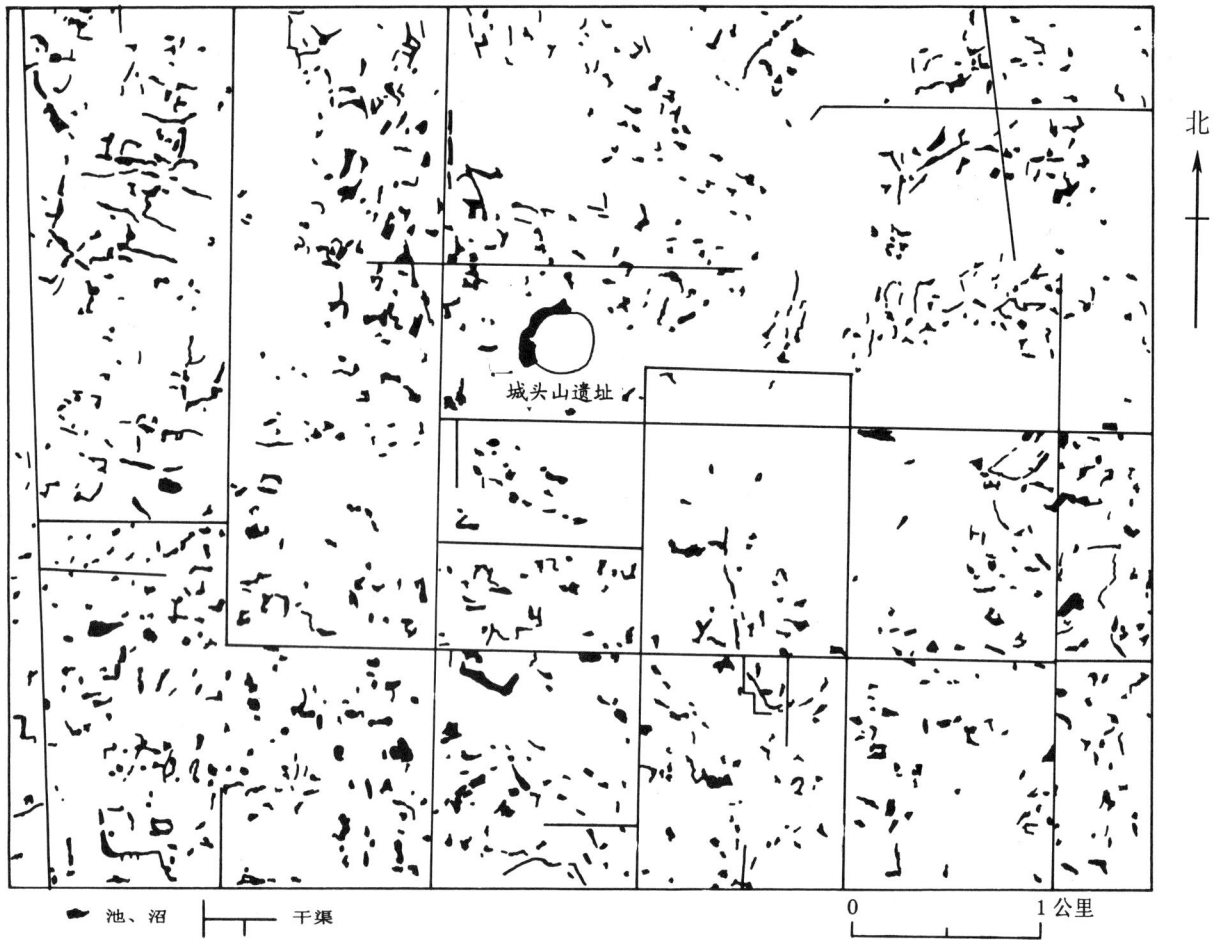

＜ 池、沼　├─┤ 干渠　　　　　　　　　　　　　　　0　　　　　　　　1公里

图四　城头山遗址周边堰塘分布

表一　　　　　　　　　　　　　　　　澧县的农业地区和堰塘类型划分

地区划分	山乡	平乡	垸乡
标高[1]	60 米＜	60～30 米	35 米＞
堰塘位置形状	有 谷源　谷底 长圆　散在	有[2] 河道口　台地面 独立　多样　密	有[3] 漫滩　旧湖面 细长　连接
垸的形成	无 无 无	（小垸） 澧阳大垸	小垸 澧松大垸[4]
		松澧大圈[5]	

[1]　城头山遗址的东西截面。

[2]　堰塘趋于减少，但还保留相当数量。

[3]　农田基本设施完备，堰塘数量大幅度减少。

[4]　1965 年竣工。

[5]　1973 年合并的澧阳大垸和澧松大垸。

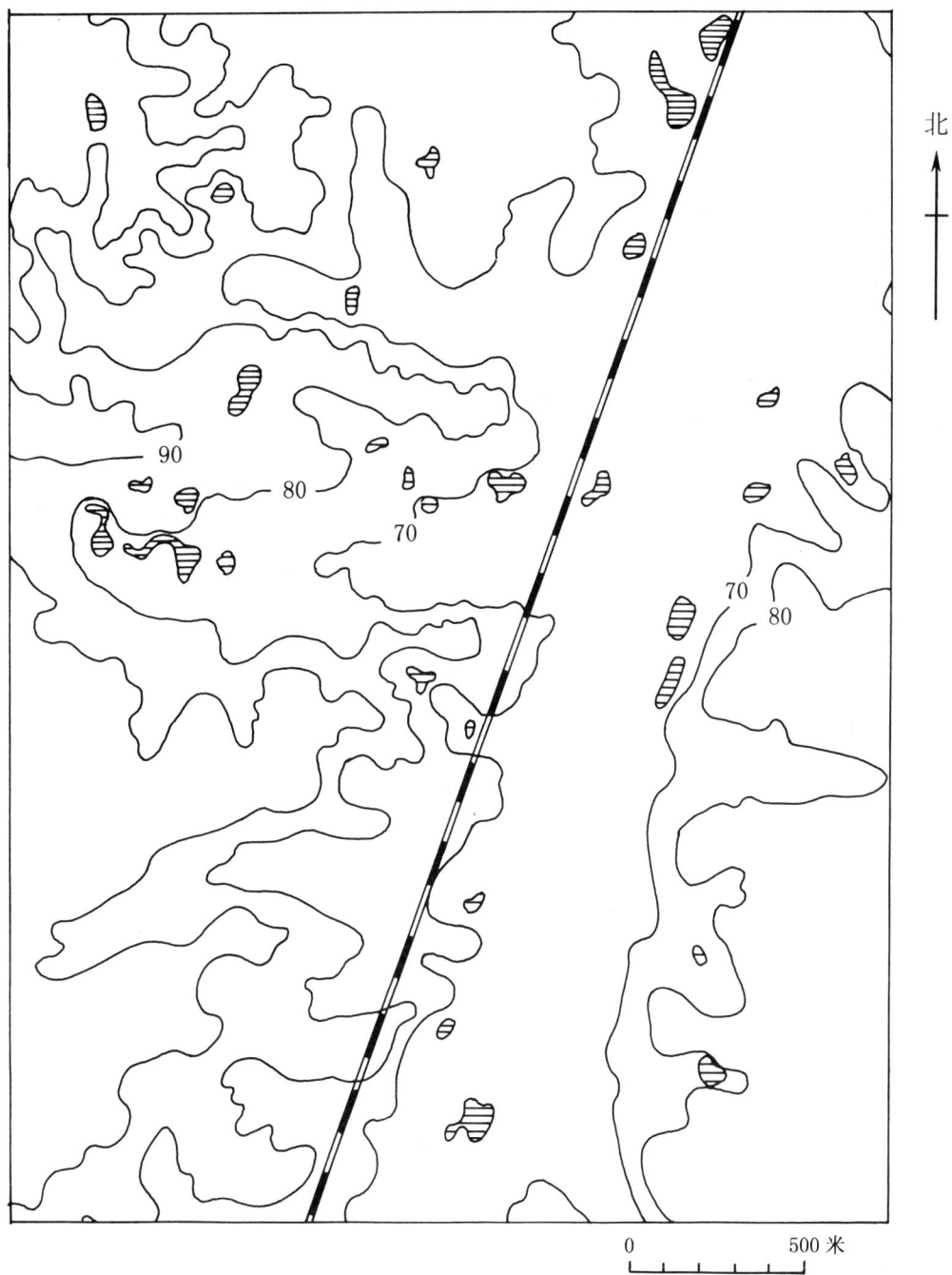

图五　澧县境内第一类型堰塘——拦截型

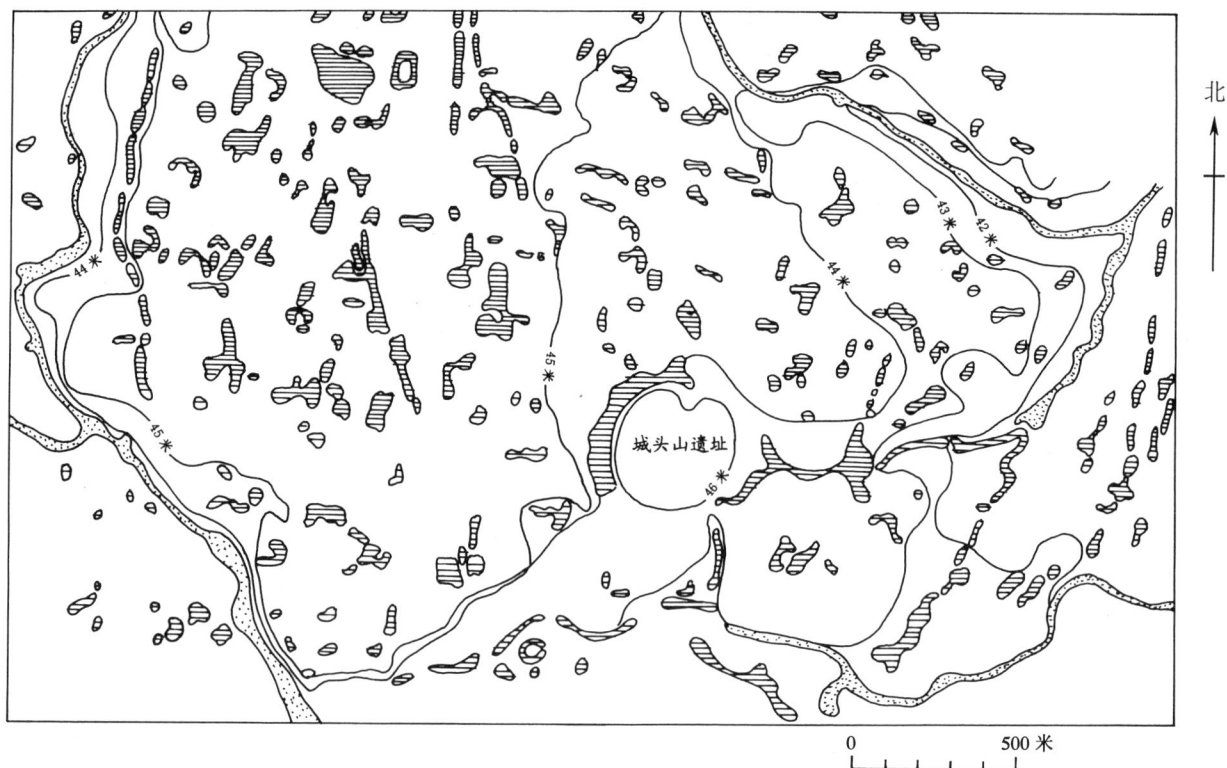

图六　澧县境内第二类型堰塘——抽水地区型

四　城头山遗址周边的传统灌溉体系

(一)"陂塘堰渠灌溉系统"

有关洞庭湖岸的传统灌溉体系，可以将其分为"陂塘堰渠灌溉系统"和"堤防灌溉系统"两种类型。后者的主要设施是堤防和闸门，为垸田区具有特点的灌溉体系。城头山遗址周边的水田，正如笔者在前一章所证明的那样，它不是作为垸田来选址的。因此，按龚胜生的分类，可以推测该遗址周边的"陂塘堰渠灌溉系统"是传统的灌溉体系。那它的具体状况是什么呢？其体系与该遗址所在地——平乡所具备的最先进的生产力条件之间又有何种关系呢？

1939年编纂的《澧县县志》在列举平乡所具有的最先进生产力条件的原因时，认为灌溉源"堰"的普及是重要基础；并记载了主要的"堰"的名称，如东田堰、张平堰、陇城堰、别甲堰、马屋堰、石潭堰、白塘堰、檀木堰、水木堰、道平堰等等。因此，在研究了城头山遗址周边一万分之一的地貌图（1980年制图）所示有关水利的地名后，发现了一个颇有意思的事实。即，把各个名称所出现的次数作一统计的话，垱（为灌溉目的，堆土拦截水流）有11处；堰（为截断水流填土，即堰堤）有12处；塘（在平地的凹处蓄水的小规模堰塘）有2处；沟（把水引到田里的疏水渠）有2处。从地名可以看出，所谓独立的堰塘实例很少，仅2处；其他25个实例的功能在于

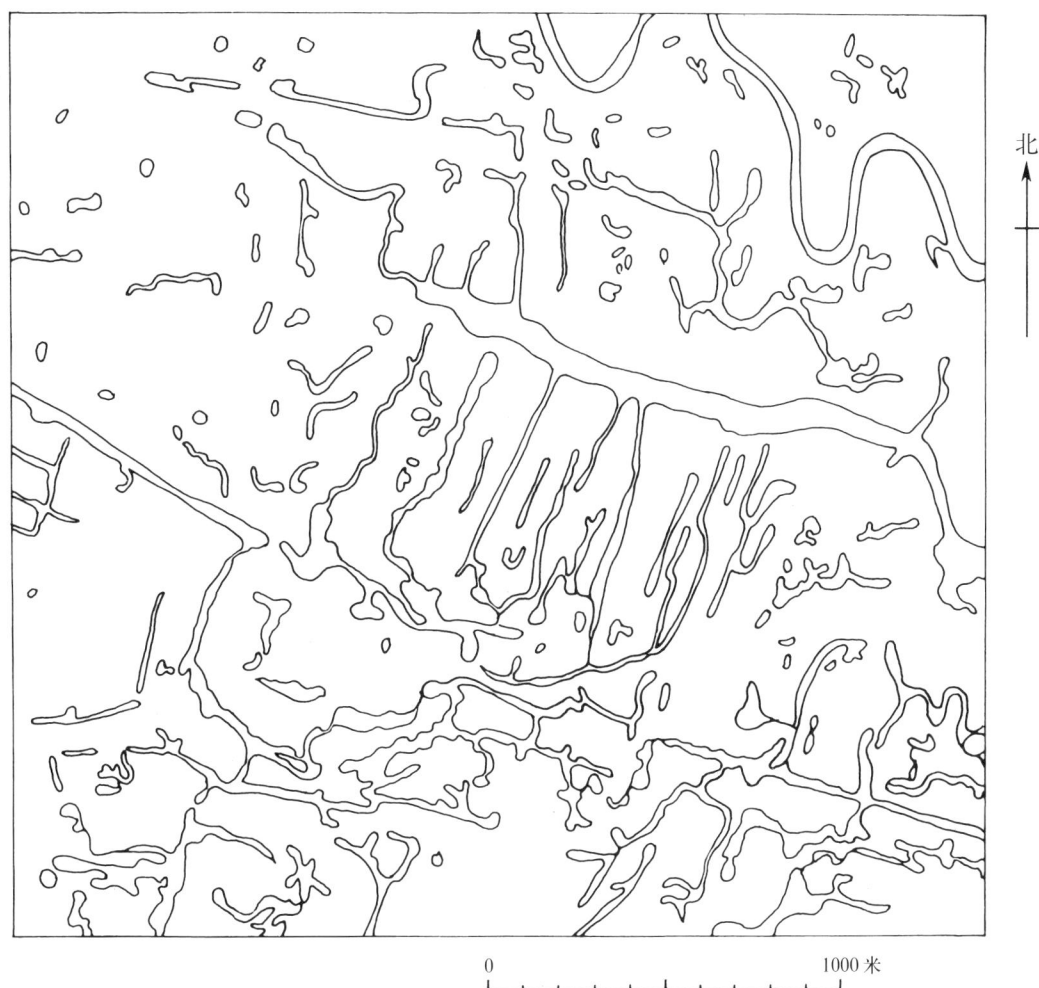

图七　澧县境内第三类型堰塘——沟渠型（排水地区）

拦截水流。

　　另外，在调查了自城头山遗址北侧东流的刘家河与东侧的方家河之间地区的堰塘名称后，发现大部分都具有"堰"字。例如，家堰、黄堰（标高42米）、湾堰、方堰、古堰、家部堰、堆子堰、野家堰（标高43米）、鞭子堰（标高42米）。另外，该遗址西侧更高地貌上还有庙大堰、西湖、中湖、潭堰、丰家堰、鸟公堰、东湖、井河滩、小情堰、大情堰（标高45米）等等。在实地调查时，多数人回答蓄水池为"堰塘"，通常把蓄水池称作"×堰"。

　　从上述事例可以断定，该遗址周边水田的传统灌溉体系，无论堰塘的规模大小，都是以与"堰"有关的蓄水方式为基础发展而来的。利用流经区域内的小河流及与其相通的、更小更浅的支谷等，确保充分的水源（堰塘），治理和开发水田。在"陂塘堰渠灌溉系统"方面，许多堰塘与后面将要说明的平地上的小河流一起发挥着重要作用。其时具体的灌溉手段是利用水力、牛力、人力等作为动力，筒车和水车也得到了广泛的使用。在笔者调查时也多次听到，现在仍保留着相当数量作为灌溉工具的筒车和水车（龙骨车）。但解放后建立了新的水利体系，有关这以前灌溉状况的痕迹已基本消失了。作为实例，仅看到一户农家保留着的水车车轴和民俗餐厅门前装饰着的龙骨车。

再者，龚胜生指出，有关耕地面积中塘（笔者称"堰塘"）的比例，湖北是 4.6%，湖南是 5.9%，以湖南塘（笔者称"堰塘"）居多。但是，在城头山遗址周边存在着许多堰塘，可以说这是个典型的事例吧。那为什么这一地区存在如此多这种设施（堰塘）呢？据《澧县县志》记载，在清代中期以后，由于人口增加，曾经把水塘改成水田。但是堰塘数量多与确保水田面积相矛盾。尽管如此，为何在遗址周边开挖这么多的堰塘呢？其理由是什么呢？关于这一点，龚胜生也没论述清楚。一般认为，传统稻作的时期与该地区气候条件的关系具有举足轻重的意义。

（二）传统灌溉体系的意义

解放前的稻作与现在不同，是单季稻。水田需要灌溉的时期是 5、6 月份的育苗、插秧期和 7、8 月份的营养生长期。另一方面，就气候条件而言，这一地区年降水量是 1300 毫米，而其中 4 至 9 月的降水量为全年降水量的 70%，这当中 60% 的降水量集中在 4 至 6 月份。因此，对于稻作来说，确保其育苗、插秧期的灌溉用水是不太成问题的，但由于营养生长期的降水量减少，人工灌溉就具有重要的意义。这里的气温最高时为 37℃，最低时为零下 3℃，年温差较大，但 7、8 月是一年当中气温最高的月份，从而加速了由于蒸发而引起的水分不足。

这里有堰塘增加的理由和存在的意义。《澧县县志》详细记载了这一地区干旱时期的灌溉状况。现简述如下。例如，1952 年不下雨的天数自 7 月 2 日至 10 月 10 日，历时 101 天，造成大部分的水库和堰塘基本上处于干枯状态，周边的河水断流，以至出现特大干旱。为了抗旱，当时出动了劳力 18 万人、23680 辆水车（龙骨车），改造了将近 9403 条水渠，挖掘了 1941 口水井。1960 年 7 月 7 日至 9 月 9 日间，仅 7 月 13 日下过小雨，致使堰塘干枯，当时出动了劳力 17 万人，投入了水车 18943 辆。在发生 50 年一遇干旱的 1972 年，由于降水量少，蓄水量少，以致 6 至 8 月形成了特大干旱。全县 82% 的水库和私人堰塘全部无水，98% 的河水断流。当时出动了劳力 14 万人，投入了水车 14126 辆。因此，传统的稻作是在水稻生长期中最重要的营养生长期遭受干旱的气候环境下进行的。现今的稻作一年数季，自当别论；而以前一年一季，因此抗旱就具有极其重要的意义。为此，人们开挖了许多堰塘，在降水量多的雨季蓄积灌溉水，以备夏季用水的不足。这种情况多见于现在的晚稻种植。现今由于水库供水，稻作的灌溉用水充足，但在末端水系条件差的地区，各处可见使用柴油机抽取以往的堰塘和小河里的水来补给供水的情况。

总之，在这一地区，水是极其重要的。在农村调查时听说，解放前，不仅有土地买卖，而且还有水的买卖和租赁等。因此，由于上述抗旱的需要，增加了堰塘，保有了水车。在对位于遗址西侧高地农村做调查时听说，干旱时，人们把 10 辆水车（龙骨车）连接起来一起抽水。除上述情况之外，必须指出的是堰塘还有另一种作用。即，由于该地区降水量集中在雨季，农田因而遭受洪灾，虽不是在山地和洼地，但降雨易在台地上溢出，临时蓄水有助于抗洪。

五　结语

本研究阐明了城头山遗址周边的水田不采用洞庭湖周边水田选址上具有特色的"垸田"形态，

同时对现代水利技术诞生以前的传统灌溉体系进行了考察。城头山遗址周边的水田选址与"陂塘堰灌溉系统"这种灌溉方式有着密切关联。但是，若与城头山遗址所发现的水田遗址联系起来看，本论文阐明的"传统的水利体系"的历史究竟能追溯到何时，还是一个问题。关于这一点，笔者完全没能涉及，在此我想从完全不同的角度来谈谈自己的感想。

在城头山遗址，距今至少在 6500 年以前就开始了稻作，并且还发现了城墙、居址、祭坛以及水坑、水沟等遗构（图版二二）。此遗构为世界上最早的水田遗构（约 6500 年前）或初期的灌溉体系，从而受到世人注目。当我们注意该遗址的位置时，发现其遗址的东侧为大范围的"垸田"，自西侧至山麓形成一大片平坦的台地。在这一地区的东、西两侧，现今几乎都是水田，形成了重要的稻作地带。东侧是所谓的低湿地带，西侧为缺水地区。在稻作向这些地区推广的过程中，开发了适应各自环境条件的水利技术。垸和堰塘就是具有各自特色的产物。另外，从包括该地域在内的洞庭湖岸低洼地带水田开垦史这点来看，城头山遗址的选址是极有意思的。该遗址具有正式开始稻作时"桥头堡"的意义。也就是说，在这个位置上建造城墙，形成一个具有与稻作密切关系的中心地，它暗示着发现水田稻作意义的人们拟正式开展稻作，并为之形成了一个稻作的生产据点。通过这次对遗址周边环境的调查，我感受到了先人们的这种战略眼光。

注　释

① 卫斯：《关于确定中国稻作起源地"三条标准"的补说——读"中国稻作起源于长江中游"》，《农业考古》2000 年 1 期。严文明、安田喜宪主编：《稻作 陶器和都市的起源》，文物出版社，2000 年。

② 安田喜宪：《大河文明的诞生》，角川书店，2000 年。

③ 湖南省文物考古研究所：《澧县城头山古城址 1997～1998 年度发掘简报》，《文物》1999 年 6 期。

④ 湖南师范学院地理系：《湖南农业地理》，湖南科技出版社，1988 年。

⑤ 罗望林主编：《湖南经济地理》，湖南科技出版社，1998 年。

⑥ 罗望林主编：《清代两湖农业地理》，华中师范大学出版社，1996 年。

⑦ 卞鸿翔、龚循礼：《洞庭湖区围垦问题的初步研究》，《地理学报》第 40 卷 2 期，1985 年。

⑧ 张之觉修、周龄纂：《澧县县志》，1939 年。

城头山遗址炭化稻米的遗传学研究

顾海滨（湖南省文物考古研究所）　　佐藤洋一郎（日本静冈大学农学部）

1997年，湖南省文物考古研究所与日本国静冈大学联合对城头山遗址水稻进行了DNA分析，并从中成功地提取出水稻的DNA分子。

一　材料的选取

此次共选取分析材料12个，其中遗址材料7个、对比材料5个。

选取的城头山遗址出土的7粒炭化稻和炭化米的形态可分为两类：3粒籼稻，4粒粳稻。

选取的现代水稻对比样品4粒，按形态可分为2粒籼稻、2粒粳稻。另外，再选取纯净水为对比样品。样品的编号等见表一。

表一　　　　　　　　　　　　炭化米及对比材料

样品编号	名　称	形态分类	样品编号	名　称	形态分类
1	炭化米	籼	7	炭化米	粳
2	炭化稻	粳	8	水	
3	炭化米	籼	9	现代水稻	籼
4	炭化米	粳	10	现代水稻	粳
5	炭化米	粳	11	现代水稻	籼
6	炭化米	籼	12	现代水稻	粳

二 炭化水稻 DNA 的提取方法

城头山遗址炭化稻、米 DNA 的分析步骤分为提取、扩增（又称 PCR）、电泳及测序四步骤。

（一）炭化米 DNA 的提取

炭化米 DNA 的提取步骤，多达三十余项，要求严格，在此仅简单叙述；所涉及的化学试剂为多种试剂的混合液，在此只用实验室中通用的符号代替。

①将样品洗净放入液氮中碾碎。

②取上述样品分别加入 SDS，离心沉淀，保留上部溶液；重复此步骤，但加入 KOAC。

③上述溶液中加入 B 混合液，离心，取下部沉淀。

④在上述沉淀物中加入 NAOAC 和乙醇。

⑤真空干燥。

（二）遗址炭化稻、米的 DNA 扩增

经上述提取的炭化米 DNA 量非常少，必须以此为母本，进行反复的复制，以扩大遗传信息。

DNA 扩增的流程复杂，在此仅将炭化米 DNA 的扩增原理叙述如下：

水稻 DNA 为一个螺旋状的双链结构，它有一个特性，在 96℃ 的高温情况下，双链解开，变为二条单链；当温度降至 55℃ 时，每一条单链上的碱基按照 A 和 T、G 和 C 可以相互结合配对，而 A 和 G、C，G 和 A、T 之间不能结合配对的原则进行配对。

将提取出的炭化米 DNA 重复上述两个步骤，但在温度是 55℃ 时，人为加入含有 A、T、G、C 碱基的反应液，让其与炭化稻、米的 DNA 进行配对。当温度升到 72℃ 时二条完整的螺旋状双链 DNA 复制完毕。不断重复此过程，原有的 1 个 DNA 分子扩增为 2 个，2 个扩增为 4 个，……以 2^n 的形式不断进入扩增（n 为重复次数）。

此步骤循环下去炭化米 DNA 的片段会不断扩大。

（三）DNA 的电泳

DNA 经电泳后才能观察。在电流的作用下，不同的对比材料 DNA 片段移动的速度是不同的。将分析材料的 DNA 放在琼脂板中，两端接上电源，在电流的作用下，DNA 在琼脂板上移动，留下类似食品带上条形码一样的 DNA 带型，不同的物种有不同的带型；反之，根据带型的位置也就可以判断不同物种。

（四）炭化稻米的测序

对炭化稻米进行测序的目的是为了判断经提取、扩增、电泳后的 DNA 就是炭化米的 DNA，而不是其他物质的 DNA，因为其他物质的 DNA 的带型位置偶尔会与水稻带型位置相同。

解决这一问题的关键是将炭化稻米的 DNA 碱基序列和现代水稻 DNA 的碱基序列相对比，假

若两者的 DNA 能进行碱基配对，说明提取物为炭化稻米的 DNA。

　　首先将遗址炭化稻米的 DNA 在高温下分离成二个单链，并将其涂在胶片上，然后放到同样分离成单链并染了色的现代水稻 DNA 中，如果在胶片上留下了染了色的 DNA，说明炭化稻米的 DNA 和现代水稻的 DNA 牢牢地结合在一起，两者之间的碱基配对成功。

三　城头山遗址炭化稻米 DNA 分析结论

　　城头山遗址 7 粒炭化稻米的 DNA 经提取、扩增、电泳、测序，样品 1、4、7 具有类似现代水稻粳稻的带型显示，其余 4 粒无水稻带型显示。因此可以确切地说城头山遗址炭化稻米的性质部分与现代水稻粳稻类似，而那些无水稻带型显示的炭化米，其 DNA 分子在地下埋藏 6000 多年的过程中，已经分解了，因此不再具有水稻的带型。

城头山遗址水稻的综合研究

顾海滨 （湖南省文物考古研究所）

经人工挑选、漂洗、化学分析等方法，在城头山遗址文化层土壤中发现各种水稻的信息，本文从炭化稻米、水稻硅酸体等方面综合论述其性质。

一 大溪文化时期炭化稻、炭化米及其类型

经人工挑选及土样的漂洗，我们在城头山遗址南部城墙下大溪文化时期的壕沟中（T6401 和 T6351 第 17、18 层）发现大量的炭化米和少量炭化稻。其数量之丰富，从一个侧面说明这些炭化米、炭化稻是当时人们种植的。为了正确对这些栽培稻进行分类，下面先简述一下现代水稻性状的分类依据。

（一）现代稻种分类依据

现代稻种的分类主要基于以下几项标准：籼、粳性，有无颖毛，黏糯性，芒之有无，护颖长短，颖尖弯曲度，米色，米味，谷粒形状，颖色，颖尖色等 11 项谷粒性状。而城头山遗址出土的炭化稻和炭化米能观察到的特征仅为谷粒或米粒的长短、形状、有无颖毛及芒。排除了谷粒的内在生化成分而区分其籼、粳性，主要看谷粒（或米粒）的长短和形状，下面就现代水稻这四个方面的特性加以论述。

1．籼、粳性

我国习惯上分稻为籼、粳两大类，籼、粳稻有许多不同之处，这是长期自然选择和人工选择的结果。从亲缘来看，杂交亲合力和同工酶的实验已说明籼、粳稻的亲缘关系已较远。从形态上来看，通常籼稻谷粒长，长宽比为 2.1～3；而粳稻谷粒宽，长宽比为 1.8～2.5。

在我国各地陆续发现的与栽培稻（*Oryza sativa* L.）亲缘关系密切的普通野生稻（*Oryza ru-*

fipogon Griff) 一般被认为是籼稻，但是最近日本学者森岛等根据普通野生稻生长的 24 个性状与 12 个及因位点的同工酶聚类分析结果认为，大多数普通野生稻是介于典型籼稻与典型粳稻之间，中国野生稻偏粳，而印尼、菲律宾野生稻偏籼。我国学者才宏伟等根据酯酶同工酶的分析结果也认为，位于湖南江永、茶陵及江西东乡的普通野生稻性偏粳，但是不排除栽培稻的基因流向普通野生稻的可能。因为栽部稻是自花授粉，而普通野生稻是异交率极高的植物。换句话说，普通野生稻性偏粳可能是受现代粳稻的影响。与上述观点不同的是，湖南省水稻研究所育种专家们用常规籼稻与茶陵野生稻杂交，其亲和性表现良好，说明茶陵野生稻与籼稻的近缘关系。鉴于这种原因，我们在本文中暂且采用传统的分类方案，将茶陵和江永普通野生稻归属籼稻类。

2. 颖毛有无

稻谷表面有的具颖毛，有的不具颖毛，不具颖毛的类型统称为光壳稻。光壳稻全为粳稻，且地理分布很特殊，主要分布在我国南方低纬山区，那里雨水多、云雾缭绕，而平原则少见，如今主要分布于云南。稻谷可分为陆稻和水稻，前者植于旱地，后者广植于水田。具颖毛和不具颖毛二种类型在陆稻和水稻中均存在，但比例不同。笔者根据《栽培稻种起源演变与分类方法研究》一文统计，在云南的 1802 份稻品种中，分辨出陆稻 661 份、水稻 1061 份；陆稻中具颖毛的为 211 份，不具颖毛的 450 份；水稻中具颖毛的 971 份，不具颖毛的 90 份。陆稻中具颖毛的品种占总量的 17%，水稻具颖毛的品种占总量的 83%。据湖南农科院水稻所孙桂芝教授介绍，湖南省光壳稻的 10 多个品种中，仅一个水生稻。因此可以说如果稻谷表面具有颖毛，有 83% 的可能是水稻，如果无颖毛则有 83% 的可能为旱稻。

3. 芒之有无

水稻的芒因环境不同而有较大的变异，不仅同一品种种群内芒之有无大有出入，而且同一品种在不同年份、不同地区种植，其芒也有变化，难以把握。普通野生稻具芒。现代栽培稻中粳稻中有芒的品种较多，而籼稻品种的芒却已大为退化，大部分无芒，即使有芒，也只在南方深水田及咸水田或不良环境下生长。但在有些较古老的地方稻品种中，籼稻有芒的类型也较多。

芒上一般具有刚毛。笔者在显微镜下观察了江永普通野生稻、茶陵普通野生稻及 6 个湖南古老地方品种栽培稻芒上刚毛的性质，发现普通野生稻芒上的刚毛长而密，栽培稻芒上的刚毛短而疏，有的为非常小的刺状颗粒，还有的表面较光滑。但是无论是栽培稻还是普通野生稻，芒上的刚毛都具有一个共同的特征，即近稻谷颖尖部分的刚毛长而疏，远离颖尖部分的刚毛短而密。普通野生稻芒上刚毛的长度变化范围为 50～260 微米，栽培稻芒上刚毛的长度不超过 120 微米（栽培稻和普通野生稻每品种测量 50 个个体）。这与汤圣祥等测量的普通野生稻刚毛长度的变化幅度 50～155 微米，栽培稻刚毛长度的变化幅度 27～58 微米有出入。出现这种情况的原因可能是所观察的稻的品种不同。笔者观察的六个带芒的栽培稻中，五个品种芒上的刚毛为非常小的刺或刺状颗粒，有一个品种芒上的刚毛稍长，性质与普通野生稻有些接近，这种稻的性质还有待于进一步研究。

4. 谷粒的形状

现代稻谷的长短、大小和形状是栽培稻分类的重要特性，在异地种植的情况下，同一品种形状变异小。一般籼稻品种的粒形为椭圆形和细长形，粳稻品种的粒形为阔卵形和短圆形。据中国农业科学院品种资源研究所《稻种资源观察调查项目及记载标准》记载：

谷粒长短：短，粒长在 7 毫米以下。

中长，粒长在 7.1～8 毫米之间。

长，粒长在 8.1～9 毫米之间。

特长，粒长在 9.1 毫米以上。

谷粒形状：短圆形，长宽比在 1.8 倍以下。

阔卵形，长宽比在 1.81～2.2 倍。

椭圆形，长宽比在 2.21～3 倍。

细长形，长宽比在 3 倍以上。

籼稻（O.sativa L. subsp hsien Ting）粒细长，多为椭圆形，少数短而宽，横断面稍扁平。长 5.1～11 毫米，多数在 7.1～9 毫米，长宽比为 1.8～3.3，多数为 2.1～3。颖均有毛，短而散生颖面，长度和密度变化小。多无芒，有芒者多短而直。

粳稻（O.sativa L. subsp. Keng Ting），粒宽而厚，多为阔卵形，少数长粒，横断面均带圆形。谷粒长 5～13 毫米，多数是 6.1～8 毫米，长宽比为 1.6～3.4，多数为 1.8～2.5。颖毛有或无，有毛的多长而宽，集生于颖尖或棱上，长度和密度变化大。具有长芒以至无芒，芒略呈弯曲状。

5. 米粒的长短和形状

由于该遗址大量保存的是米粒，因此有必要对米粒的形态进行研究。但现代稻米的研究比较注重米色、米味以及成分研究，忽略了米粒的形态，因此难以找到米粒长短、形状的描述。为了正确描述该遗址中出土的米粒，笔者对 21 种现代水稻谷粒及它们的米粒进行对比研究（名称见附表一），以求找到米粒的对应描述术语。研究表明，在现代稻种的 21 个品种中，谷粒短（小于 7 毫米）的品种有 3 个，与其对应的米粒长度小于 5.35 毫米；谷粒中长（7.1～8 毫米）的品种有 9 个，与其对应的米粒长度为 5.3～6 毫米；谷粒长（8.1～9 毫米）的品种有 6 个，与其对应的米粒长度在 5.8～6.4 毫米；谷粒特长（9.1 毫米以上）的品种有 3 个，与其对应的米粒长度达 6.4～7.25 毫米；谷粒短圆形（长宽比在 1.8 倍以下）的品种有一个，与其对应的米粒长宽比为 1.7 倍；谷粒阔圆形（长宽比在 1.81～2.2 倍之间）的品种有 6 个，与其对应的米粒长度比为 1.8～2 倍；谷粒椭圆形（长宽比 1.8～3.3 倍之间）的品种有 12 个，与其对应的米粒长宽比为 2.1～2.9 倍；谷粒细长形（长宽比大于 3 倍）的品种有 3 个，与其对应的米粒长宽比为 3.2～3.5 倍。根据以上米粒的变化规律，笔者在本文中对米粒的形态研究采用如下术语进行描述。

米粒长短：短：小于 5.5 毫米。

中长：5.6～6 毫米。

长：6.1～6.5 毫米。

特长：大于 6.5 毫米。

米粒形状：短圆形：长宽比小于 1.75 倍。

阔卵形：长宽比在 1.76～2 倍。

椭圆形：长宽比在 2.1～3 倍。

细长形：长宽比大于 3 倍。

二　城头山遗址出土炭化稻及炭化米的类型

（一）炭化稻的类型及性质

在城头山遗址大溪文化时期壕沟中经人工挑选及漂洗出的炭化稻谷，仅四粒保存稍完整，依长、宽可分为二类。

第一类：共 3 粒。谷粒长 8～8.5 毫米，椭圆形，长宽比为 2.67～2.8。颖有毛，短而散生颖面，长度和密度的变化小。有芒，但已断掉，在双目立体镜下可清晰地看见其断痕。从炭化稻具芒的性质看，似为现代粳稻，因为现代籼稻中带芒的品种很少。但从粒形、长宽比及颖毛分布等特征看则与现代稻谷中的籼稻相似。笔者将其性质定为与现代籼稻性质非常接近的古籼稻类。原因有三：其一，现代的籼稻（即现代改良品种）大部分芒已退化，这是自然和人工选择的结果，而地方品种还有带芒的籼稻。因此，五千至六千多年前，古人极有可能较普遍地种植带芒的籼稻。据湖南省水稻研究所资源研究专家统计，在湖南现保存的近 5000 份地方稻种中，籼稻有芒的品种占了总数的 10%。其二，如前所述，芒因环境的不同变异很大，不仅在同一品种群体内芒之有无大有出入，而且同一品种在不同年份种植时其芒的性质也有变化。因此，仅凭炭化稻具芒，就将该类型稻的性质认为与现代粳稻相似，似乎可靠性不太大。第三，不将其直接命名为籼稻，是因为籼稻和粳稻完全是现代水稻的两个亚种，古稻的许多生物学性质至今不明，不宜将其直接归入现代水稻命名中。

此外，这三粒炭化稻，有二粒可以观察到稻谷表面的颖毛。从前述可知，具有颖毛的稻谷有 83% 的可能是水生，由此推测城头山遗址大溪文化时期人们耕种的可能为水田。

第二类：1 粒。谷粒短（6.8 毫米），椭圆形，长宽比为 2.6。不具芒，颖毛不清楚。其性质可能类似现代籼稻也可能类似粳稻。

（二）炭化米的形态特征

城头山遗址大溪文化时期壕沟仅出土 4 粒稍完整的炭化稻谷，其余绝大部分为未保留谷壳的炭化米，而这些炭化米的类型从外观上看比炭化稻丰富得多。笔者选取 100 粒炭化米测量了长、宽，选取长、宽作为变量，利用计算机对其进行分类。通过 FZ-14 的聚类分析程序，100 粒炭化米分为以下七个类型。

类型 1：编号 22，米粒特长，椭圆形，平均长 6.62，平均宽 2.68 毫米，长宽比 2.47，数量占出土炭化米的 18%（即 100 粒炭化米中该类型为 18 粒，以下百分含量类推）。

类型 2：编号 23，米粒中长，椭圆形，平均长 5.91，平均宽 2.46 毫米，长宽比 2.4，数量占出土炭化米的 17%。

类型 3：编号 24，米粒中长，椭圆形，平均长 5.59，平均宽 2.12 毫米，长宽比 2.64，数量占出土炭化米的 12％。

　　类型 4：编号 25，米粒短，短圆形，平均长 5.11，平均宽 3.19 毫米，长宽比 1.6，数量占出土炭化米的 3％。

　　类型 5：编号 26，米粒短，阔圆形，平均长 4.83，平均宽 2.6 毫米，长宽比 1.86，数量占出土炭化米的 18％。

　　类型 6：编号 27，米粒短，椭圆形，平均长 4.64，平均宽 1.82 毫米，长宽比 2.55，数量占出土炭化米的 2％。

　　类型 7：编号 28，米粒短，阔圆形，平均长 4.27，平均宽 2.16 毫米，长宽比 1.98，数量占出土炭化米的 30％。

　　在以上七个类型中，类型 7 比较特殊，其米粒长均小于 4.5 毫米。而在现代水稻种植中，米粒小于 4.5 毫米的类型叫小粒稻，小粒稻由于米粒利用（人工选择）的局限性，已很少栽培了。据湖南省农业科学院孙桂芝教授介绍，该省 5000 多份稻种，仅有一种叫牛毛粘的水稻品种的米粒长短接近 4.5 毫米，其余均大于 4.5 毫米，这说明湖南省已基本放弃小粒稻的种植。而这种小粒稻在城头山遗址大溪文化时期壕沟中的含量可达 30％，说明古人水稻种植的品种与现代人不同。

　　上述七个类型的炭化米性质是接近现代水稻籼稻还是粳稻？笔者通过对现代 21 种栽培稻米（其中 15 种为籼稻，6 种为粳稻）的长、宽、长宽比及城头山遗址出土稻米长、宽、长宽比的对比研究，根据长、宽、长宽比三个变量，利用计算机对其进行分类，综合分析遗址炭化米的籼、粳性。

　　通过 F2－17 的聚类分析程序，将性质相同的样品聚合在一起。现代稻米长、宽、长宽比的平均值列为表一（每个样品测量了 50 个个体），而遗址七种炭化米长、宽、长宽比的平均值列为表二。

　　将表 1、2 的各项数据输入计算机，计算机便可自动给出样品间相互关系的谱系图（图一），换句话说，计算机将长、宽、长宽比三个性状联系紧密的样品聚在一起。从图一可以看出，当相关系数为 0.9993～0.9994 时，遗址样品可分为三类（相关系数越大，样品间的性质越接近）。

　　第一类：现代稻米代表品种编号为 1、3、7、8、9、10、12、13、14、16、17、18、19，这些稻为籼稻。而与其聚在一起的炭化米编号为 22、23、24、27、28，则可能为类似现代籼稻的古籼稻，占古稻的 79％（100 粒炭米中此类型占 79 粒，以下类推）。

　　第二类：现代稻米的代表品种编号为 2、4、5、11、15，这些稻为粳稻，与其聚在一起的炭化米编号为 26，判断其可能为类似现代粳稻的古粳稻，占种植古稻的 18％。

　　第三类：编号为 25 的炭化米在相关系数等于 0.9993～0.9994 时不与现代水稻品种聚合，其性质介于籼稻和粳稻之间，占种植古稻的 3％。

　　以上是根据炭化稻、炭化米的长、宽、长宽比对城头山遗址出土水稻进行的分类。

表一　　　　　　　　　现代水稻米不同品种长、宽、长宽比平均数值　　　长度单位：毫米

品　种	编号	长	宽	长：宽	籼、粳性	产　地
0036	1	5.88	2.35	2.5	籼	湖南
香米	2	5.43	2.9	1.87	粳	湖南
2804	3	5.77	2.46	2.35	籼	湖南
6833	4	5.51	2.82	1.95	粳	湖南
6834	5	5.75	2.74	2.1	粳	湖南
5400	6	5.29	3.0	1.76	粳	湖南
泰华粘	7	7.10	2.08	3.41	籼	广东
5480	8	5.81	2.38	2.44	籼	湖南
6315	9	5.44	2.54	2.14	籼	湖南
6337	10	5.65	2.58	2.19	籼	湖南
6831	11	5.75	2.96	1.94	粳	湖南
5465	12	6.27	2.46	2.55	籼	湖南
1543	13	5.58	2.33	2.5	籼	湖南
5472	14	5.98	2.43	2.46	籼	湖南
6809	15	4.86	2.52	1.93	粳	湖南
00512	16	6.34	2.29	2.7	籼	湖南
6379	17	5.6	2.56	2.19	籼	湖南
5413	18	6.07	2.29	2.65	籼	湖南
5009	19	5.98	2.57	2.33	籼	湖南
江永普通野生稻	20	7.05	1.76	4.0	籼	湖南
茶陵普通野生稻	21	7.15	1.91	3.74	籼	湖南

表二　　　　　城头山遗址 100 粒炭化米不同类型长、宽、长宽比平均数值　　长度单位：毫米

类　型	编号	长	宽	长：宽	百分含量
类　型 1	22	6.62	2.68	2.47	18
类　型 2	23	5.91	2.46	2.4	17
类　型 3	24	5.59	2.12	2.64	12
类　型 4	25	5.11	3.19	1.6	3
类　型 5	26	4.83	2.6	1.86	18
类　型 6	27	4.64	1.82	2.55	2
类　型 7	28	4.27	2.16	1.98	30

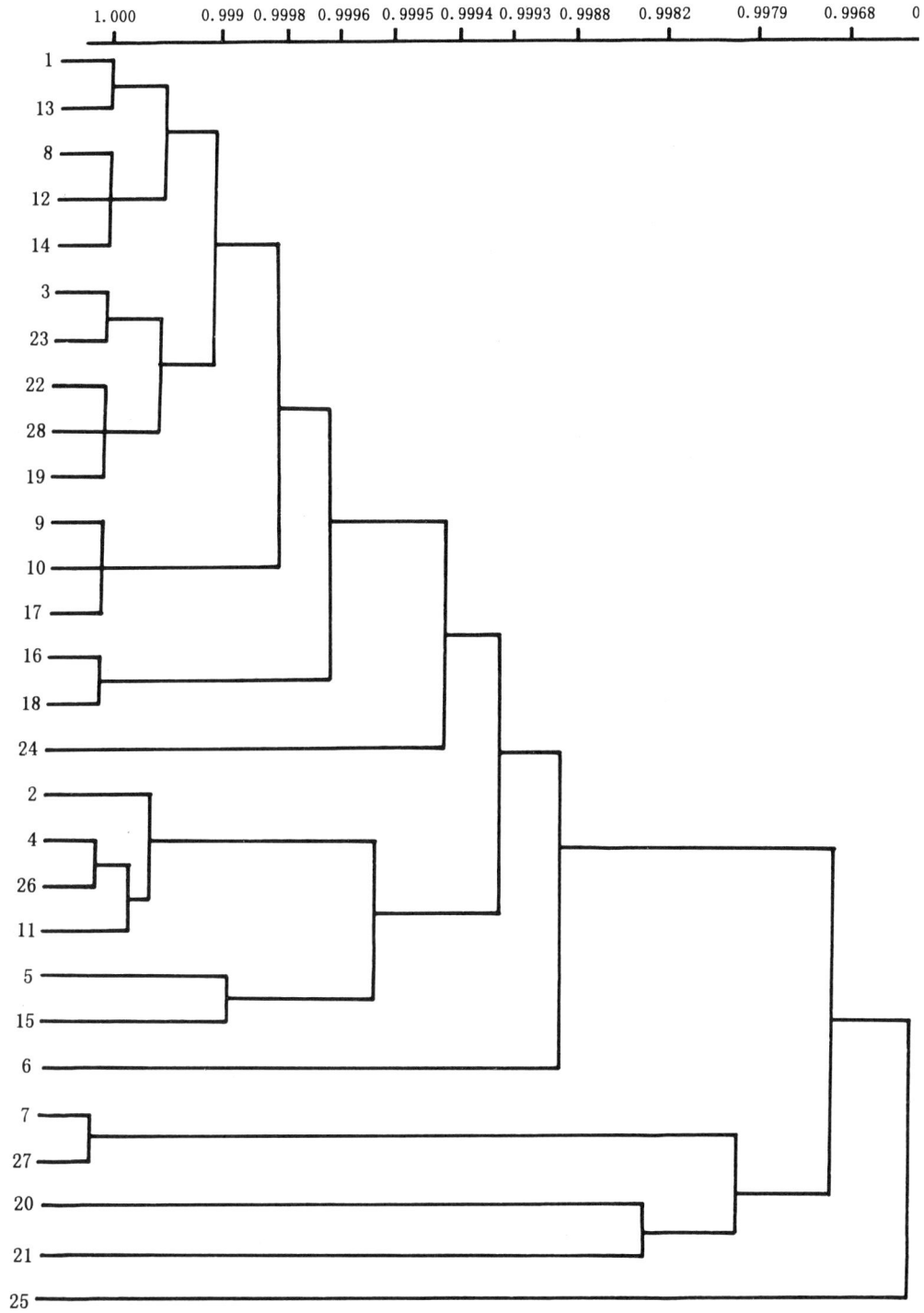

图一　炭化米聚类分析谱系图

三　城头山遗址水稻硅酸体特征

（一）扇形水稻硅酸体特征

选取城头山遗址南门 T6401 探方的二个剖面，共 20 个土壤标本，进行扇形硅酸体的分析。剖面 1 自上而下为耕土层、扰土层（1、2 层）、屈家岭中晚期文化层（3、4 层）、屈家岭文化早期—大溪文化层（5～12 层）、原生土白膏泥层（13 层）；剖面 2（1～7 层）为屈家岭文化时期古城墙填土自上而下的不同的堆积层。经分析除剖面 1 第 12、13 层有很少的水稻扇形硅酸体外，其他层位的含量均丰富。

由于 12、13 层硅酸体含量太少，因此未作统计研究，其余样品每层均统计 10 个个体。个体统计测量的指标为扇柄长（a）、扇面长（b）、扇柄宽（c）、扇面宽（d）、扇厚（e）。共得到原始数据 1000 个（原始数据太多在此不予列出）。

根据日本学者藤原宏志的研究，籼稻 a 的数值大部分小于 b，粳稻 a 的数值大部分大于 b。据此，对城头山遗址扇形硅酸体类型进行研究（由于样品数据太多，采用计算机进行聚类分析）。

研究结果表明[①]，剖面（1）第 1、3、4、10 层及剖面（2）的第 3、5、6 层扇形硅酸体的性质绝大部分表现与现代水稻粳稻相似，剖面（1）第 7 层扇形硅酸体性质绝大部分与现代水稻籼稻相似，其余文化层样品扇形硅酸体的性质是介于现代籼、粳稻之间。

（二）双峰硅酸体特征

水稻双峰硅酸体最主要的特征是双峰之间的间距。根据现代水稻的研究，粳稻双峰硅酸体双峰间距平均数值大部分大于 30 微米，籼稻双峰硅酸体双峰间距平均数值大部分小于 30 微米。

选取城头山遗址南门屈家岭文化中、晚期地层土壤样品 2 个，编号为南墙 3、南墙 4，选取屈家岭文化早期至大溪文化时期土样 5 个，编号为南墙 5、南墙 6、南墙 8、南墙 9、南墙 11。在上述土样中提取并获得大量与现代水稻稻谷双峰形态一致的硅酸体，用聚类分析的方法对遗址水稻硅酸体进行类型的判别。现代水稻和遗址水稻数据列为表三、表四。

表三　　　　　　　　现代水稻双峰硅酸体二峰间距　　　　　　单位：微米

现代水稻	双峰间距	类型	现代水稻	双峰间距	类型
0036	25.72	籼	5465	24.50	籼
香米	31.86	籼	1543	29.50	籼
2804	26.10	籼	5472	28.30	籼
6833	30.15	粳	6809	26.88	粳
5400	30.35	粳	0512	28.40	籼
6315	28.15	籼	6379	29.70	籼
6337	27.50	籼	5413	26.95	籼

续表三

现代水稻	双峰间距	类型	现代水稻	双峰间距	类型
6831	33.45	粳	5009	26.95	粳
6834	29.95	粳	野生稻1	32.05	
5480	29.47	籼	野生稻2	24.3	
泰华粘	26.95				

表四　　　　　　　　城头山遗址水稻双峰硅酸体二峰间距　　　　　　　单位：微米

编　号	水稻双峰硅酸体二峰间距	文化性质
南墙3	25　40　30　30　35　20　15　25　40　20	屈家岭文化中晚期
南墙4	40　40　15　20　25　25　30　25　40　10	屈家岭文化中晚期
南墙5	35　40　20　20　20　35　35　45　40　25	大溪—屈家岭文化早期
南墙6	25　25　25　10　20　25　20　25　25　25	大溪—屈家岭文化早期
南墙8	25　35　25　30　17.5　20　25　25　15　25	大溪—屈家岭文化早期
南墙9	25　20　25　30　20　20　30　25　30　25	大溪—屈家岭文化早期
南墙11	25　20　25　35　30　20　25　25　20	大溪—屈家岭文化早期

聚类分析的结果表明：

1. 大溪—屈家岭文化早期

分析样品5个，测量数据50个，其水稻双峰硅酸体的性质分为四类。

与现代籼稻双峰硅酸体聚在一起的有该时期的16个稻谷双峰硅酸体，判断其性质与现代籼稻类似，占总数的32%。

与现代粳稻双峰硅酸体聚在一起的有该时期9个双峰硅酸体，判断其性质与现代粳稻类似，占总数的18%。

与现代水稻籼、粳聚合在一起的有1个双峰硅酸体，判断其性质介于现代水稻籼、粳之间，占总数的2%。

还有占总数48%的24个双峰硅酸体未与现代水稻双峰硅酸体聚在一起。说明其性质既不同于现代水稻的籼稻，也不同于现代水稻的粳稻。

从以上稻谷的双峰硅酸体的聚类分析结果看，其类型与前面大溪文化炭化米的聚类分析结果相似。不同之处表现为各类型百分含量的不同。

2. 屈家岭文化中晚期

分析样品2个，测量数据20个，其水稻双峰硅酸体性质为三类。

与现代籼稻双峰硅酸体聚在一起的有该时期的5个双峰硅酸体，判断其性质与现代籼稻类似，占总数的25%。

与现代籼稻双峰硅酸体聚在一起的有该时期的3个双峰硅酸体，判断其性质与现代粳稻类似，占总数的15%。

还有占总数 60% 的 12 个该时期稻谷双峰硅酸体未与现代水稻双峰硅酸体聚在一起，既不同于现代水稻的籼稻，也不同于现代水稻的粳稻。

四 稻田及相关层位水稻硅酸体的检测

1. 1996 年冬季对城头山遗址东门进行了系统的采样。共取样 14 个，年代为大溪—屈家岭文化时期。取样层位详见表五。

表五 城头山遗址水稻田水稻硅质体一览表

层 位	扇形硅质体			双峰硅酸体 数 量	年 代
	α（籼）	β（粳）	α—β		
Ⅳ 期城墙	1	2			屈家岭文化中晚期
Ⅳ 期城墙					屈家岭文化中晚期
4 层	2	10	1	47	屈家岭文化中期
5 层		4	1	39	屈家岭文化中期
7 层		4	1	46	大溪文化二期
Ⅱ 期城墙 a		2		20	大溪文化二期
Ⅱ 期城墙 b				55	大溪文化二期
Ⅰ 期城墙 a		4	1	215	大溪文化一期
Ⅰ 期城墙 b		20	1	234	大溪文化一期
10 层		6		223	大溪文化一期
11 层		2		207	大溪文化一期
14 层	2	11		180	大溪文化一期水田
14 层底		2		18	大溪文化一期水田
16 层	1	2		54	汤家岗文化水田—水田底部

从检测的结果可以看出以下两点：

第一，水稻的扇形硅酸体类型以类似现代水稻的粳稻为主；

第二，大溪文化一期水稻双峰硅酸体的含量大大高于晚期地层，推测可能与人为的活动有关。

2. 1999 年在 T6405、T6404、T6355 的发掘过程中，取样 14 个，其硅酸体的性质如表六。

层　位	扇形硅质体			双峰硅酸体数　量	年　代
	α（籼）	β（粳）	α—β		
T6405（10）		8		13	大溪文化二期
T6405（11）			2	11	大溪文化二期
T6405（14）		2	3	21	大溪文化二期
T6405（生土面）		3		6	
T6404（17）				14	大溪文化二期
T6404（18）				7	大溪文化二期
T6404（19）					大溪文化二期
T6404（23）		1		7	大溪文化一期
T6355（19）				19	大溪文化一期
T6355（20）				7	大溪文化一期
T6355（21）				15	大溪文化一期
T6355（22）		5		42	大溪文化一期
T6355（23）		1		3	大溪文化一期

表六　　　　　城头山遗址 T6405、T6404、T6355 探方水稻硅酸体

从检测结果看：

第一，水稻的性质仍以类似现代水稻的粳稻为主。

第二，T6355（22）水稻硅酸体的数量与上下层位相比，含量较高。结合考古发掘的情况，疑为水田。

五　城头山遗址炭化水稻双峰乳突特征

对城头山遗址出土的 4 粒炭化水稻中的 2 粒进行了双峰乳突的研究，该项工作由中国农业大学张文绪教授主持完成。

（一）方法

选炭化稻谷作样本，粘于观察台上，真空喷金后置于 S－450 型扫描电镜下，对外稃的中段进行正面和侧面观察并拍照，根据照片图像作比较分析研究，性状的测定方法如下：

双峰距：为双峰乳突两峰间的距离，从一峰尖测量至另一峰尖的长度值，单位为微米。

垭深度：以两峰尖的连线为底边，垂直于垭的最深处的长度值，单位为微米。

距/深比：双峰距与垭深度的比值。

峰角度：以乳突峰两侧的切线为边，分别对左右两峰的角度进行实测，取其平均值，表示两峰内边的夹角，单位为度。

（二）结果

城头山遗址炭化水稻在电镜下测得双峰距、垭深度、距/深比、峰角度如下：

出土稻谷	双峰距	垭深度	距/深比	峰角度
稻谷 1∶1	17.84	2.43	7.34	95
稻谷 1∶2	27.57	4.86	5.67	87.5
稻谷 1∶3	24.32	3.24	7.51	95
稻谷 1∶4	21.08	2.43	8.67	85
稻谷 2∶1	25.95	0.81	32.04	105
稻谷 2∶2	17.84	0.81	22.02	120
平均值　稻谷 1	22.70	3.24	7.01	90
稻谷 2	21.90	0.81	27.03	112.5

将上述稻谷 1 和稻谷 2 平均值带入下列判别函数：

$$G（X）= 44.4788 - 0.43082X1 - 0.42632X2 + 0.07823X3$$

其中 X1 为双峰距，X2 为峰角度，X3 为距/深比。若 G（x）得正值者，判为 A 型双峰乳突，即具籼稻的特征；得负值者，判为 0 型双峰乳突，即具粳稻的特征。

城头山遗址炭化水稻判别结果如下：

稻谷 1 = - 3.1212　　　　具粳稻的特征
稻谷 2 = - 10.8026　　　　具粳稻的特征

六　城头山遗址水稻矿质元素分析

植物的矿质元素与土壤中的元素供给能力有关，也与植物的种类有关，不同的植物对元素的吸收能力并不完全相同，比如：禾本科植物富集硅的能力较强。在此次对城头山遗址出土的炭化水稻研究过程中，我们尝试对少量稻谷、稻米的矿质元素进行了分析，以求了解不同遗址水稻以及同一遗址出土的水稻稻谷、稻米成分的异同，为将来更深入进行水稻研究做铺垫工作。表七中给出了现代水稻、城头山遗址炭化水稻和马王堆墓葬出土的水稻矿质元素含量。

表七　　　　　　　　　水稻矿质元素含量（％）

名称	Al	Si	P	S	Cl	K	Ca	Fe
稻亚科平均值	未分析	7.36	0.14	0.21	0.66	2.25	0.44	29.5
城头山稻壳	9.76	31.47	3.79	8.12	1.48	7.8	7.06	30.55
城头山稻米	4.94	9.94	2.53	15.81	2.64	3.7	16.76	43.7
马王堆稻壳	1.80	65.58	1.30	1.82	1.47	3.20	18.47	6.36
马王堆稻米	—	58.58	—	—	—	11.78	12.72	18.90

从表七可以看出以下两个特点：

第一，不同遗址的水稻，矿质元素含量变化非常大。比如同为稻米，在城头山遗址中铝元素含量为 4.94，而在马王堆墓葬中铝元素却为痕量；城头山遗址出土的稻壳硅的含量为 31.47%，而马王堆墓葬中出土的稻壳硅的含量为 65.58%，两者相差百分之三十以上。

这充分说明，在古水稻的生长过程中，不同地点不同时期，地表土壤中各种元素的含量有明显差异，这种差异也许是造成水稻各种变异的原因之一。

第二，同一遗址中的水稻稻壳和稻米矿质元素的含量也是不同的。比如硅元素，城头山遗址稻壳为 31.47%，而稻米的含量却只有 9.94%，从这一点可以说稻壳比稻米更容易富集硅元素，这或许是稻壳在水稻生理过程中需要富集大量的硅以增加其硬度的原因。

总之，不同地点不同时间段的水稻矿质元素是有差异的，造成这种差异的原因可以是植物体本身的需要，也可以是环境的因素，或者是其两者的综合。

七　结论

通过以上炭化稻、炭化米、水稻扇形硅酸体、水稻双峰硅酸体四方面分析可以看出城头山遗址在屈家岭—大溪文化时期人们种植的稻有如下特点。

（1）古代稻可能是水生。

（2）古代稻为大小混杂的群体，其类型有的与现代水稻籼亚种类似，有的与现代水稻粳亚种类似，还有自身特有的非籼非粳类型。

（3）从粒形上看，城头山遗址水稻以小粒形为主。

注　释

① 文章发表于《考古》1996 年第 8 期。

参考文献

中国农业科学院品种资源所：《栽培稻种演变与分类方法研究》，油印本，1990 年。

广西野生稻普查考察协作组：《广西野生稻普查考察资料》，油印本，1981 年。

王永吉、吕厚远：《植物硅酸体研究及应用》，海洋出版社，1993 年。

张文绪：《水稻稃面双峰乳突的研究》，《作物学报》第 24 卷 6 期，1997 年。

张文绪等：《澧阳平原几处遗址出土陶片中稻谷稃面印痕和稃壳残片的研究》，《作物学报》第 24 卷 2 期，1998 年。

佐藤洋一郎：《长江流域的稻作文明》，油印本，1997 年。

王象坤、才宏伟等：《中国普通野生稻的原始型及是否存在籼粳稻分化的初探》，《中国水稻科学》1994 年 4 期。

游修龄、郑云飞：《河姆渡稻谷研究进展及展望》，《农业考古》1995 年 1 期。

顾海滨：《湖南澧县城头山遗址新石器时代水稻及其类型》，《考古》1996 年 8 期。

张文绪：《澧县八十垱遗址古栽培稻的粒形多样性研究》，《作物学报》，第 29 卷 2 期，2003 年。

城头山遗址建筑遗构之复原考察

宫本长二郎（日本东北艺术工科大学）

一　引言

在城头山遗址中央偏西（第二发掘区）部位，发现了大溪文化时期的一处墓群（未发掘）和一条南北向的基槽。在用红烧土铺垫的夯土台基上发现了多处屈家岭文化时期的房屋建筑遗构，包括屈家岭文化早期前段的 F88、F23、F57，属于屈家岭文化早期后段的 F87，以及压在 F87 之上属于屈家岭文化中晚期的 F86（清理 F87 时已将 F86 遗构完全铲除，因此在图一中未能表现。F88 未能彻底清理，其平面形态和结构也不是十分清楚）。在 F88、F23、F57 之北，是用红烧土铺垫、两侧有排水沟、贯穿发掘区东西的屈家岭文化早期修造的道路。因发掘面积有限，未能揭露道路的东、西尽头。F88、F23、F57 在同一地层，在功能上相互配合（编者注：发掘时显示的地层与宫本先生事后观察的有出入，F88 是压在 F23 和 F57 之下，而 F87 与 F23、F57 为同一地层，因宫本先生本文主要是对遗构的复原，因此编者未对各房址的地层和时代加以更正）。

笔者于发掘结束后的 2000 年 12 月底对遗址进行了三天的考察，并就本发掘区内的建筑遗构作了建筑学上的研究调查。首先对航拍的照片进行描图并制作遗构略图，在相互对照后弄清了建筑遗构的具体平面形式。之后，在得到大幅遗构平面彩照和 1/100 缩尺照片后，加上在现场无法确认的柱洞等新的信息制作了遗构图（图一），在此基础上进行了如下所述的建筑遗构之复原考察，同时介绍了日本史前时代的类似事例。

二　遗构状况

因不了解发掘调查的全过程，现记述的是其结束时的遗构状况。调查区设定在城头山遗址中央偏西处东西 32 米、南北 26 米的范围内，部分还设定了延伸区。遗构面分上下两层。

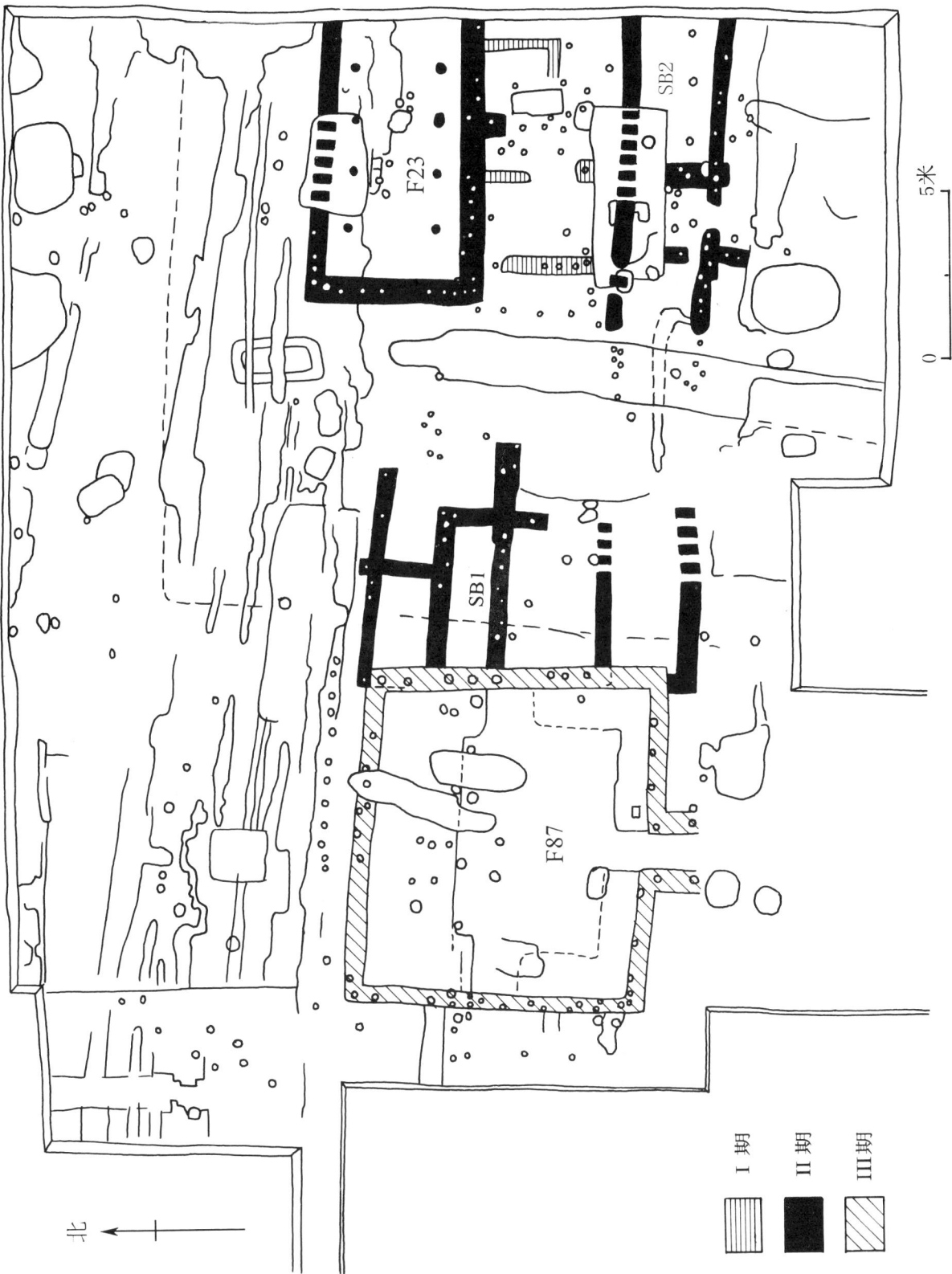

图一 城头山遗址二区屈家岭文化遗构平面图

下层遗构红烧土又可分为上下两个层面，下层面遗构为调查区东端以西 10 米处的南北向基槽和位于此基槽南端东面的墓坑。基槽长超过 14.5 米，延伸至南端调查区外，宽度北端为 1.4 米，窄狭处 0.7 米，其他为 1.5 米，深度为 1 米多。基槽底部为 20 厘米左右的堆积土层，上面用红烧土填埋。墓坑直径 1.8 米，出土有人骨和陶片。根据基槽内堆积土和墓坑中的陶器形式，推定这些遗构的年代为大溪文化时期。红烧土上层面遗构为构状柱槽（房屋基槽）和后世的灰坑。时代为屈家岭文化时期。目前所见的建筑遗构均在红烧土上层面，包括屈家岭文化早期前段的 F88、F23、F57，屈家岭文化早期后段的 F87 和屈家岭文化中晚期的 F86 等。在上、下层遗构北约 8 米处，有一条东西向由红烧土铺筑、宽 2 米的道路，其筑造时代为屈家岭文化早期前段，与 F23、F57 大体同时。

三　建筑遗构的复原考察

F88

现清理出东、西两组由基槽、柱洞和居住面组成的房屋建筑遗构，中间有南北向大基槽分隔。发掘者将其统称为 F88。但笔者仔细观察，认为基槽东、西各为一处建筑遗构，地层和性质均不全相同。因此，现将其分别以 SB1 和 SB2 命名。SB2 为大基槽东面的遗构，仅存东侧基槽的南段和向南基槽的转角、基槽的西南段和处于屋内的一条南北向隔墙基槽的残段，另室内有众多零乱的小柱洞，门道似在南墙偏西。遗构南北 4.7 米，东西近 7 米（图一），其地层显示早于 F23 和 F57，也应略早于大基槽西侧原视作 F88 的一部分，笔者认为与 SB2 为不同建筑体而将其称作 SB1 的遗构。SB1 遗构西侧基槽部分因被 F87 所压而未被清理。现清理出来的遗构可分为两组共五小间。北面一组三间为主室，西侧为长度不同的两间长方形小间，东侧为向东突出的拐角房。南面一组为长、宽相近的并列长方形两小间，SB1 西侧基槽南北两端拐角处已获清理，长达 10 米，现存最长一条东西向基槽约 7 米。南面一组的南小间和北面一组拐角房的东侧基槽未被发现，但主室北向东转而南折的 L 形基槽暗示在南端存在过主室东正面入口，可以推定拐角房南面和主室东北角也有入口存在过。室内主柱洞依屋脊分割，以进深 2.5 米的间距并列于东西侧，东侧 6 个，西侧 5 个，其中西侧的 5 个和东侧的 3 个为主柱洞（图二，1）。主柱的面宽、间距因分割需要并不相等。从小间的主柱与建筑物四角的关系看，此建筑屋顶呈歇山顶或四坡顶形式，但可以认为，它是一座以分割主室的中央壁柱为脊柱的四坡顶建筑（图五，1；图六，1）。

F23

位于调查区东部中间位置，是一长 8 米、宽 4.5 米的横置长方形建筑物。北、西、南侧围有宽 70 厘米的基槽，东侧基槽在调查区外。基槽内每隔 50 厘米并排有壁柱洞，南侧西端往东 5 米处有突出形基槽。

屋内依屋脊分割并列有两排主柱，立有支撑脊檩的脊柱。两排主柱西侧的壁柱和柱筋整齐，而壁柱的柱距有些不齐，平均 1.7 米，自西侧数面阔超过 5 间，主柱进深 2.6 米。脊柱也是西面壁柱和柱筋整齐，自壁柱不到 4 米的等间距内发现了二根脊柱。因此，可以推定两间建筑的东西规模为脊柱柱间 3 间，主柱柱间 7 间（参见《澧县城头山——新石器时代遗址发掘报告》图一二三）。

南面突出形的基槽位置，自主柱柱间西壁面第3间与柱筋合而为一，因未发现与此柱间对应的南侧基槽内有壁柱洞，可以认为，存在过用作东低墙的突出形出入口（图二，2；图六，2）

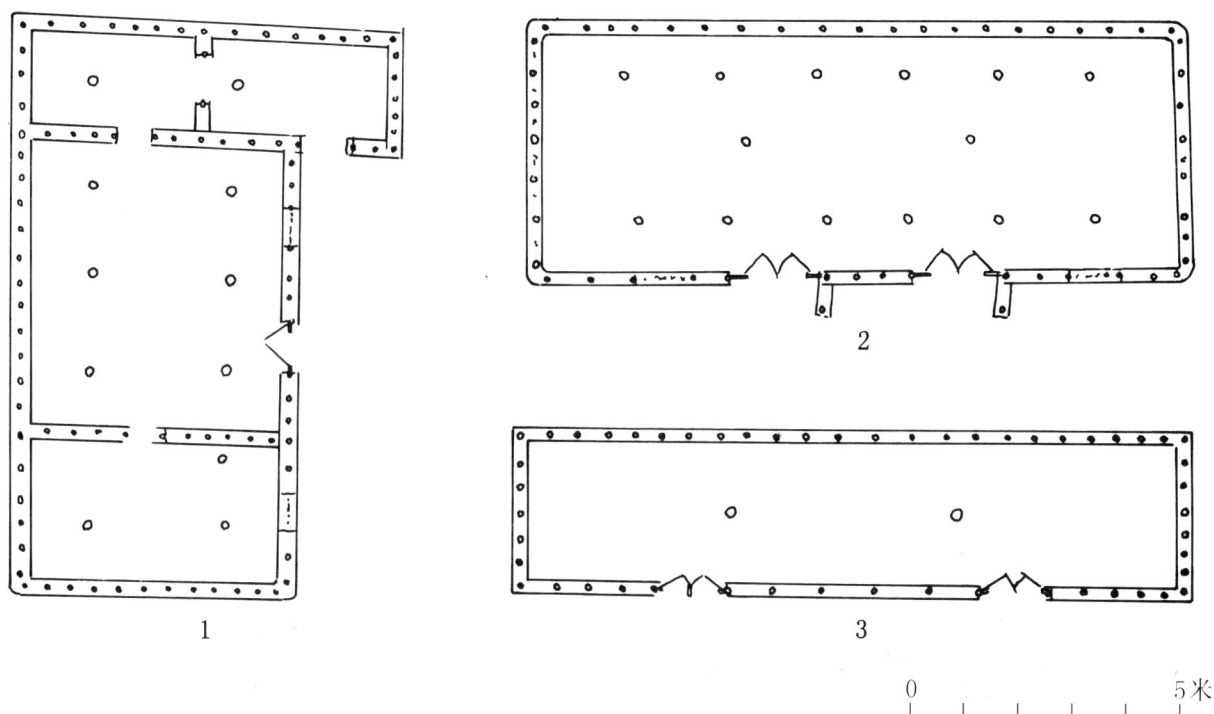

图二　SB1、F23、F57平面图
1.SB1室内主柱洞　2.F23室内柱洞和南墙突出形出入口　3.F57脊柱柱洞

F57

F57为位于F23以南、间距约1.2～1.8米的横置长方形建筑物。二条平行的基槽（宽40厘米）为南北侧，西侧为狭窄的基槽（宽25厘米），槽中央有脊柱。其规模东西长9.7米，南北宽7.9米（依发掘报告数据），东端伸入未发掘区。推定其入口为南基槽的断开处，其两侧壁柱间距（入口宽度）为2.4米（依本文作者提供数据）。

北基槽遭大灰坑破坏，仅发现调查区偏东的一部分，但灰坑中两小岛之间与基槽的西延伸线相一致，残留有基槽的一部分遗迹。又，西延伸线上的小方形灰坑位于与南基槽西端部分相对应的位置上，在遗构面上可以看出它与大灰坑的土层不同。

在建筑物内部发现了60个柱洞，西侧脊柱向东3.8米和8米处的柱洞若为脊柱的话，那它的排列与F23的脊柱间距相同，即与F23一样，东西规模是脊柱柱间的3倍（即12米）。又，F57除F23的南北挑檐外，为主柱柱筋改为侧壁的双坡顶建筑，可以说F57也是同样的结构形式（图二，3；图五，2；图六，3）

F87

F87是位于发掘区西部，东西9米、南北9.5米的长方形建筑，四面绕有基槽，基槽在南面中央南折，伸出长1.95米、宽1.15米的突出形入口。基槽外侧的东、西、北面有支撑挑檐的支柱洞与基槽平行。南、西两排支柱洞离基槽中线1.7米，北面支柱洞立于低一层的地基上，距基槽中线1.6米，东面由于已发掘至下层遗构面，支柱洞位置只能大体推定（编者注：挑檐柱涉及数据均依本文作者提供，与发掘报告稍有出入）。

占屋内面积三分之一左右的后部，东、西壁南部和南壁（除门道外）的沿墙处有红烧土筑造的土台，并存在立于北面三分之一空间南沿的柱洞列。台状遗构南面、东面和西面、北面宽台尺寸分别为 1 米、1.5 米、2.6 米，高度约 0.8 米。屋内地面由于后代的破坏，保存状态较差。沿南墙台状遗构发掘时可见方格状的细槽痕迹，可能是在台状遗构上面架圆形建筑材料，并铺设木地板。

距北基槽中线 2.6 米的中间部位相距 2.3 米，东西各一较大的柱洞，可能为主柱洞，以南北中轴线为界，东西对称。推测用以立二根主柱支撑脊檩，自脊檩两端至四角的侧壁柱、挑檐支柱架设角梁，因此推定 F87 为四坡顶建筑。又，在连接主柱洞和四壁角柱洞的角梁线中间，存在支撑檩条的柱洞（图三；图四，1、2）。

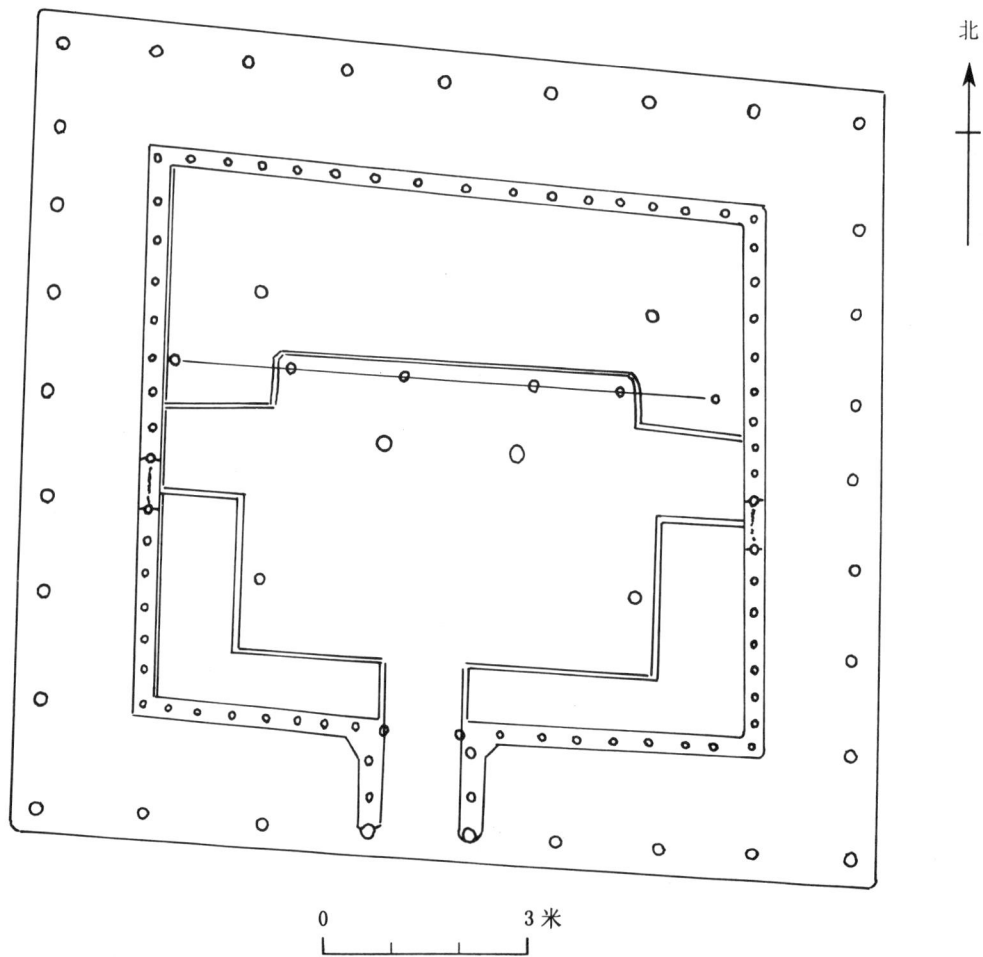

北

三　F87 平面图（经过整理，与《澧县城头山——新石器时代遗址发掘报告》所附现场绘图略有区别）

在屋内发现的柱洞，不可能依此用固定的墙体分割，推测是用布制的帘子将屋内的各部分（台状遗构部分和其他部位）进行临时性的分隔。

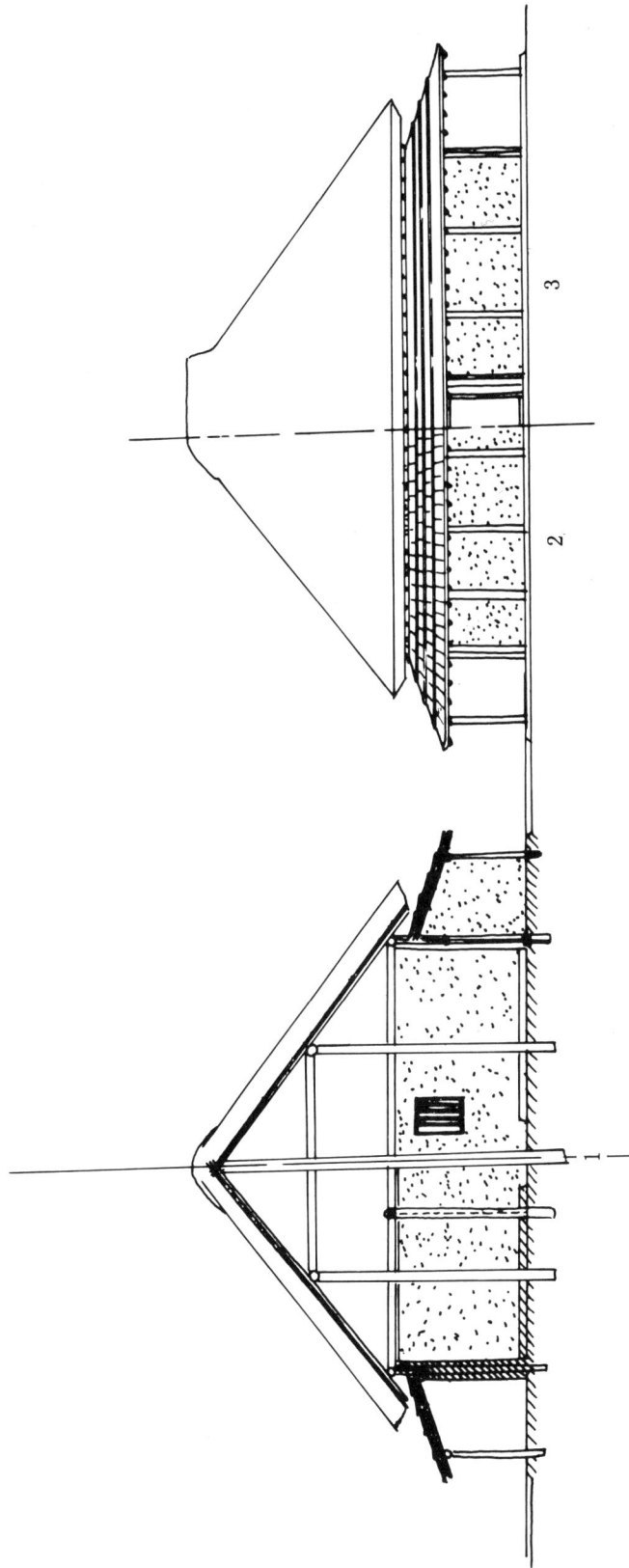

图四　F87 梁架结构复原图
1. 剖面　2. 侧立面　3. 正立面

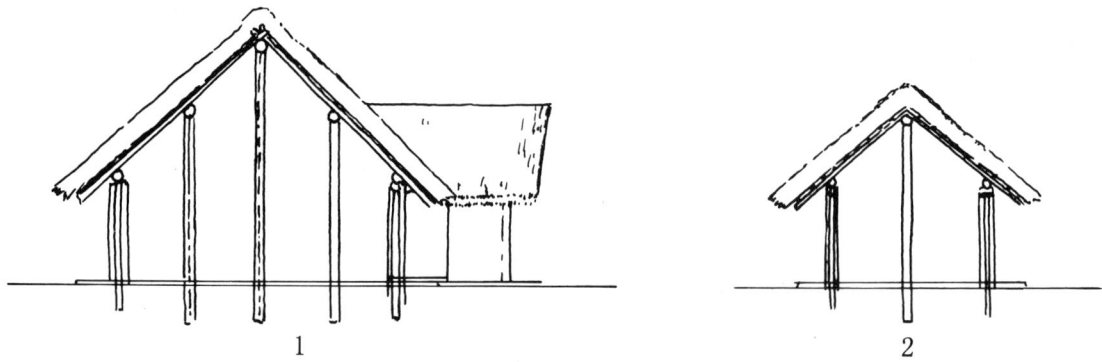

图五　房屋剖面复原图

1. SB1　2. F57

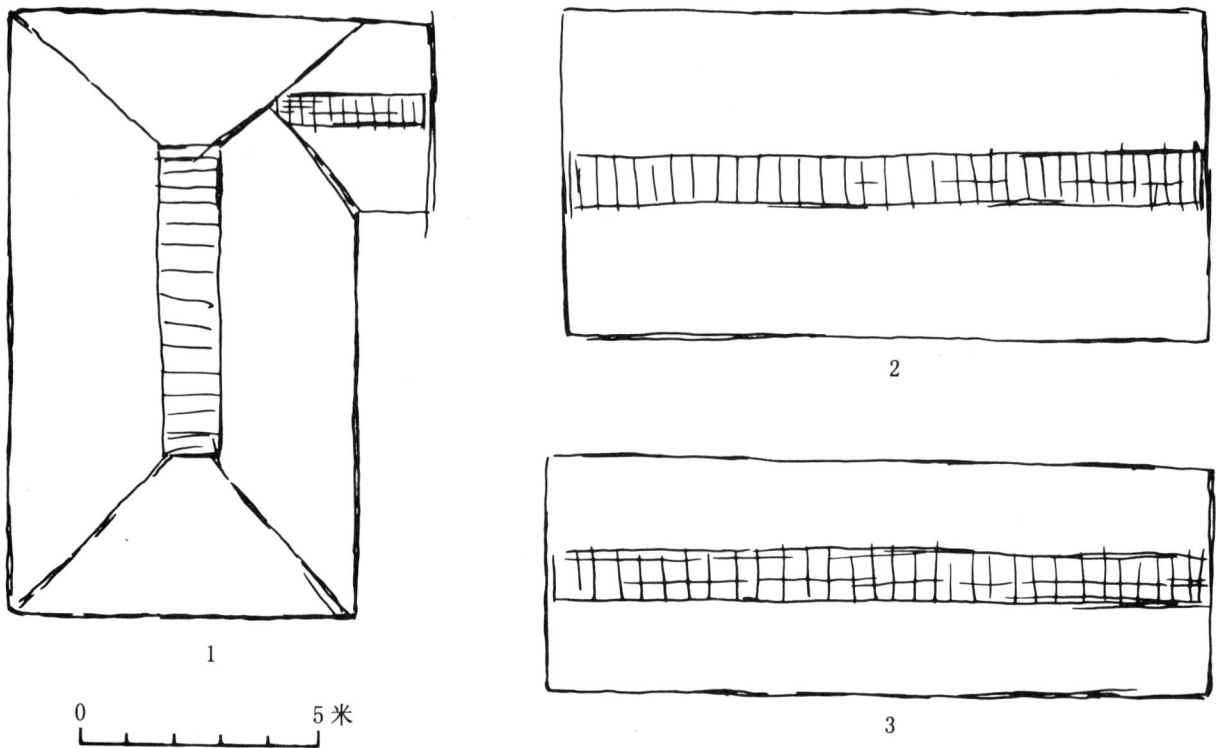

图六　房顶俯视图

1. SB1　2. F23　3. F57

四　建筑特点和功能性质

城头山遗址上、下层遗构在建筑上有如下共同特点：

第一，建筑物的侧壁在基槽内每隔 20～50 厘米立柱，为泥墙式；

第二，脊檩、檩条不采用在梁上架人字形支撑的形式，而采用在地上立脊柱和主柱支撑的古老形式；

第三，主要建筑 F87、F23 的出入口存在突出形矮墙；

第四，建筑物规模和柱洞尺法有固定的规格。

其功能性质从建筑形式中可以看出，即下层遗构和上层遗构最大的不同点是地基土层的不同。

下层遗构由夯土地基和在其地基上敷垫红烧土后建造的屈家岭文化初期建筑群组成。从红烧土在城头山遗构的东门内地基上也广泛存在，以及建筑物平面形式和正殿（SBI）、前殿（F23）、侧殿（F57）的排列形式可以看出，其具有祭祀祖先、举行仪式的宗庙性神殿的性质。

屈家岭文化早期后段建筑物 F87 是在屈家岭文化早期前段 SB1 上填土平地建造的，从不使用红烧土和住居性质的平面形式及原为旧宗庙遗址等可以看出，这是组成城内首领住居的主要建筑物，其特点是近似正方形的平面形式和台子状遗构的住居性质。其规模大以及开放式空间分割的存在证明后房作为首领的专用空间，是举行首领仪式的祭政殿。

五　与日本史前遗址的比较

1. 聚落组织

城头山遗址四周围有大规模的城墙（夯土墙）和环壕，城内建造有墓地、祭祀场和首领住居。绳纹时代前期以后，统治日本各地的重点聚落将领土内的成人墓地集中在聚落内，并在墓地设立祭祀场，举行以祭祀祖先为主的祭祀活动，以此炫耀首领的权威。如栃木县宇都宫市根古谷台遗址（绳纹时代前期中叶）为墓地内的祭祀场遗构，它同时也具有作为首领住居的大型建筑物。在具有大型祭殿形式这点上它与城头山遗址相同，因此两遗址在文化上存在共同点。

弥生时代重点聚落的墓地多建造在聚落外，但继绳纹时代以后，形成了以祭祀场和首领住居为主的聚落组织形式，同城头山遗址一样，也建立了围有夯土墙的环壕聚落。

2. 基槽

由 F23、F87、SB1 基槽组成的侧壁结构和排列有二列主柱的建筑形式，有前述根古谷台遗址的大型建筑物实例。所不同于城头山遗址的是，根古谷台遗址不见脊柱，但可以说两遗址在时代上属同一系列。绳纹时代的类似实例仅根古谷台遗址一处，其结构形式为竖穴住居和平地住居所继承，但基槽形式还未得到普及，而在弥生时代的北九州、山阴、北陆地区的干栏式建筑和6世纪末滋贺县穴太遗址的壁立式平地住居中间歇性地出现过。

3. 屋内脊柱

支撑屋顶脊檩的脊柱，在日本北海道地区的绳纹时代早期、东北地区的绳纹时代前期遗址中的竖穴住居和山形县绳纹时代前期前叶的壁立式平地住居中，发现了最早的实例。

与城头山遗址 F87 同一形式，即二根屋内脊柱的建筑形式，在日本，伴随着绳纹时代晚期至弥生时代稻作文化的植入，出现于北九州地区的大型立柱建筑物中，古坟时代在西日本至中部东南地区得到普及。

但是，竖穴住居中二根主柱的形式出现于绳纹时代（如北海道），于弥生时代（如日本海沿岸地区）至古坟时代前期得到普及，而在中国内陆理应自古就有广泛的分布。

4. 突出形入口

绳纹时代后期和晚期的壁立式竖穴住居和壁立式平地住居中设有突出形入口的实例主要分布在关东地区，但不同于城头山遗址，属其他系列。同系列的突出形入口出现在滋贺县穴太遗址（6世纪末），基槽、单侧矮墙与挑檐支柱形式没有时代上的距离感。

5. 台子状的遗构

日本的台子状遗构实例见于竖穴住居，此种形式的建筑于绳纹时代前、中期分布于北海道、东北和北陆地区，为主柱和竖穴壁间地面高于其他屋内空间的形式。如 F87 那样，台子状遗构不连续的形式或部分高于其他的实例发生在弥生时代中期的四国、九州地区。弥生后期至古坟时代前期，在除东北、北海道地区以外的全国各地得到了普及。

六　结语

如上所述，城头山遗址中屈家岭文化时期的聚落组织和建筑形式，与绳纹时代前期至古坟时代所分布的特点相一致。时间上是在屈家岭文化时期前后和稻作植入期从长江流域引进的。例如，保大、穴大遗址因为炕的存在被认定为朝鲜半岛系归化人的聚落遗址，可以认为是长江流域文化的间接植入。

城头山遗址的建筑文化在漫长的岁月里间歇性地被引进到日本来，虽没有完全普及这种形式，但使用其技术并加以变化，对新建筑文化的形成产生强烈影响。日本建筑的特点是绳纹时代以后的各时代过渡期都发生很大的变化，其变化的重要原因之一就是与邻近各国交流后受到影响，从而产生了多样的地方文化。其中，长江流域文化予以了绳纹时代前期和弥生时代社会、建筑技术发展的重大影响，可以说通过城头山遗址的调查更加清楚地说明了这一点。

澧阳平原初期农耕遗址的数字
（照片）测量及复原

安田喜宪（国际日本文化研究中心）　　　宫冢义人（宫冢文化财研究所）

一　遗址航测作业

这次实施航测的遗址共四处，即城头山遗址、彭头山遗址、鸡叫城遗址和八十垱遗址。不仅制作了地形图，而且为了更加便于了解范围广阔的遗址群，还进行了 CG（计算机图形的制作）。

航测作业流程如下：拍摄→标定点测量→补测→照相处理→获得数字数据→制作数字化镶嵌图→图形化→制作草图→制作原图→制作地形模型→制作 CG（制作动画图）。

1．拍摄

在中国国内因不能使用飞机拍摄，故航拍使用了遥控模型直升机。所搭载的相机为 6×6 胶卷的勃朗尼相机和数字相机。数字相机在当地打印，以便于其后的作业（标定点测量、补测）。

以 6×6 胶卷的勃朗尼相机为主，进行了 60% 重叠摄影式立体拍摄。在范围广阔的遗址群，将遥控模型机的高度定在 200～250 米。高度 200 米的拍摄条件如下所示：

相机	拍摄缩尺	拍摄范围
6×6（镜头焦距 f=38mm）	1:约 5260	约 295m×295m
数字相机（同上 f=20mm）	1:10，000	约 217m×155m

2．标定点测量

打印所拍摄的图像，实施了标定点测量（将图像上的位置与现场重合测定坐标）。测量使用了光波测距仪。

3．补测

有关重要遗构部分和地形的转换点等，参考打印后的图像在现场进行了补测。数字相机的拍摄在现场很容易予以确认，以便于海外调查。

4．照相处理、获得数字数据

回国后进行了照片的冲印处理，扫描用于图形化的照片，予以数字数据化。

5. 制作数字化镶嵌图

对于范围广阔的遗址群而言，拍摄一幅照片难以弄清全容，因此将扫描后的数据图像在电脑上进行拼接。每幅画像的倾斜度都较大，拼接前要先进行几何补正，以修正倾斜度（图版二三）。

6. 图形化

为使数字数据化后的立体模型具有立体感，随后进行图形化。所使用的图形化系统为意大利西斯卡姆公司生产的 Stereo Metrio Pro 系统。

7. 制作草图

打印图形化数字数据，同时参考现场补测的数据，制作用铅笔誊写的草图。

8. 制作原图

根据校正过的草图，制作摹写的原图（图一～四）

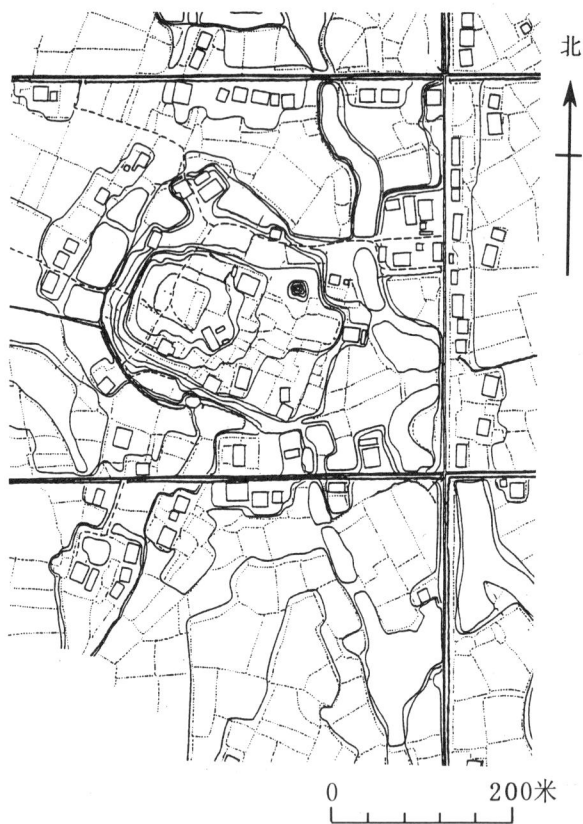

图一　彭头山遗址

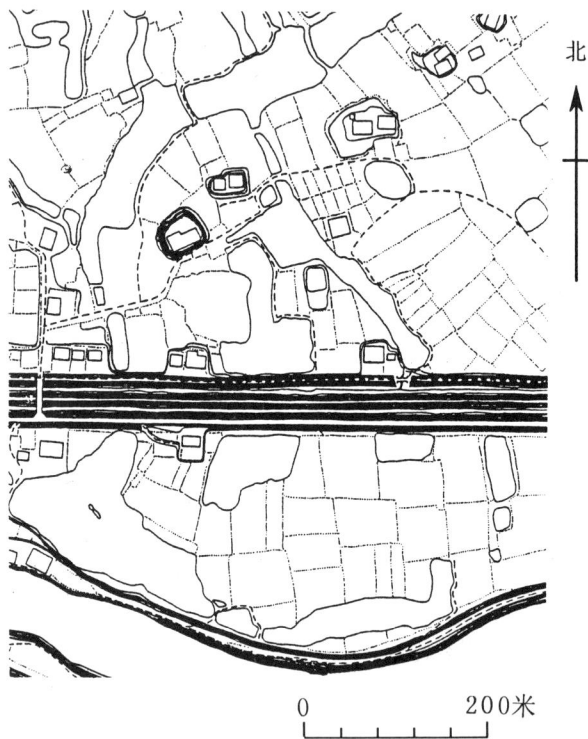

图二　八十垱遗址

9. 制作鸟瞰 CG

从地形图获取等高线信息制作 CG（图版二四），并贴上现在状况的数字化镶嵌图。八十垱遗址因拍摄范围较小而未能制作 CG。

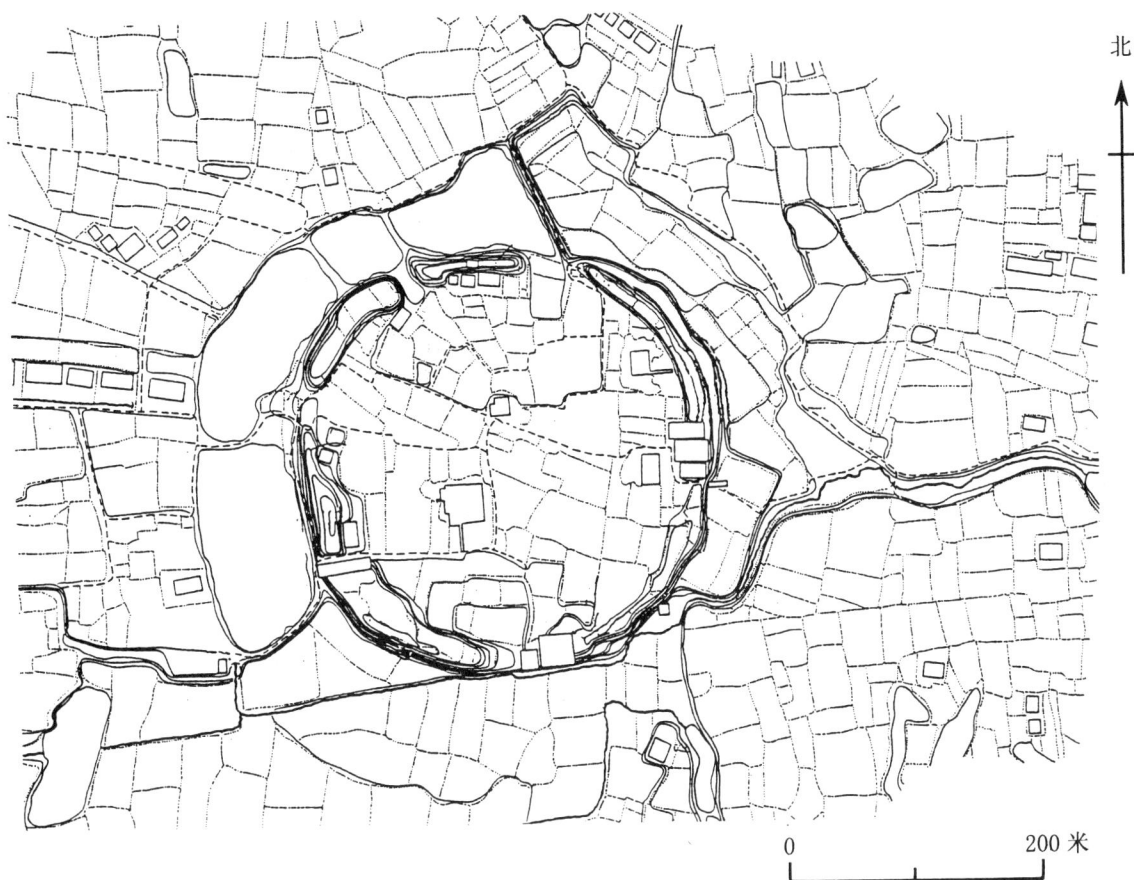

图三　城头山遗址

二　城头山遗址各期变迁复原

经过参与合作的三年的发掘调查，弄清了城头山遗址的变迁过程，特别是根据 2001 年 12 月在东门和南门挖掘的探沟，弄清了城头山遗址四次扩展的情况。现根据这些资料追记城头山遗址各时期的变迁情况。有关部门的详细报告可参考高桥学、河角龙典的文章《长江中游澧阳平原的微地形环境与土地开发》（见本书）。遗址各期变迁复原分三个步骤：（1）制作模型。（2）地形复原。（3）环境复原。

（一）城头山遗址的模型制作

1. 基本上利用前述数字（照相）方法制作地形图。由于Ⅰ～Ⅳ期地形模型的探沟信息少（只有二处的数字），探沟外部分为推定复原。

2. 制作现状地形模型

依据地形模型制作的地形图，抽取等高线推定复原而成（图五），再根据等高线数据制作 DEM（数字地形模型）。

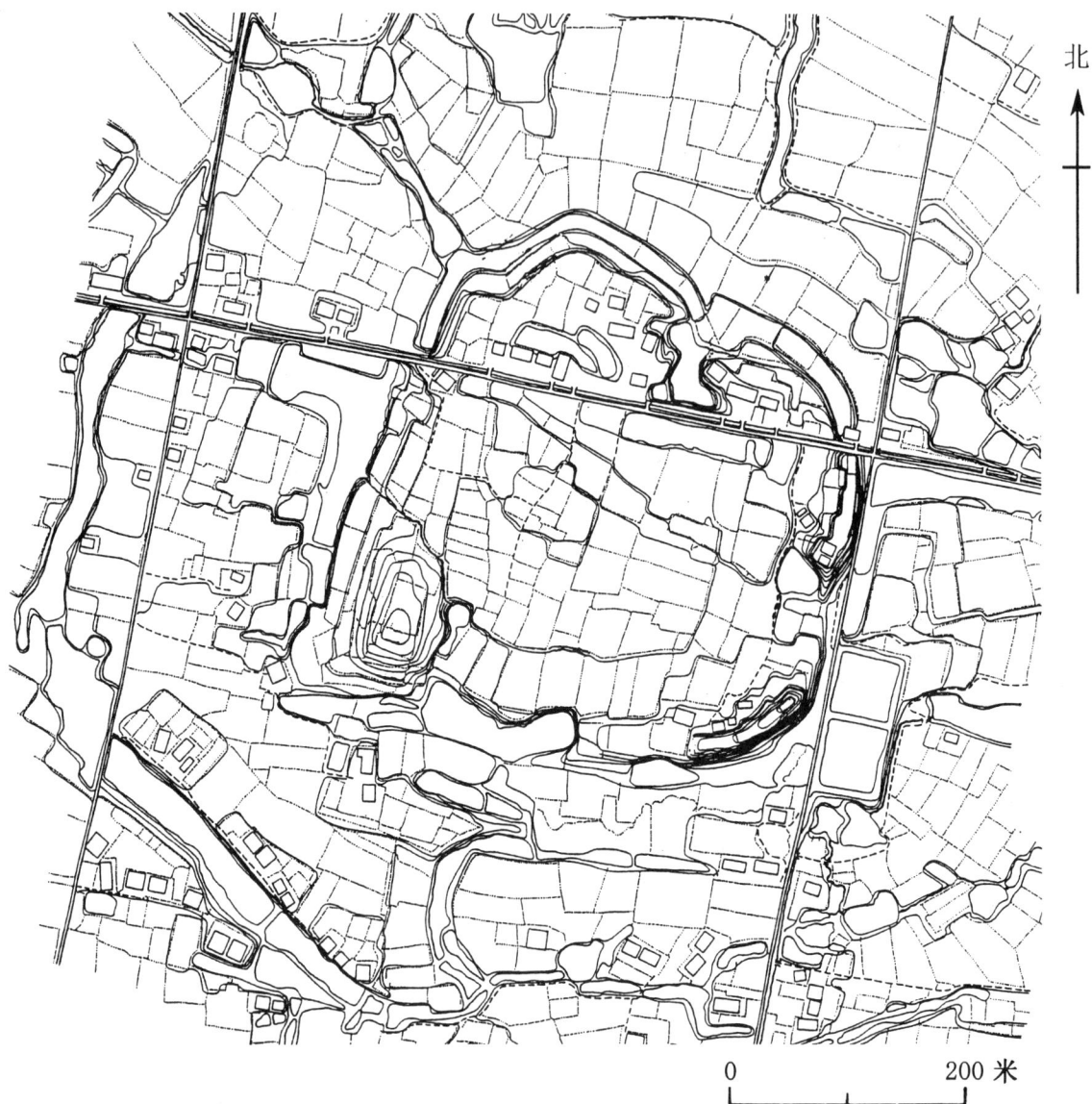

北

0　　　　　　　　　　200 米

图四　鸡叫城遗址

3. 制作现状描影模型、纹理模型

利用 DEM 制作描影模型，研究地形状况。同时运用平面位置和高度，在完成描影模型阶段，将现状的纹理贴在其上面。

（二）城头山遗址的地形复原

1. 现将自古以来的时期命名为Ⅰ～Ⅳ期，试进行其地形复原。在地形复原时根据探沟剖面信息复原了各时期的等高线图（图六）。

Ⅰ期似改变了在阶地延伸的台地尖端二条东向河流的流向，重新开挖成环壕状，而这部分的土方使用在西侧的城墙上。另外，东侧环壕（据探沟调查表明，东侧和南侧较现在更靠近内侧）位于台地的边缘，土方同样用于内侧的城墙上。整体的平面形式为倒"D"字型。

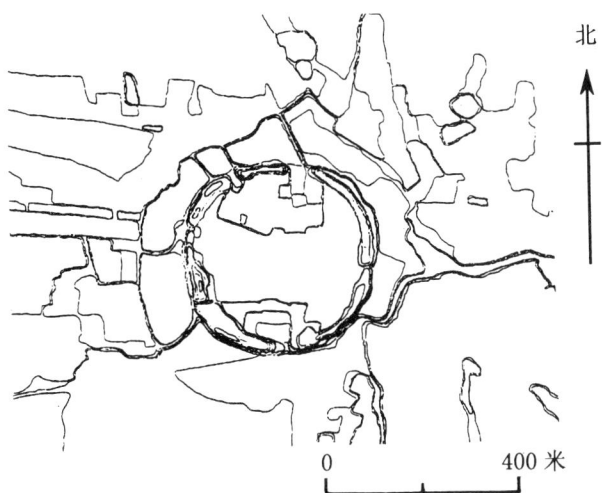

图五　抽取等高线推定复原的城头山遗址地形示意图

Ⅱ期使东侧的城墙形成了向东突出的形状，Ⅰ期环壕被填埋成为城壁。Ⅰ期的部分环壕被残留在城墙内，1998年在东门发现的大溪文化时期祭坛和1997年发现的水稻田遗址位于这条水渠的出口附近。

Ⅲ期形成了近似于现状的城墙，西侧的壕沟尚未开挖，而东侧的壕沟位于现在的城墙之下。又，似乎没有开挖过壕沟，而是扩大了自然河流范围。

Ⅳ期的最大特点是在西侧开挖了大型堰塘，其土方不仅用于城墙，而且还堆置在城内。堆置的土方厚度约为1.5～2米，使城内的等高线提高了2米。结果是Ⅳ期城墙看上去要低。

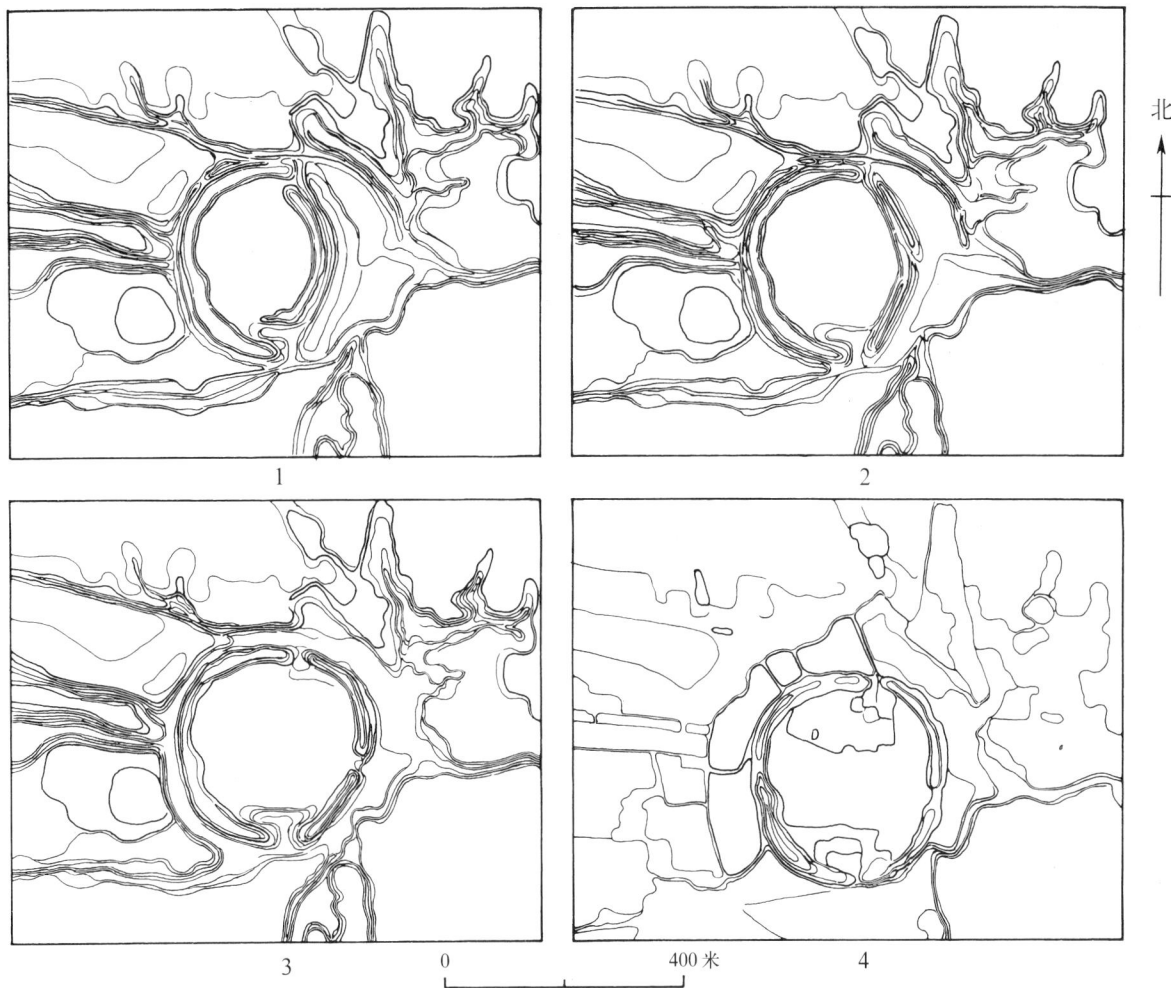

图六　城头山地形推定

1.Ⅰ期城头山地形推定　2.Ⅱ期城头山地形推定　3.Ⅲ期城头山地形推定　4.Ⅳ期城头山地形推定

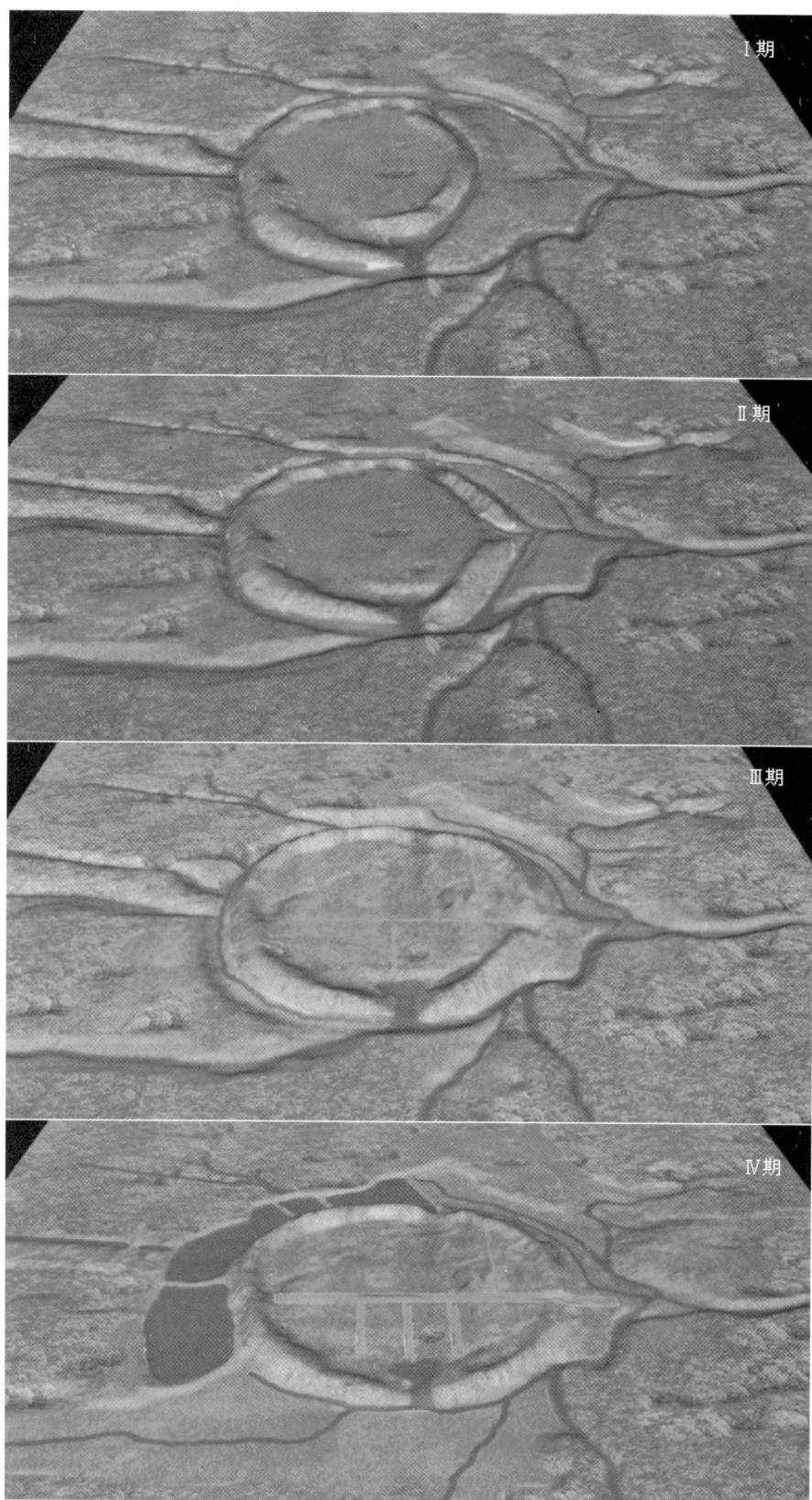

图七　城头山遗址Ⅰ至Ⅳ期地形复原图

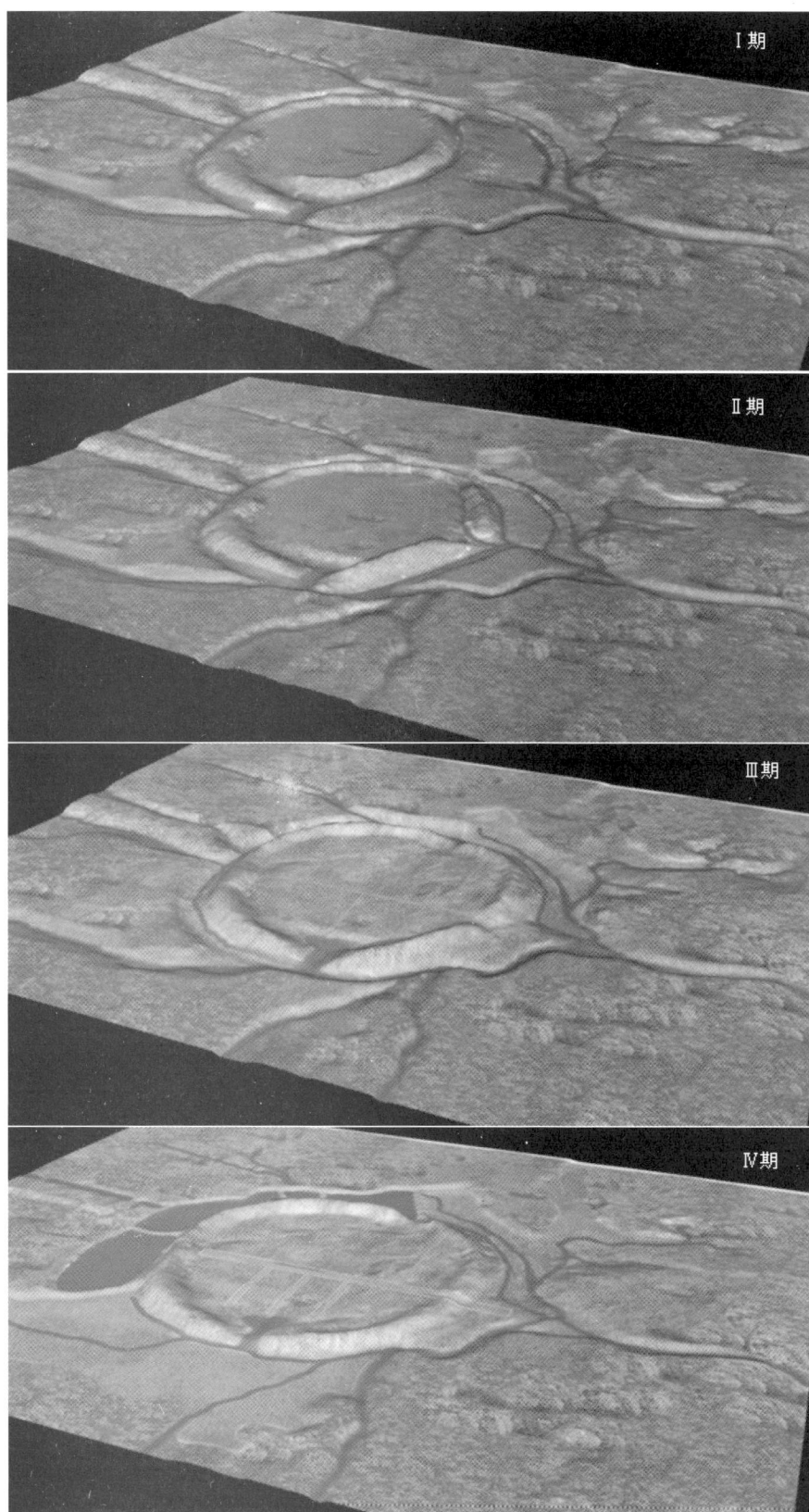

图八　城头山遗址 I 至 IV 期环壕（护城河）的变迁

　　2.Ⅰ至Ⅳ期数字地形的复原

　　根据以上的等高线图复原了地形模型（图七）。Ⅰ期的西侧城墙是否如图所示延伸至南侧尚存疑问，但考虑到城墙东侧为船码头这点，此种形状的存在是出于防御上的考虑。

　　Ⅱ期的城墙形状使得整个船码头被放置到了城内。东侧的环壕开挖完成（在探沟中呈大块剖面），形成了城寨都市的形态。有否利用Ⅰ期环壕的壕沟存在无确凿证据。或许是利用从城内流出的地下水筑造了水稻田。

　　Ⅲ期进一步向东扩大了城墙。没有开挖东侧环壕，而是利用了自然河谷，并用来作为水稻田。

　　Ⅳ期在西侧开挖了大型堰塘式壕沟。现在仍见有分割堰塘的堤坝，可以认为是调节水利的堰堤，由土堆积而成。关于堤坝，虽尚有不同意见，但考虑到城内堆土这一点，此规模的土木施工还是需要的。既然开挖了如此规模的大型堰塘，可以想象水稻田面积也得到扩大，因而大规模开垦了城头山遗址南侧，用于筑造水稻田（图七、八）。

　　（三）城头山遗址的环境复原

　　1.城头山遗址的数字环境复原

　　根据地形模型，加之孢粉分析结果，制作成了城头山遗址各个时期的环境复原图。

　　复原古环境时，在地图和图解上缺乏真实感。因此，根据孢粉分析等结果和发掘调查取得的遗构复原资料，采用CG、动画图形式复原了整个城头山遗址的古环境。

　　2.建筑物、树木的复原

　　根据所发现的遗构复原建筑物，使用CAD使之具有立体感。经复原的城头山遗址中的建筑物包括宫殿、神殿、门、干栏式建筑，以及芦笙柱等，有关树种的情况则参考了孢粉分析结果。

　　3.制作CG、动画图

　　在整个城头山遗址的地形模型上重叠建筑物、树木等，制作CG后将这些接续在一起，随后制作成动画图。

用最新型的加速器质量分析装置精确测量^{14}C 年代

中村俊夫 (名古屋大学年代测定资料研究中心)

一 前言

名古屋大学的新型加速年代测定系统（加速器质量分析计）是 1982 年 3 月引进的，很快就经历了 16 年。这期间，进行了关于^{14}C 浓度分析及各种环境样品的^{14}C 年代测定。至 1998 年底测定的样品总数为 7964 个，年代测定系统不仅在校内作为共有的设备被利用在研究和教学上，而且也是国内与中国、韩国、俄国、马来西亚、巴西、加拿大、苏丹等外国学者广泛合作研究的场所。至现在为止，作为合作研究进行的^{14}C 年代测定有地质学、沉积学、古环境学、海洋学、地震学、构造学、冰川学、水文学、考古学、人类学、文化遗产科学等部门；作为环境^{14}C 浓度测定的有地球化学、环境科学、海洋科学、木材科学、保健物理学、食物科学等非常广泛的领域。这些成果在名古屋大学加速质量分析业绩报告书I（1989）、II（1991）、III（1992）、IV（1993）、V（1994）、VI（1995）、VII（1996）、VIII（1997）、IX（1998）、中村（1995；1998）等被报道过。最近新引进了 2 号机，眼下正在进行科的运行调试，预计不久即可运转。此文是关于 2 号机调整测试及现状的报告。

二 2 号机的现状

名古屋大学平成 6 - 7 年引进了新的加速器质量分析专用的加速器。这是 High Voltage Engineriing Europa B. V（Amsterdamseweg63，3812RR，Amersfoort the Netherlands）研制的炭年代测定系统。这是继美国 Woods Hole 海洋研究所、荷兰·大学、德国·大学的第 4 号机器。装置的基本构成如图一所示。

在 1999 年 1 月底，作为制造方的安装调试第一阶段结束了。它的基本测试是将 OX - II（国家标准局酢浆草酸）标准体作成铁 - 碳靶子数个备用，根据它的测定，了解^{14}C/^{13}C/^{12}C 比的再现性。再现性的实验中任意一个样品测定结果的正确度、误差都是一个重要的指标，它决定设

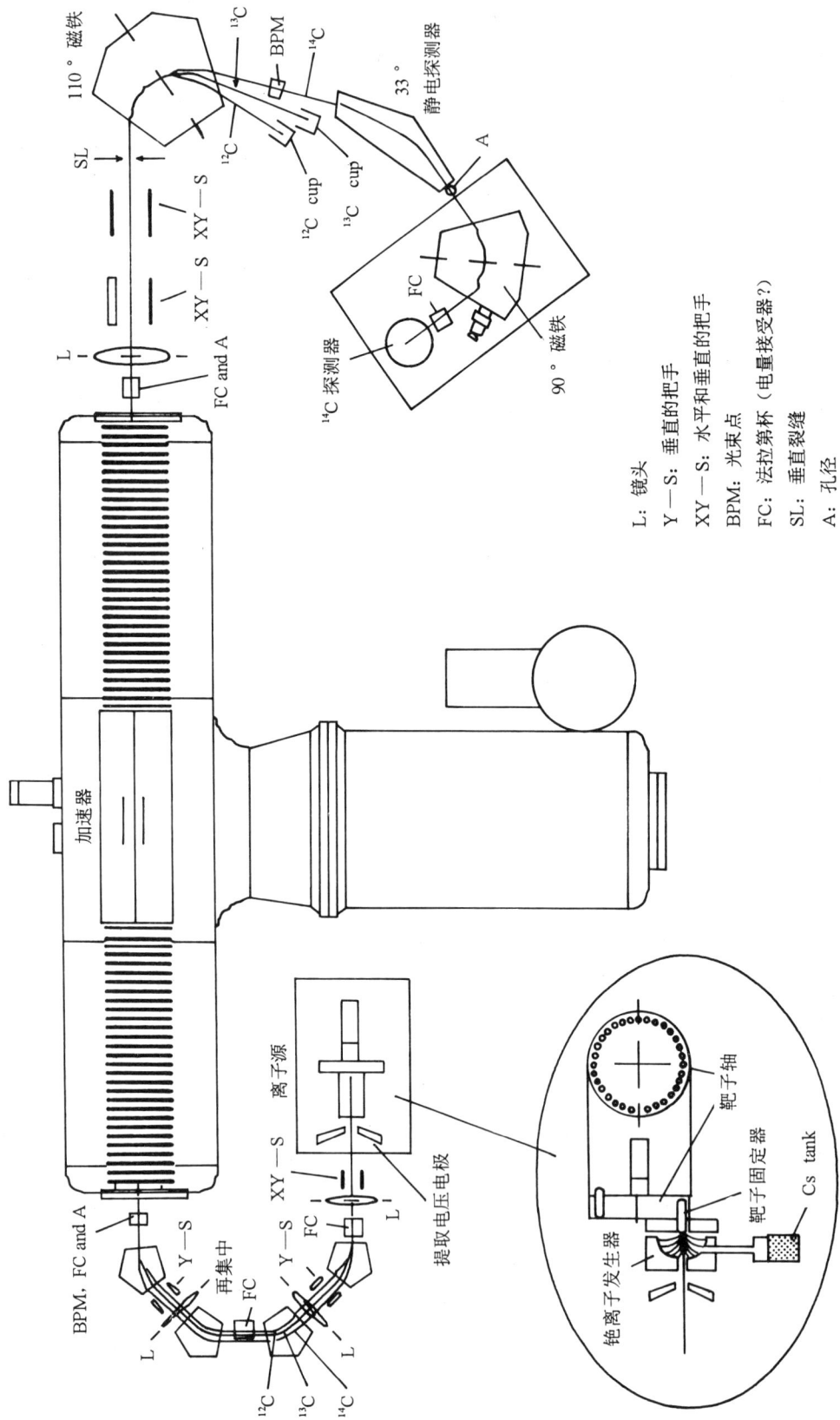

L: 镜头
Y－S: 垂直的把手
XY－S: 水平和垂直的把手
BPM: 光束点
FC: 法拉第杯（电量接受器？）
SL: 垂直裂缝
A: 孔径

图一　HVEE公司最新型的加速器质量分析计的构成

备的长期稳定性。所以，这个实验测定的年代必须有一个正确的标准。为此，必须用已知的^{14}C样品作调整。

　　这个再现性的实验遵循以下的要领。靶子之一在离子源的 SputterPosition 处引入。为了防止铯离子的消耗，新型的靶子表面上的一点被罩住。靶子以 X－Y 的 2 次方的形式运动，如图二所示。关于这些靶子，首先对表面一点照射 30 秒，获取测定数据。其次，移动到下个点，仍然照射 30 秒，获取测定数据。依此操作，测完靶子表面的 9 个点，进入第 2 次循环。之后移动到下个靶子的测定。一个靶子的测定时间，除去移动的时间大概是 540 秒（9 分钟），这样用靶子表面的 9 个点可以比较^{14}C/^{13}C/^{12}C 的测定结果。

　　再现性实验的典型结果如表一所示。用 OX－Ⅱ作成 6 个靶子，反复测定 7 次，让其在加速、质量分析、被感应电下测得^{12}C^{3+}、^{13}C^{3+}定量离子的平均电流，它们大概是 280nA、290nA。^{12}C 原本在天然状态下高出^{13}C100 倍，由于^{12}C 电子束的强度减少 1/100，所以^{12}C、^{13}C 离子电流大概相等。

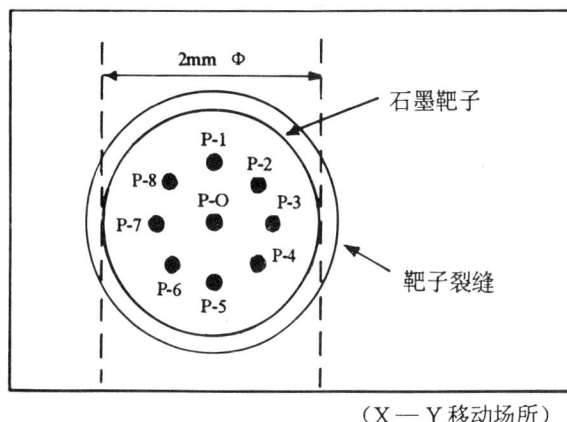

（X－Y 移动场所）

直径2mm 的靶子表面铯电子束点的位置

测定的顺序：18 石墨×30 秒／靶子
=540 秒／靶子
=9 分／靶子

图二　铁—石墨靶子表面铯离子遮罩的方法和 C/C/C 地测定的程序

由于^{12}C 的电子束强度减少了 1/100，减轻了加速器的负担以及抑制了从加速器泄露放射线的强度。^{14}C^{3+}的计数率大概是 80cp/秒，540 秒计数约 43000 个。名古屋大学的 1 号机^{14}C^{3+}计数每 3－4个小时 40000 个。新型离子源的碳离子输出功率及检测效率高，仅仅用了 9 分钟。在表一中，用相对标准偏差表示^{14}C/^{13}C/^{12}C 比的统计误差，可知道其稳定性相当好。^{14}C/^{12}C 的比及^{13}C/^{12}C 的统计误差分别为 0.55％和 0.05％。^{14}C/^{12}C 统计误差与^{14}C 计数的统计误差 0.48％非常一致，说明分析装置机械变化时系统误差小。如果^{14}C 计数的统计精度高的话，就说明其测定的精度高。可以达到什么样的精度，今后的检测中就能知道，也许由样品调制引起的误差是显著的。

　　将 6 个靶子 7 次反复测定的值进行合并（或者取平均值），将此再现性实验的结果列为表二。在七次反复测定中，一个靶子需要 63 分钟（9 分×7 回）。在这个时间内，^{14}C 的计数达到 40 万个，并且 6 个靶子间碳同位素比的变化从表二可知是极小的。^{13}C/^{12}C 为 0.28‰，^{14}C/^{12}C 为 1.62‰。^{14}C/^{12}C 这个值稍微大了，是因为它是由靶子每个^{14}C 累计计数的统计误差 1.59‰决定的，两者大概一致。就此说明每个靶子^{14}C/^{12}C 的数值变化与测定过程中随机^{14}C/^{12}C 的数值变化的统计误差相当小。看来今后还要进一步反复进行同样的实验，以调查其再现性。

三　今后的期望

　　根据表二所示，^{14}C/^{12}C 的变化标准偏差在±1.62％间，换算成^{14}C 年代值相当于±13 年。也即，任意一次测定^{14}C的个数40万个，可能统计的偏差范围为±13年。这就是说，是否适用于实际的样品测定，测定装置稳定性良好否，是非常重要的。

表三列出了新和旧在气体比例计数装置情况下，两者放射性能测定的比较。根据德国大学的经验，如果准备好了靶子，每年可测2000～3000个样品。作为今后进一步的研究方向，我们首先计划测试已知的^{14}C年代样品以及为了了解测定装置^{14}C背景状况而进行的测试。预计今夏可开始常规的测定。我们利用新的设备所进行的最有价值的一项工作就是对从中国采集的与"长江文明"有关的城头山遗址样品进行样品的调制及精确的测年（表四）。

表一 利用酢浆草酸标准体调整后的石墨靶子运行测试的结果

Table 1 Typicalresults of test runs using Fe－Gr targets from OX－Ⅱ（NBS－new oxalic standard）

RuhNo.	批次	样品	C12curr.	C13curr	C14count	C14counts	C13/C12	C14/C12	C14/C13
			(nA)	(nA)	Rate(c/s)	(c/540sec)	(xE－2)	(xE－12)	(xE－10)
1	1	1	249.0	259.6	70.1	37992	1.1584	1.502	1.2966
2	1	2	244.6	255.1	69.4	37617	1.1589	1.5137	1.3061
3	1	3	246.9	257.3	69.9	37841	1.1577	1.5088	1.3032
4	1	4	265.5	276.7	74.9	40581	1.1579	1.5052	1.2999
5	1	5	263.5	274.7	74.5	40357	1.1582	1.5081	1.3020
6	1	6	268.6	279.9	76.7	41558	1.1576	1.5223	1.3151
7	2	1	276.4	287.9	78.7	42646	1.1573	1.5192	1.3127
8	2	2	278.4	289.8	78.6	42582	1.1570	1.5065	1.3021
9	2	3	274.8	285.9	77.8	42120	1.1560	1.5091	1.3055
10	2	4	284.7	296.4	79.4	43039	1.1565	1.4882	1.2868
11	2	5	283.4	295.1	80.5	43567	1.1567	1.5140	1.3089
12	2	6	283.7	295.3	80.2	43417	1.1567	1.5071	1.3029
13	3	1	289.5	301.3	82.6	44744	1.1566	1.5213	1.3153
14	3	2	289.6	301.5	82.6	44768	1.1569	1.5221	1.3156
15	3	3	286.3	297.9	81.7	44246	1.1561	1.5218	1.3164
16	3	4	298.1	310.4	84.5	45784	1.1569	1.5123	1.3072
17	3	5	289.0	301.1	81.4	44115	1.1574	1.5016	1.2974
18	3	6	283.8	295.4	80.4	43550	1.1567	1.5117	1.3070
19	4	1	288.6	300.5	82.5	44700	1.1571	1.5241	1.3172
20	4	2	283.1	294.8	80.8	43773	1.1571	1.5220	1.3154
21	4	3	280.0	291.4	79.2	42909	1.1566	1.5091	1.3048
22	4	4	291.3	303.5	82.8	44868	1.1574	1.5162	1.3100
23	4	5	280.3	292.1	79.6	43170	1.1578	1.5154	1.3089
24	4	6	277.1	288.5	78.9	42744	1.1569	1.5184	1.3125

续表一

RuhNo.	批次	样品	C12curr.	C13curr	C14count	C14counts	C13/C12	C14/C12	C14/C13
			（nA）	（nA）	Rate(c/s)	(c/540sec)	（xE−2）	（xE−12）	（xE−10）
25	5	1	278.8	290.3	79.0	42804	1.157	1.5117	1.8066
26	5	2	281.2	292.9	80.0	43353	1.1573	1.5173	1.3111
27	5	3	276.8	288.2	78.2	42359	1.1567	1.5065	1.3023
28	5	4	287.6	299.6	82.2	44505	1.1574	1.5236	1.3163
29	5	5	276.9	288.4	78.7	42645	1.1575	1.5156	1.3094
30	5	6	270.8	282.0	77.7	42090	1.1569	1.5294	1.3219
31	6	1	282.4	294.1	80.4	43564	1.1572	1.5188	1.3125
32	6	2	281.1	292.8	79.3	42968	1.1571	1.5048	1.3004
33	6	3	280.3	291.7	80.2	43449	1.1564	1.5258	1.3194
34	6	4	291.7	303.9	82.3	44583	1.1578	1.5052	1.3000
35	6	5	278.4	290.0	79.5	43071	1.1576	1.5232	1.3157
36	6	6	275.2	286.5	78.3	42378	1.1570	1.5168	1.3110
37	7	1	282.1	293.9	80.8	43738	1.1573	1.5266	1.3191
38	7	2	278.0	289.5	79.3	42944	1.1572	1.5209	1.3143
39	7	3	279.5	291.0	79.1	42830	1.1565	1.5088	1.3046
40	7	4	290.0	302.0	82.2	44489	1.1569	1.5111	1.8062
41	7	5	281.0	292.8	79.9	43299	1.1577	1.5170	1.3104
42	7	6	274.7	286.1	77.8	42135	1.1570	1.5103	1.3053
平均数			278.6	290.2	79.1	42855	1.1572	1.5141	1.3085
Rel.std.dev			0.0407	0.0404	0.0418	0.0417	0.0005	0.0055	0.0055

表二   利用 C 浓度标准体调整后的 6 个靶子再现性测试的结果

样品号	^{12}Ccurr	^{13}C curr	^{14}C	^{13}C/^{13}C	^{14}C/^{12}C
	（nA）	（nA）	（counts）	（XE−2）	（xE−12）
BB01	289	300.9	399709	1.15673	1.51316
BB02	282.9	294.7	391527	1.15719	1.51378
BB03	287.4	299.4	399039	1.15744	1.51908
BB04	279.4	290.9	387748	1.15696	1.51827
BB05	280.5	292.0	388472	1.15658	1.51491
BB06	284.1	295.9	394038	1.15716	1.51710
平均数			393422	1.15701	1.51605

续表二

样品号	^{12}C curr	^{13}C curr	^{14}C	$^{13}C/^{13}C$	$^{14}C/^{12}C$
	(nA)	(nA)	(counts)	(XE－2)	(xE－12)
统计学错误(1Σ)			0.00159		
背离相关标准(1Σ)				0.00028	0.00162
C 年代错误(1Σ)			12.8 years		13.0 years

表三　　　　　　　　　　AMS 和放射能^{14}C 测年的比较

项目	HVEE 公司新的 Tandetron AMS	名古屋大学 Tandetron AMS	日本同位素协会正比计数器 正比计数器
碳的数量	0.05－1mg	0.2－1mg	2.2g
可测的最老年代	ca.60,000yrBP	ca.60,000yrBP	35,000－40,000yrBP
精确度	±20－30r	±60－80yr	±80yr
计算时间	20－40min	2～4hr	16－20hr
	样品双方和标准		仅仅样品

表四　　　　　　城头山遗址古稻田及相关地层采集标本的碳测定年代
日本名古屋大学年代测定资料研究中心

测试标本号	Site	Sample	Result(yr BP)	Cal. yr BC	考古学文化分期
KIT－3053	城内东北角上层稻田	稻田土(植物片)	4830±50	3708—3517	大溪文化一期
KIT－3044	99LCT6404（11）	Wood 木	4890±70	3803—3519	大溪文化三期
KIT－3051	99LCT6455 北隔梁（11）	炭片	4900±30	3757—3724	大溪文化三期
KIT－3049	99LCT6405（18）（稻田）	Wood 木	5370±50	4332—4046	大溪文化一期
KIT－3050	99LCT6355（21）（稻田）	Wood 木	5360±60	4333—4042	大溪文化一期
KIT－3046	99LCT6355（22）（稻田）	Wood 木	5450±50	4365—4220	大溪文化一期
KIT－3052	99LCT6355（22）（稻田）	Wood 木	5480±90	4463—4217	大溪文化一期
KIT－3054	99LCT6355（22）（稻田）	Wood 木	5450±40	4358—4224	大溪文化一期
KIT－3042	99LCT6404（23）（稻田）	Wood 木棒	5360±30	4325—4048	大溪文化一期
KIT－3043	99LCT6404（23）（稻田）	Wood 木片	5350±40	4325—4044	大溪文化一期
KIT－3047	99LCT6355（23）（稻田）	Wood 木	5540±60	4465—4318	大溪文化一期
KIT－3048	99LCT6355（23 下）（稻田）	Wood 木	5470±70	4363—4231	大溪文化一期
KIT－3041	99LCT6345（24）（稻田）	Wood 木片	5440±50	4340—4248	大溪文化一期
KIT－3045	99LCT 南区 T6402 生土层	Wood 木	5180±30	3989—3962	

后　记

　　城头山遗址不仅在田野考古方面取得了巨大成果，使之成为目前为止中国发现并经大规模发掘的最早的古城遗址，而且由于发现有与第一期筑城同时的祭坛和较筑城更早的稻田遗迹，从而对于研究中国文明起源，特别是长江文明起源方面有无可置疑的重要价值。

　　中日相关学科的学者通力合作，开展了以城头山遗址为重点的关于澧阳平原环境考古学方面的调查，其中有关高科技考古学方面的研究，主要由日方承担。

　　通过对城头山遗址进行的低空测量，掌握了城头山遗址的全貌。通过 AMS 年代测定，获得了城头山遗址年代的准确资料。通过地形环境分析，搞清了城头山遗址的特殊地形环境，即遗址建在由黄土堆积成的台地之上。通过孢粉硅藻等微化石分析，搞清了其周围原为生长栎、楮的照叶树林和草原。通过对大型植物化石和木材进行分析，发现聚落的建筑材料多为枫香树。通过对昆虫化石和寄生虫进行分析，得知聚落内的污染相当严重，并检出了大量鞭虫卵，但没有检出蛔虫卵。通过对硅藻石的分析获知，这里存在有接近 7000 年前的稻田。此外，我们还对遗址的祭祀人骨进行了 DNA 分析，但由于人骨的保存条件不好，没有得出结果。祭台上的四具人骨和第一期城墙奠基时的一具人骨，经鉴定为两具男性、三具女性。另外，还对遗址中屈家岭文化时期的建筑遗构进行了复原尝试。

　　在田野考古发掘和进行环境考古学调查期间，日本考古学家森川昌和先生、冈村秀典先生和历史学家小南一郎先生从考古学的角度给予了很大的帮助，提出了许多宝贵的意见和建议，冈村秀典先生还率学生对城址内东北部古稻田的相对高程进行了精细测量。

　　日本学者撰写的篇章，大部分为蔡敦达先生翻译成中文，少部分由顾海滨先生翻译。由于生物学和环境学方面的专业名词极多，在编集成书的过程中，又请教了湖南大学周炎辉教授、中国社会科学院考古研究所袁靖研究员，在此表示诚挚的谢意。

　　由于专有名词和术语太多，难免有翻译不准确之处，因此对日本学者文章（特别是附表）中用拉丁文书写的学名，一般予以保留，并在其后标注中文译名。这是考虑到万一翻译有误，专家们可以依据其拉丁文学名予以更正。

彩版·图版

城头山遗址发掘总领队何介钧研究员、日方现场领队安田喜宪教授与参加城头山田野工作和
室内分析、测试、研究工作的部分日本学者合影于国际日本文化研究中心（2001，京都）

1. 日本亚洲航测株式会社技师用遥控飞机对城头山遗址进行航测和航拍

2. 中日学者共同对彭头山遗址进行钻探取样

中日合作以城头山遗址为重点对澧阳平原进行环境考古工作照

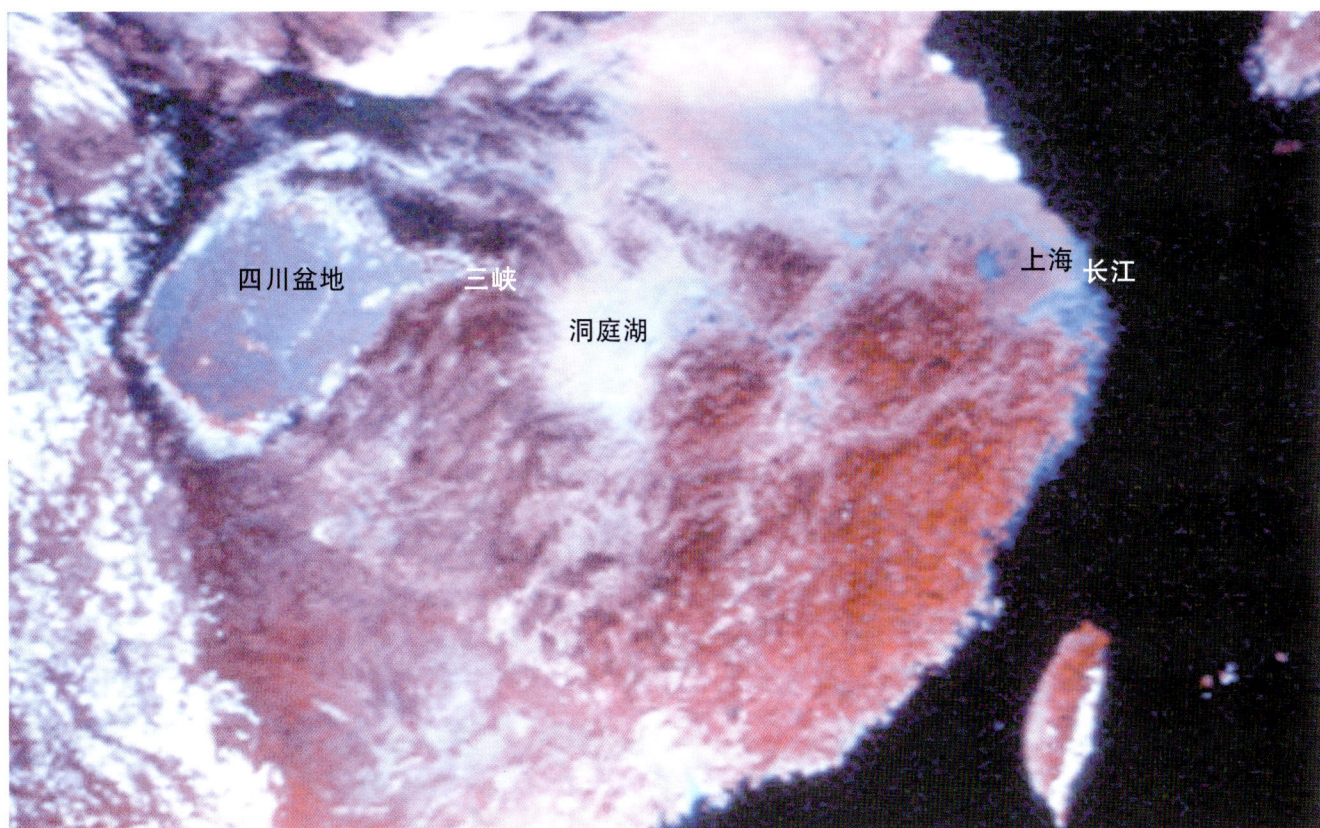

1. 长江流域LANDSAT MSS图像

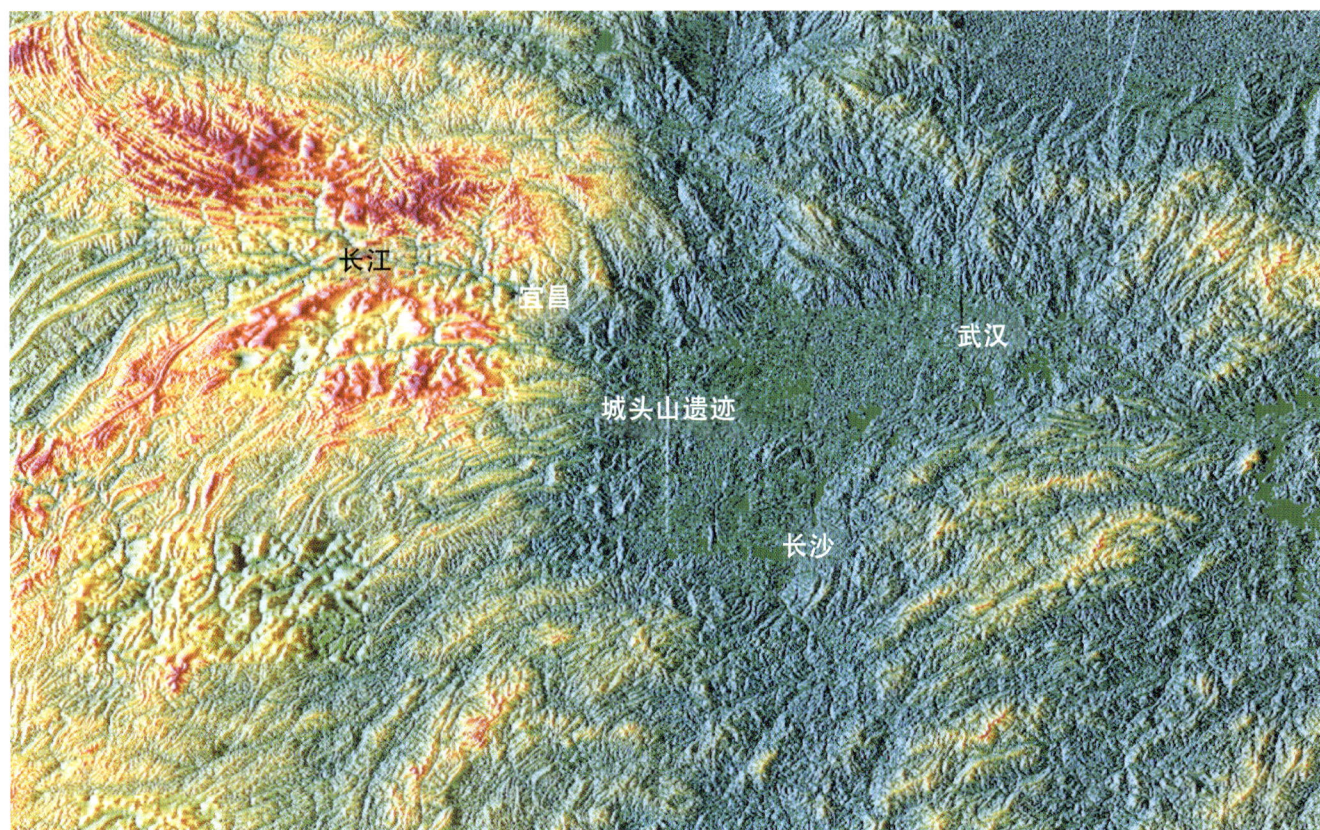

2. 长江中游地形状况

长江中游澧阳平原的微地形环境与土地开发

长江中游澧阳平原的微地形环境与土地开发——冬季的澧水和远眺西北方的九里丘陵

长江中游澧阳平原的微地形环境与土地开发——城头山遗址和彭头山遗址

长江中游澧阳平原的微地形环境与土地开发——彭头山遗址与西侧的环壕遗迹（航拍）

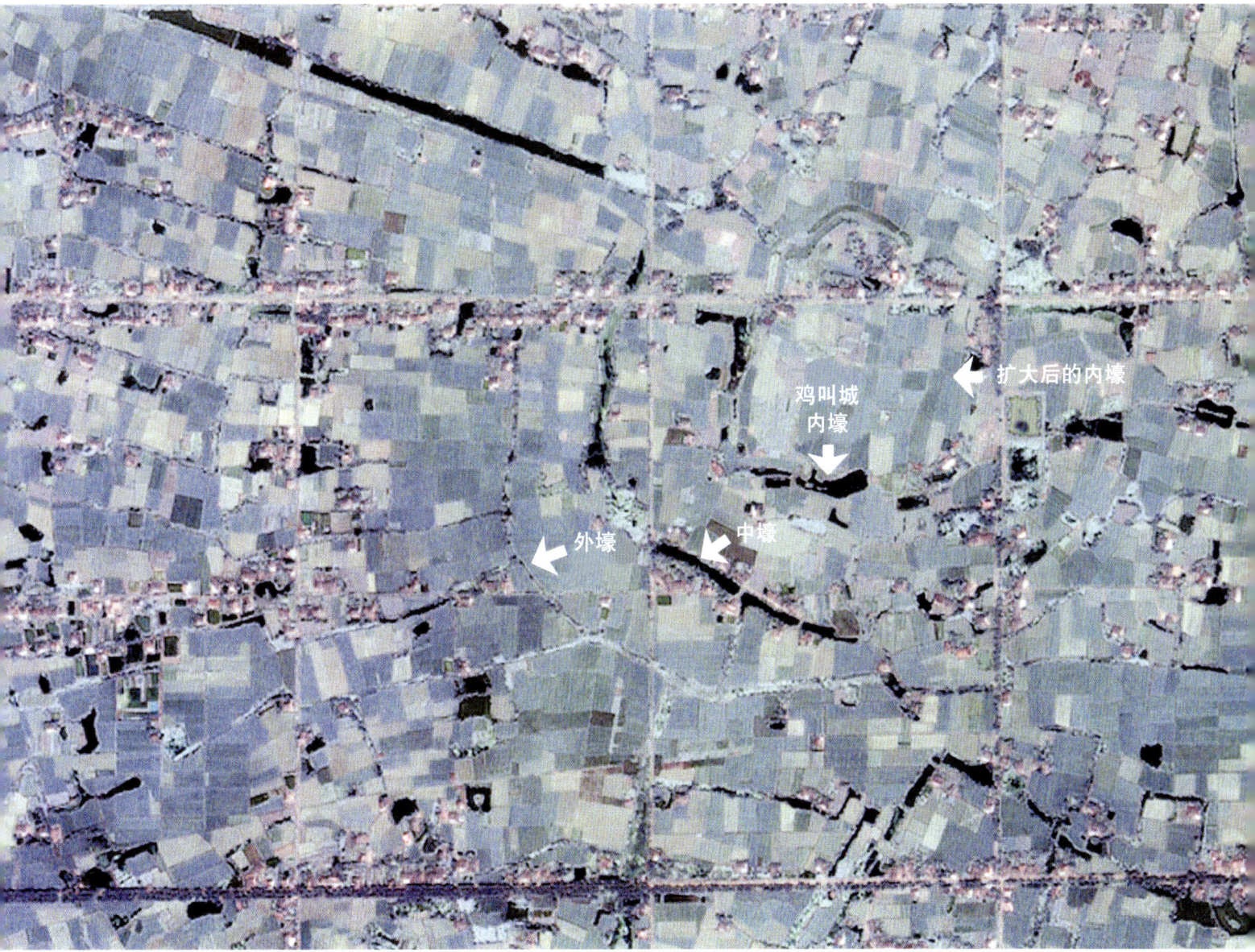

长江中游澧阳平原的微地形环境与土地开发——四重环壕的鸡叫城遗址（航拍）

旧地表面
（水田）

长江中游澧阳平原的微地形环境与土地开发——城头山遗址南门附近环壕埋积物（年缟）

1．城头山遗址东北探沟剖面和可能为水田的痕迹

2．城头山遗址屈家岭文化建筑群区（Ⅱ区）地层剖面和砂砾（6a）与7a层所现龟裂纹

长江中游澧阳平原的微地形环境与土地开发

1. 大坪（Ⅰ面）的黄土——古土壤剖面

2. 大坪（Ⅰ面）的黄土——古土壤剖面

澧阳平原的黄土与地形

澧阳平原的黄土与地形——十里岗（Ⅱ面）的黄土（古土壤剖面）

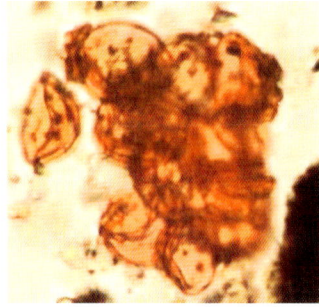
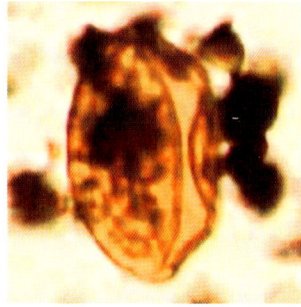

1．柏科T6355㉓　　　　2．柏科T6355㉓　　　　3．柏T1080H315　　　　4．杉科T6401⑱

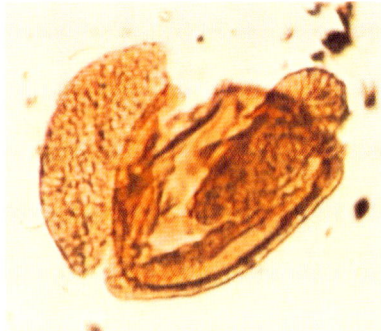

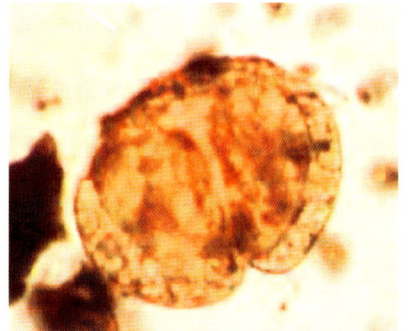

5．麻黄？T6455⑫　　　6．松T6455⑫　　　　7．松T6455⑫　　　　8．松T1080H315

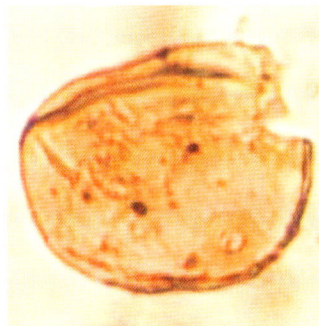
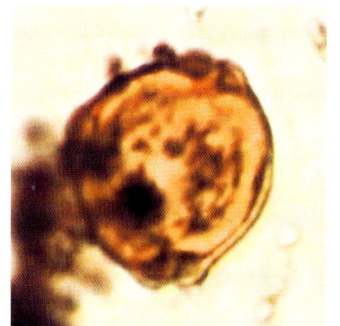

9．禾本科T3131稻田　　10．禾本科T3131稻田　　11．禾本科T6401⑱　　12．桦T6455⑫

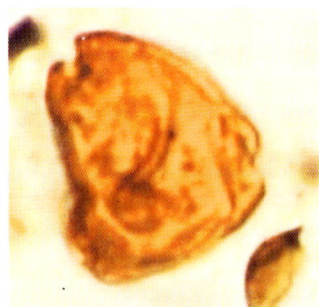

13．桦T6455⑫　　　　14．桦T6401⑱　　　　15．鹅耳枥T6401⑱

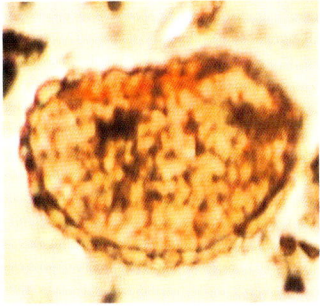

1. 水龙骨T6455⑪

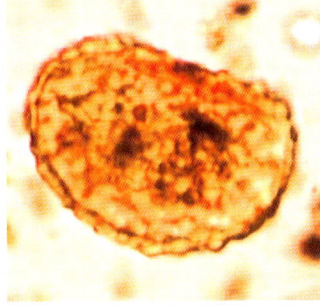

2. 水龙骨T6455⑪

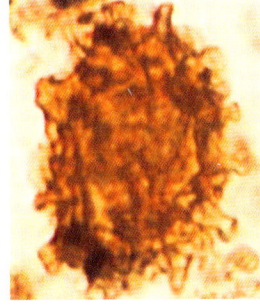

3. 假蹄盖蕨T6355㉓

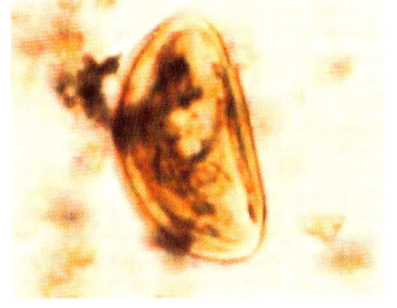

4. 水龙骨科T6351⑭

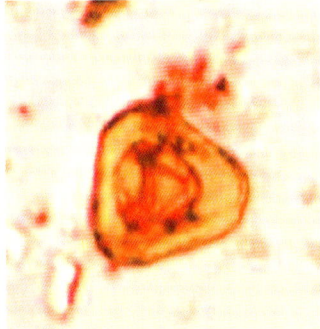

5. 里白T6351⑭

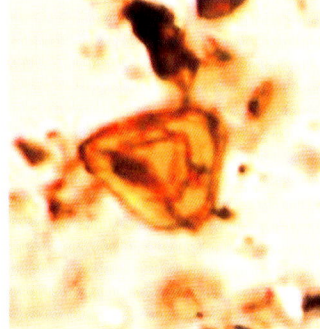

6. 里白T6351⑭

7. 里白T6351⑭

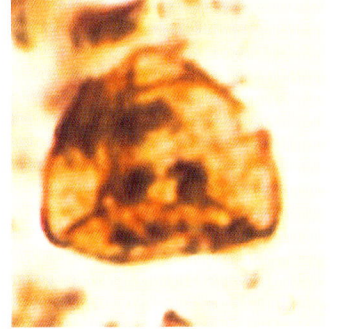

8. 车前蕨T6355㉒

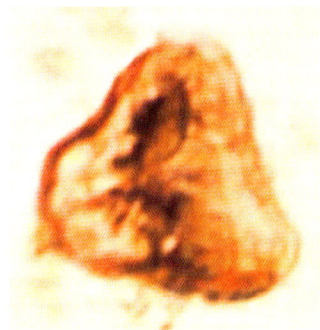

9. 鳞盖蕨T6401⑱

10. 鳞盖蕨T3081⑯

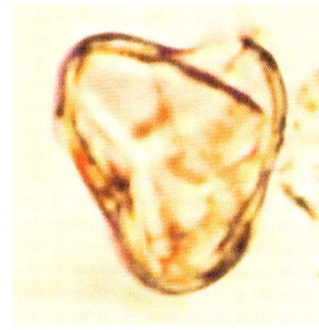

11. 鳞盖蕨T3131⑧

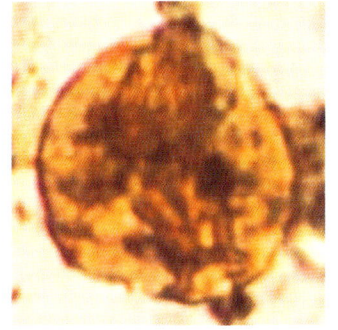

12. 禾中蕨T3131⑧

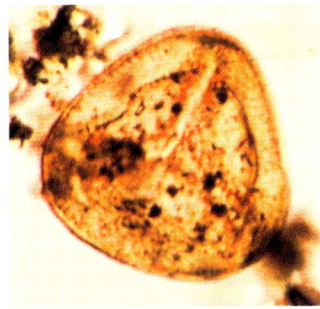

13. 粉背蕨T3131⑧

14. 粉背蕨T3131⑧

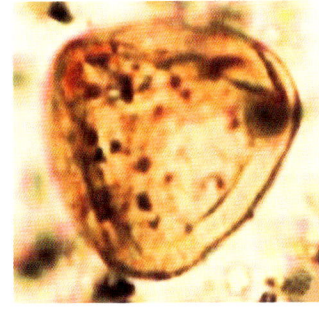

15. 粉背蕨T3131⑧

16. 中口蕨科T6455⑫

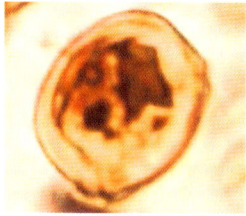
1. 鹅毛栎T6401⑱

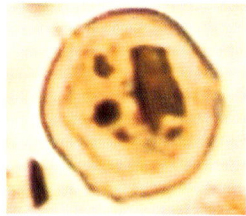
2. 鹅毛栎T6401⑱

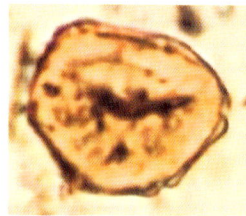
3. 枫杨T6401⑱

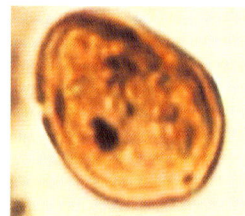
4. 山核桃T6355㉒

5. 山核桃T6355㉒

6. 胡桃T6455⑪

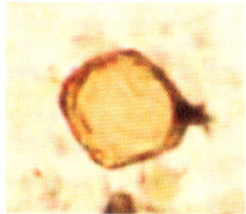
7. 榆T1080H315

8. 榆T1080H315

9. 稻田十字花科 T3131

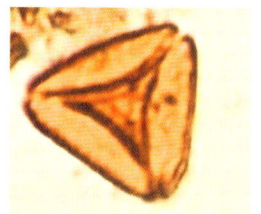
10. 荇菜T6355㉒

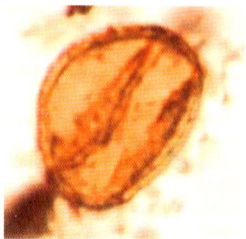
11. 栎T6401⑱

12. 栎T6351⑭

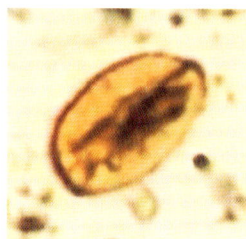
13. 栎T6351⑭

14. 栎T6351⑭

15. 蔷薇T3131⑧

16. 栲T6351⑭

17. 栲T1080 H315

18. 栲T6351⑭

19. 栲T6351⑭

20. 栲T6351⑭

21. 蔷薇T6355㉓

22. 伞形科T3081⑯

23. 香蒲 T6401⑱

24. 苋科 T6355㉒

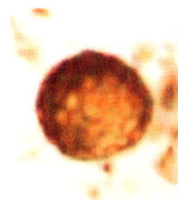
25. 藜T1080 H315

26. 酸模 T3131⑧

27. 三百草 T6351⑭

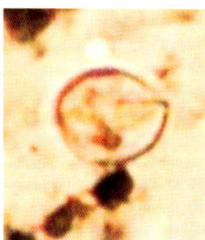
28. 三百草 T6351⑮

29. 伞形科 T3081⑯

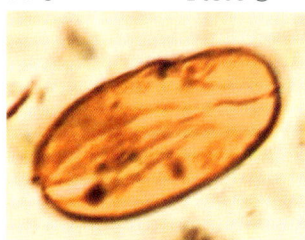
30. 栏T6355㉒

31. 蓼T6355㉒

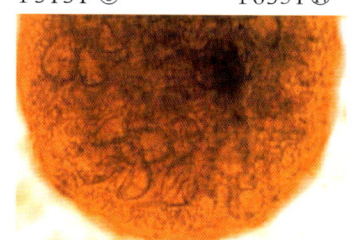
32. 栎T6351⑭

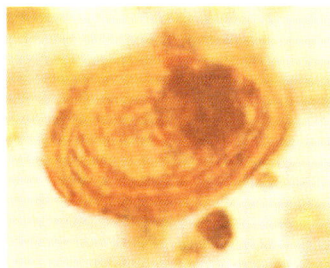
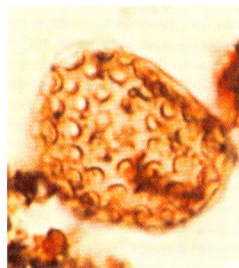
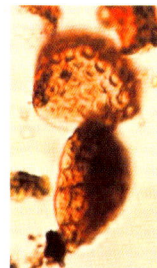
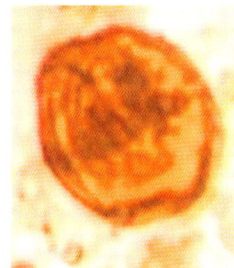

1. 凤丫蕨T1080H315　　2. 环纹藻T6455⑪　　3. 未知孢粉　　4. 未知孢粉　　5. 未知孢粉

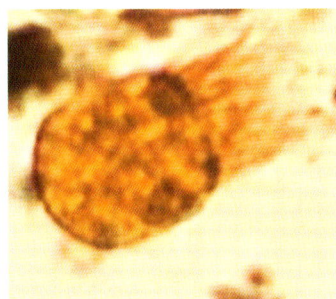

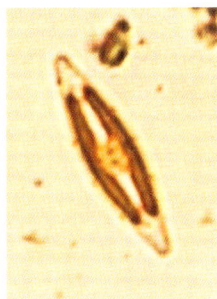
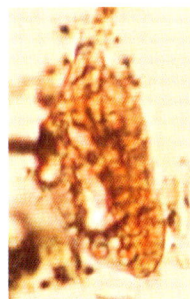

6. 菌藻类孢子　　7. 菌藻类孢子　　8. 菌藻类孢子　　9. 菌藻类孢子　　10. 菌藻类孢子

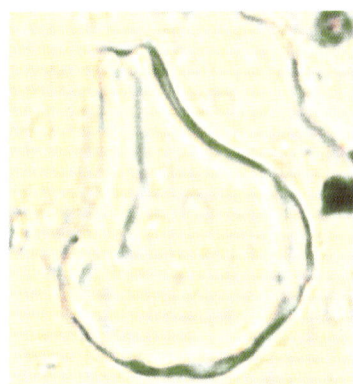
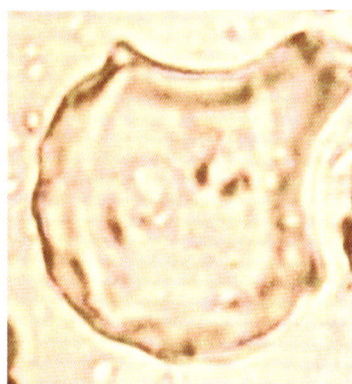
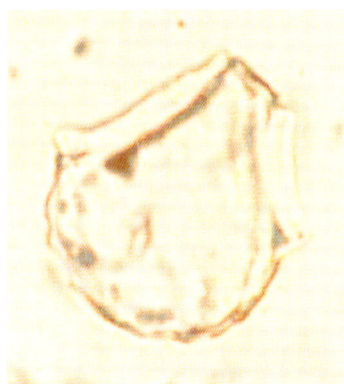

11. 水稻扇形硅酸体T6401⑱　　12. 水稻扇形硅酸体　　13. 水稻扇形硅酸体　　14. 水稻扇形硅酸
　　　　　　　　　　　　　　　　T1080H315　　　　　T1080H315　　　　　体 T1080H315

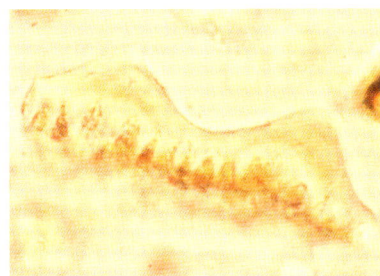
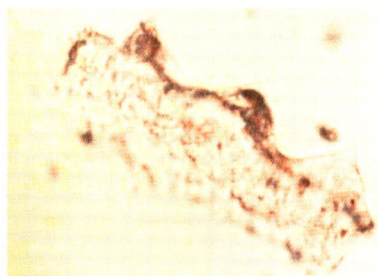

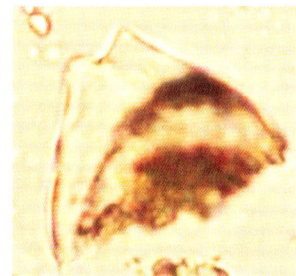

15. 水稻双峰硅酸体T6355㉓　　16. 水稻双峰硅酸体T6401⑱　　17. 水稻双峰硅酸　　18. 水稻双峰硅酸体
　　　　　　　　　　　　　　　　　　　　　　　　　　　　　　体 T6355㉓　　　　　T6355㉓

1. 八角枫

2. 利川慈姑

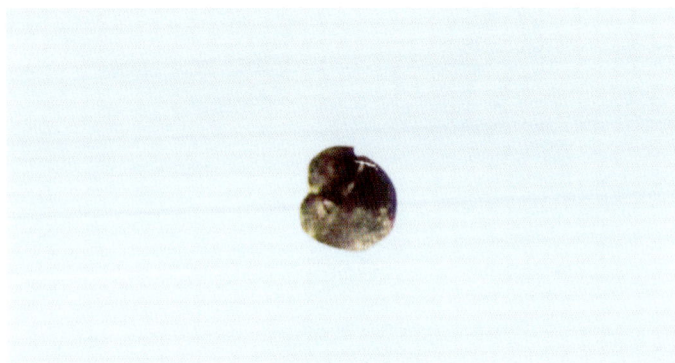

3. 苋属（未定种）

4. 黄连木

5. 小果冬青

6. 通脱木

7. 麦家公

8. 芸苔属？（未定种）

城头山遗址的植物遗存——植物籽实

1. 接骨木

2. 盒子草

3. 冬瓜（右为现代冬瓜种子）

4. 香瓜属（左为现代香瓜种子）

5. 马𤓰儿

6. 小葫芦

7. 栝楼

8. 南赤胞

城头山遗址的植物遗存——植物籽实

1．异型莎草

2．碎米莎草

3．莎草属（未定种）

4．萤蔺

5．藨草属（未定种）

6．菊科（未定种）

7．苍耳

8．卷耳（未定种）

城头山遗址的植物遗存——植物籽实

1. 卷耳（未定种）

2. 卷耳（未定种）

3. 繁缕属（未定种）

4. 牵牛属（未定种）

5. 藜属（未定种）

6. 大戟属（未定种）

7. 大戟属（未定种）

8. 乌冈栎

城头山遗址的植物遗存——植物籽实

1. 栗

2. 石砾属（未定种）

3. 栎属（乌冈栎或白栎）

4. 薏苡

5. 马唐

6. 稻

7. 稻

8. 狗尾草

城头山遗址的植物遗存——植物籽实

1. 合欢属（未定种）

2. 合欢属（未定种）

3. 筋骨草属

4. 野生紫苏

5. 山胡椒属（未定种）

6. 葎草

7. 楝树

8. 芡实

城头山遗址的植物遗存——植物籽实

1. 蓝果树属

2. 酢浆草

3. 羊蹄

4. 扁蓄

5. 酸模叶蓼

6. 蓼属 (未定种)

7. 蓼属 (未定种)

8. 蓼属 (未定种)

城头山遗址的植物遗存——植物籽实

1. 商陆

2. 枸子属

3. 桃子

4. 野李

5. 李属

6. 蔷薇属

7. 高粱泡

8. 悬钩子属

城头山遗址的植物遗存——植物籽实

1. 马甲子

2. 毛茛

3. 红豆杉

4. 细果野菱

5. 伞形科

6. 藜蒿

7. 黄荆

8. 马鞭草

城头山遗址的植物遗存——植物籽实

1．T6401⑱出土的葫芦

2．T6401⑱出土的葫芦

3．未定名植物

4．未定名植物

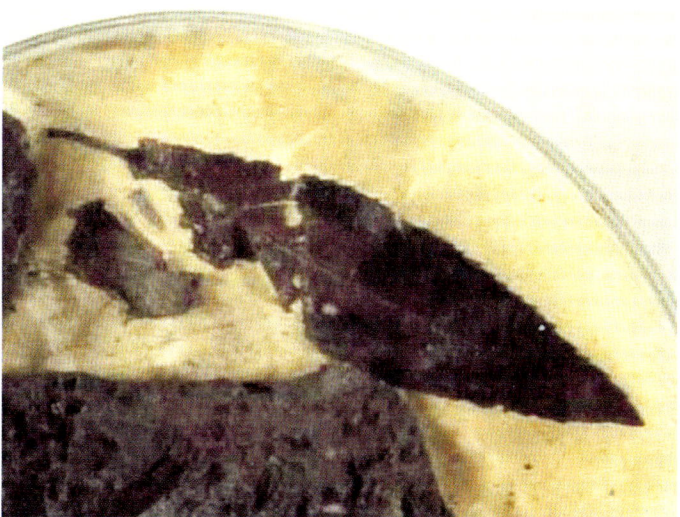

5．未定名植物

6．未定名植物

城头山遗址的植物遗存——葫芦及未定名植物

1. 未定名植物

2. 未定名植物

3. 未定名植物

4. 未定名植物

5. 未定名植物

6. 未定名植物

7. 未定名植物

8. 未定名植物

城头山遗址的植物遗存——未定名植物

1．未定名植物

2．未定名植物

3．未定名植物

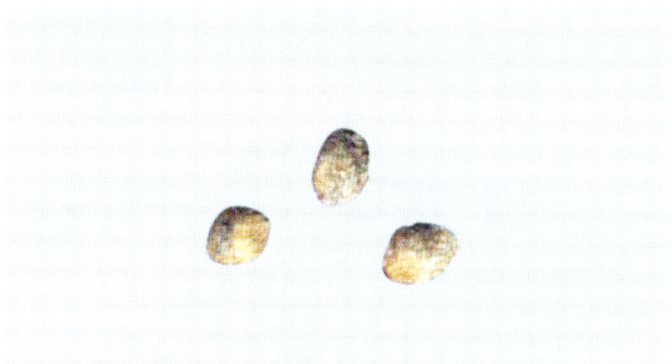

4．未定名植物

5．未定名植物

6．未定名植物

7．未定名植物

8．未定名植物

城头山遗址的植物遗存——未定名植物

1．未定名植物

2．未定名植物

3．未定名植物

4．未定名植物

5．未定名植物

6．未定名植物

7．未定名植物

8．未定名植物

城头山遗址的植物遗存——未定名植物

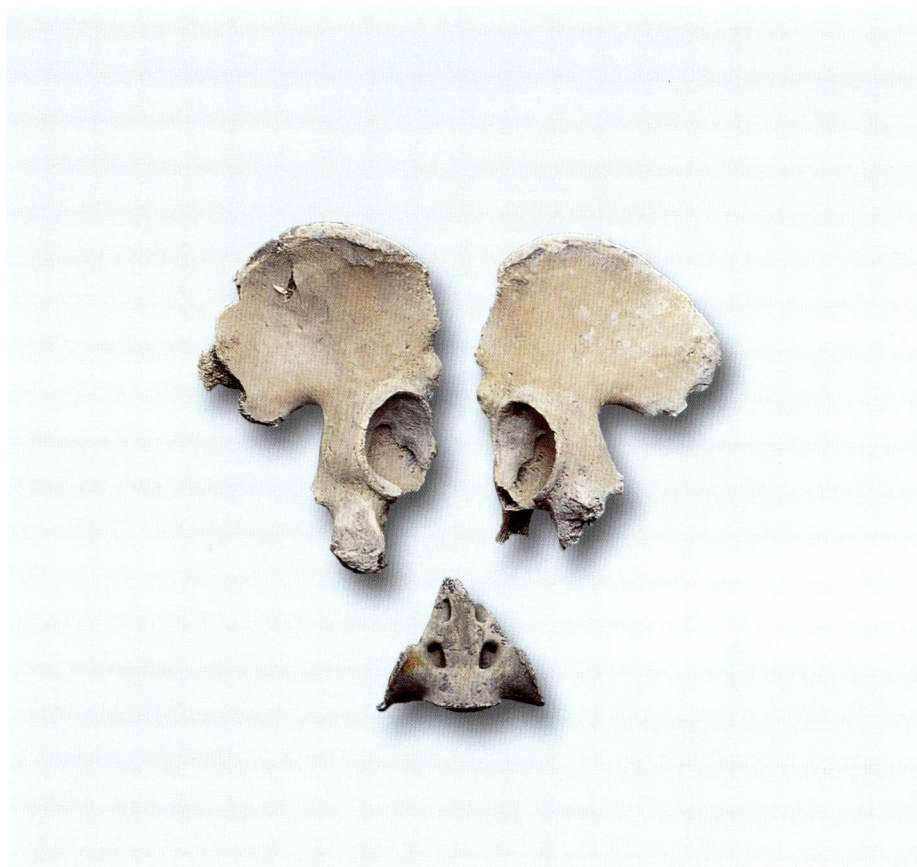

1．智人骨盆（94LCDY17：307）

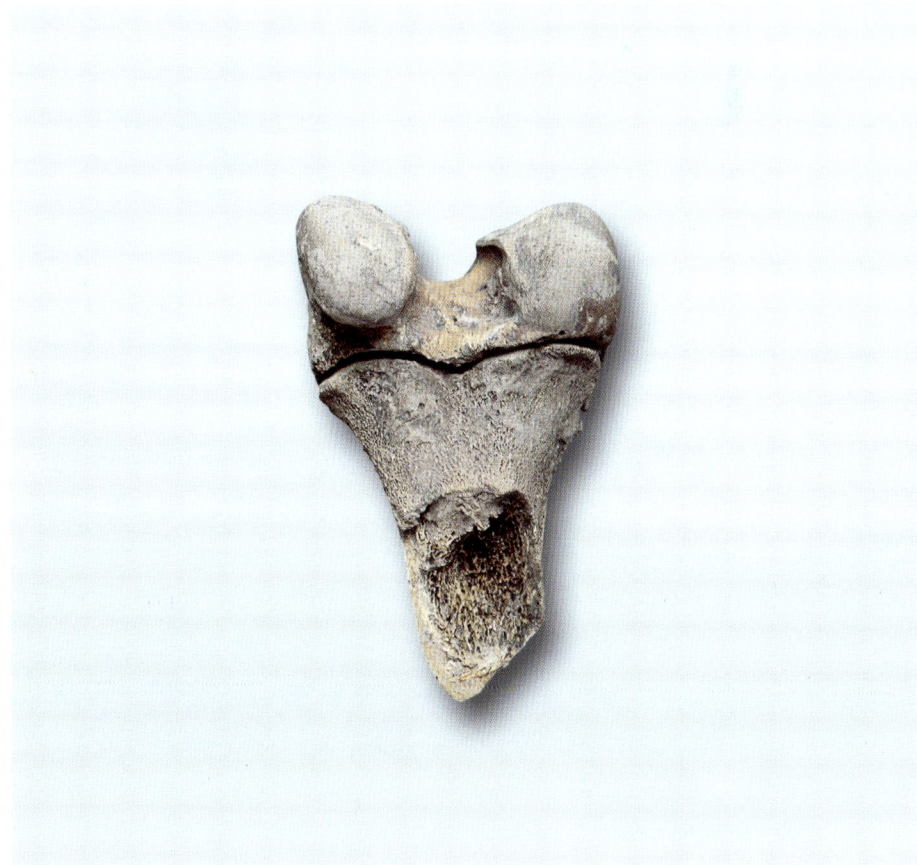

2．狗左侧股骨（94LCDY18：103）

城头山遗址出土动物残骸鉴定

1. 獾右下颌骨（94LCDY17：5）

2. 獾脊柱骨（94LCDY18：105）

3. 獾肋骨（94LCDY18：107）

城头山遗址出土动物残骸鉴定

1. 象月骨、距骨残片（H377：3）

2. 水鹿左侧角（94LCDY：111）

城头山遗址出土动物残骸鉴定

1. 牛尺骨（94LCDY18∶112）

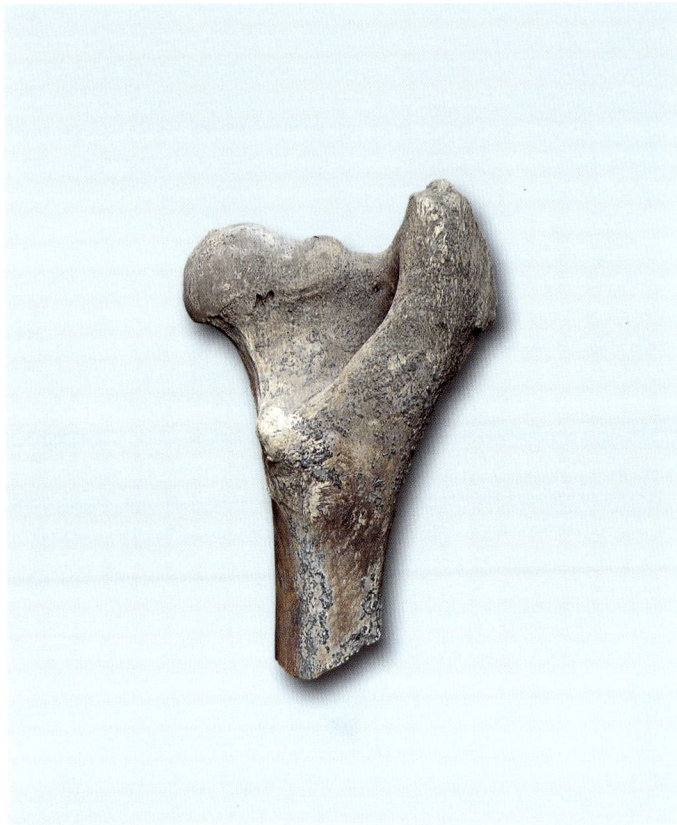

2. 牛股骨（94LCDY18∶101）

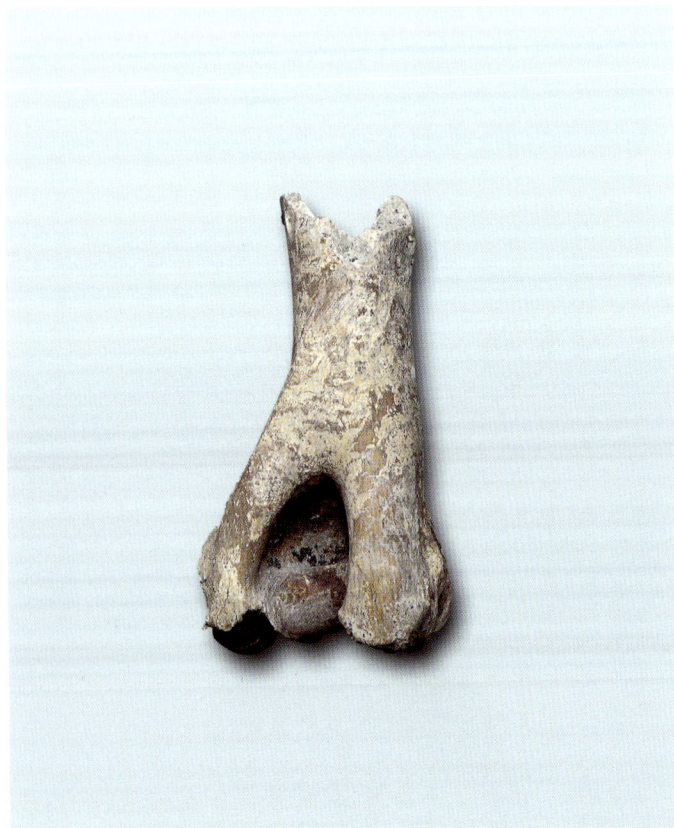

3. 牛胫骨（94LCDY17∶20）

4. 黄牛右侧肩胛骨（94LCDY18∶116）

城头山遗址出土动物残骸鉴定

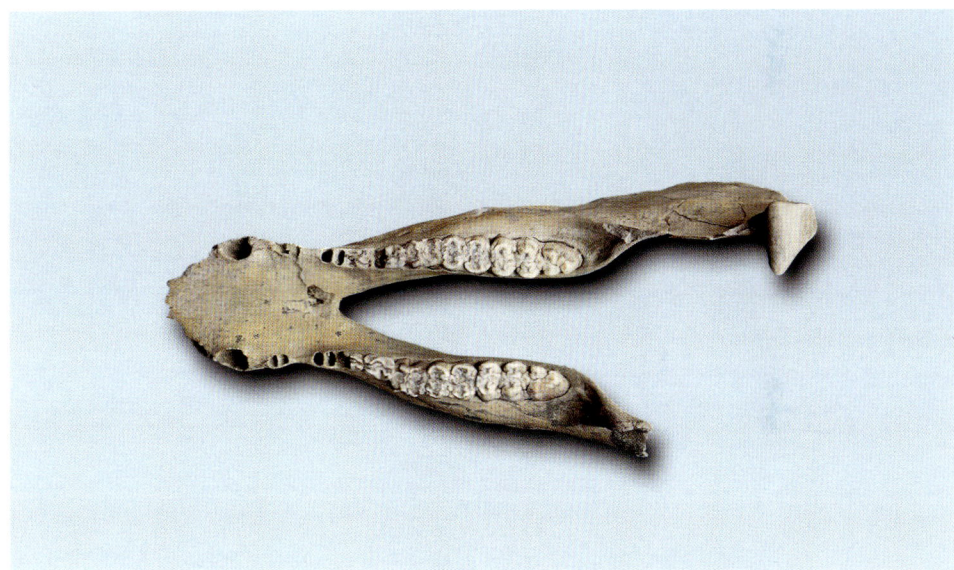

1. 猪牙（T4401⑫：9）

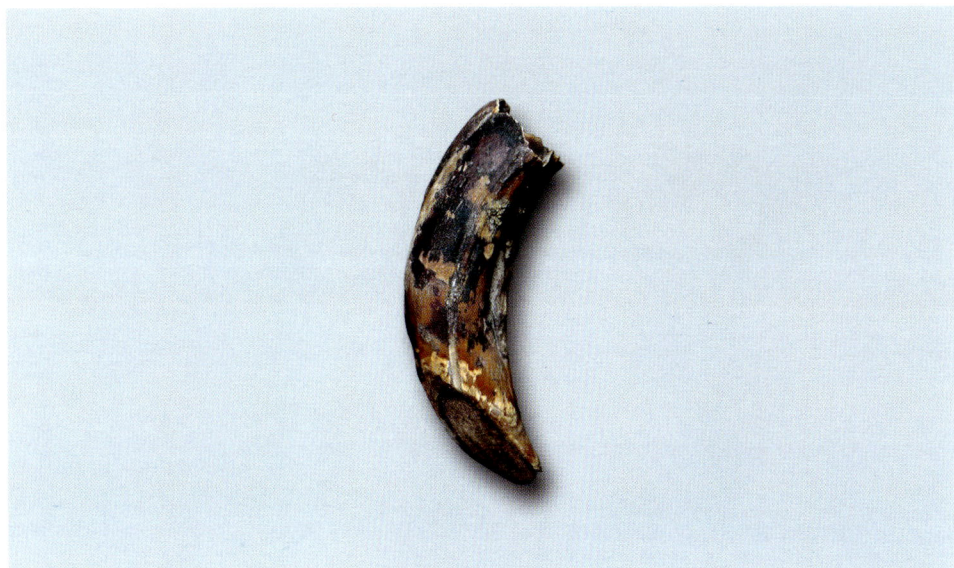

2. 附有牙齿的猪下颌骨
（94LCDY18：104）

3. 龟背甲（T1624⑩：18）

城头山遗址出土动物残骸鉴定

1. 真骨鱼类脊柱骨（94LCDY18：102）

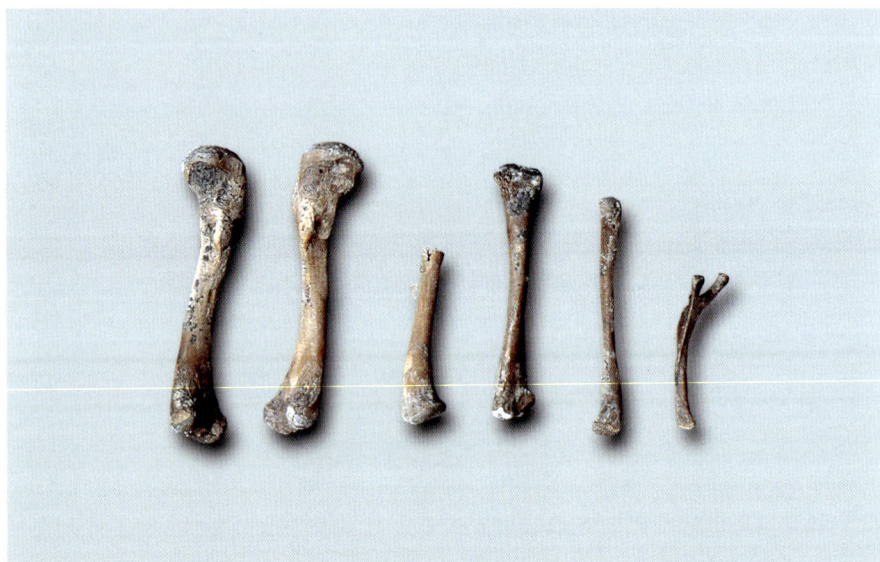

2. 蛙类肢骨（94LCDY18：110）

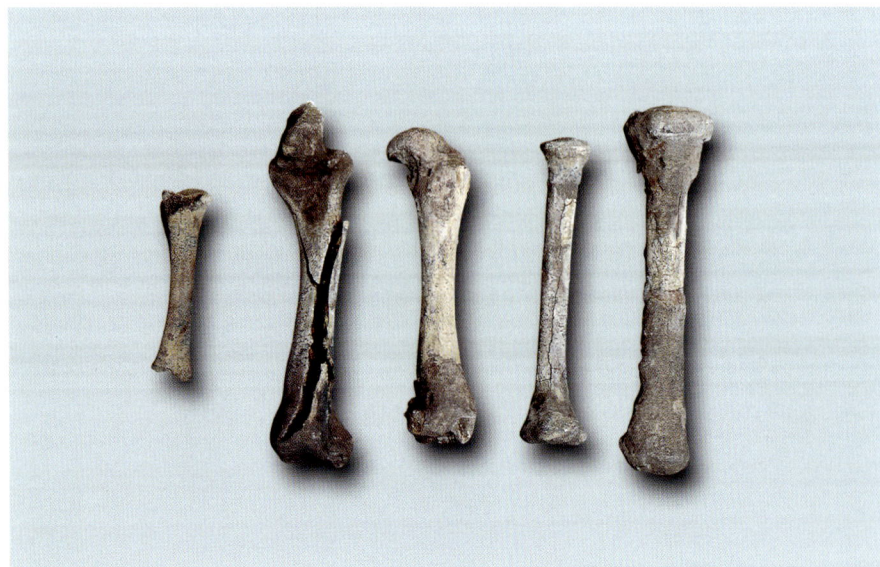

3. 鸟（禽）类肢骨（94LCDY18：115）

城头山遗址出土动物残骸鉴定

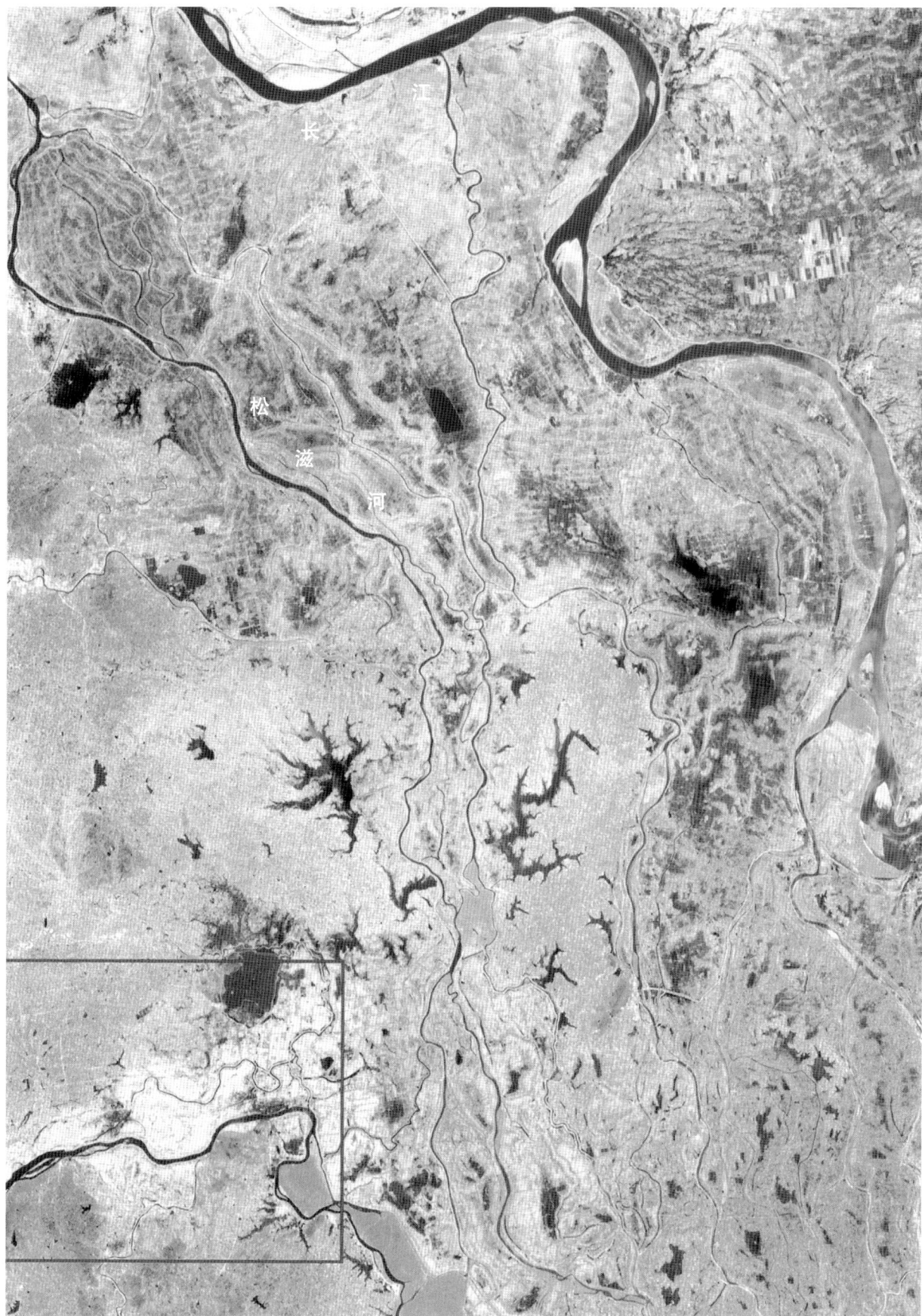

长江中游澧阳平原的微地形环境与土地开发——JERS-1人造卫星图像中的澧阳平原与松滋河

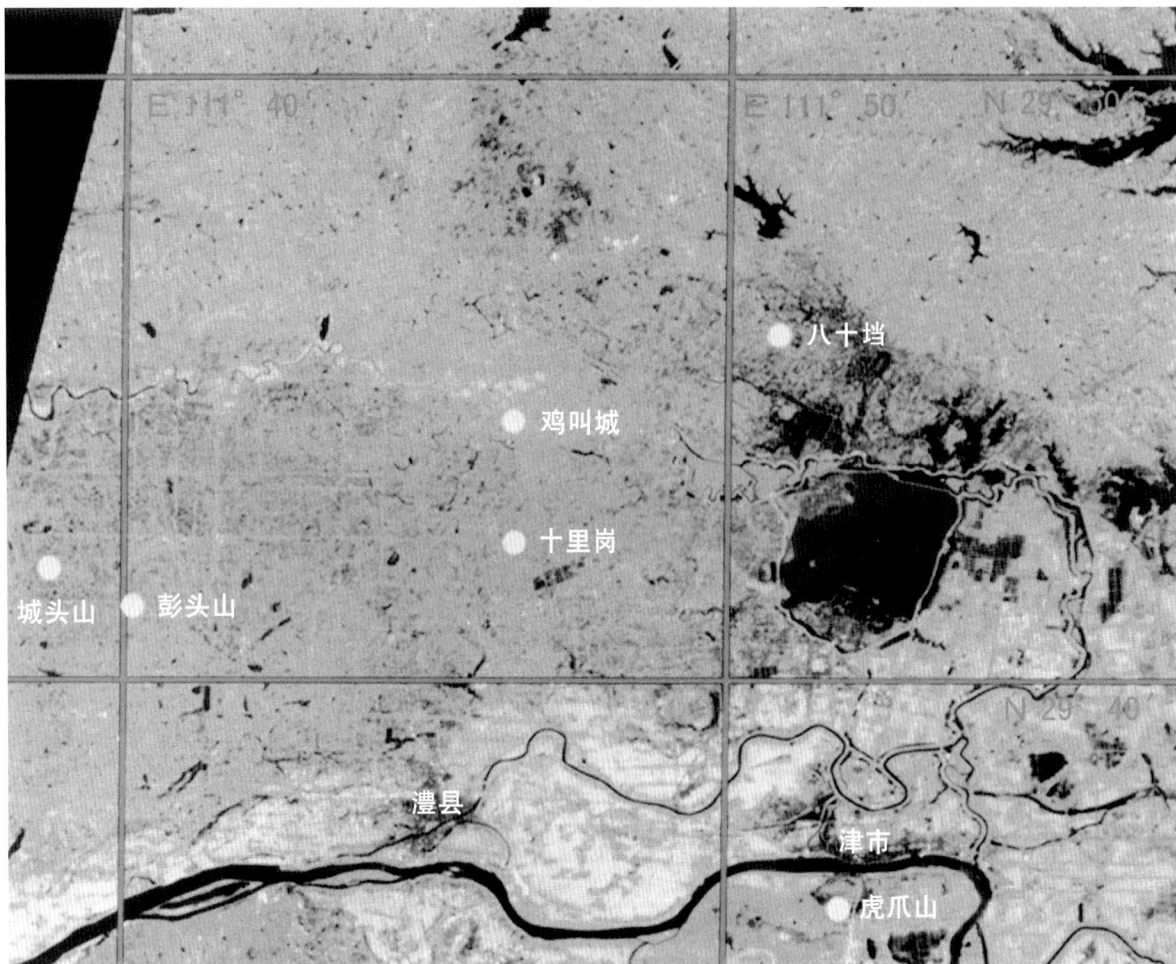

E 111°40′   E 111°50′   N 29°50′

八十垱

鸡叫城

十里岗

城头山   彭头山

澧县

津市

虎爪山

N 29°40′

1. 澧阳平原重要史前遗址位置

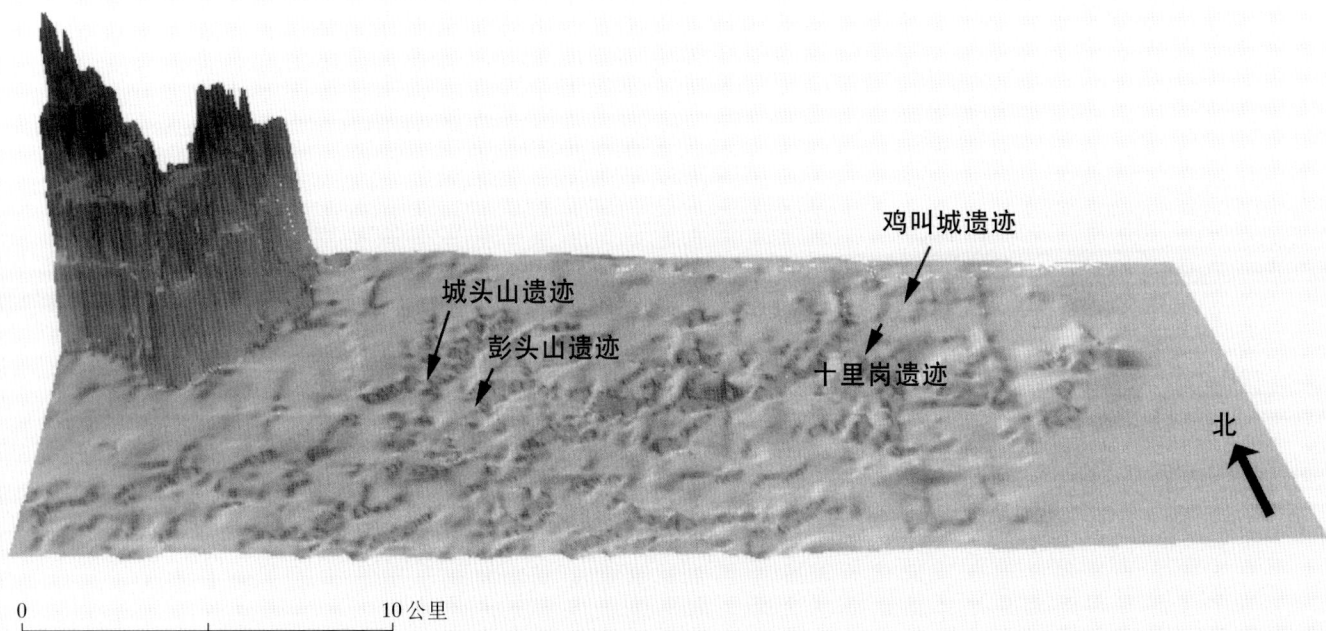

鸡叫城遗迹

城头山遗迹

彭头山遗迹

十里岗遗迹

北

0   10公里

2. 澧阳平原的地形（DEM图像）

长江中游澧阳平原的微地形环境与土地开发

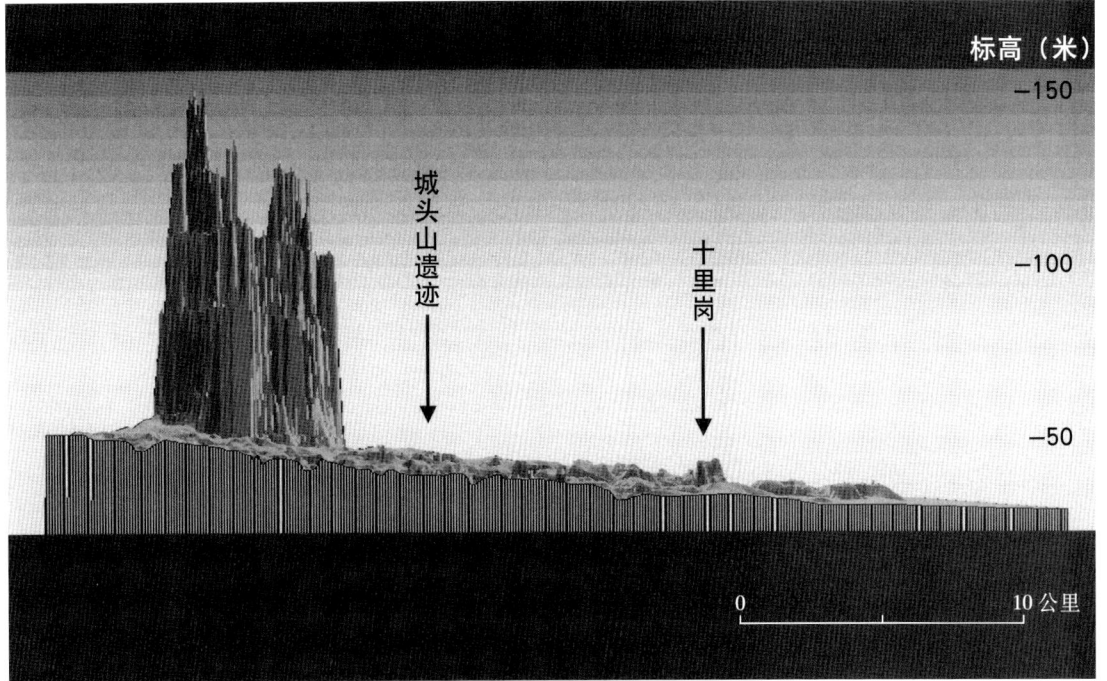

1. 由南向北望澧阳平原（截面图）

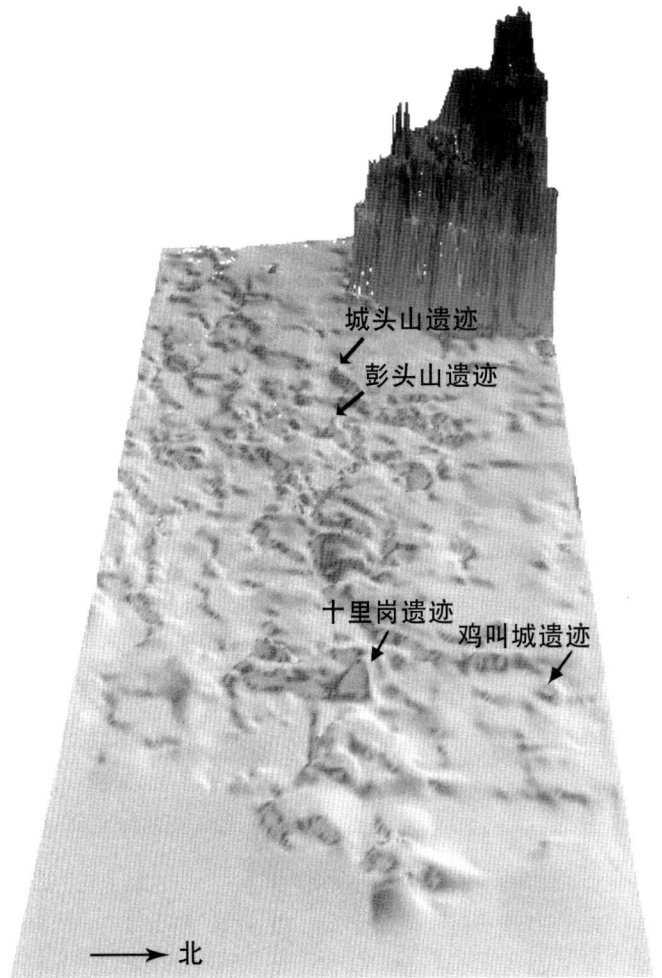

2. 由东向西俯视澧阳平
原（DEM 图像）

长江中游澧阳平原的微地形环境与土地开发

1. 大坪砖瓦厂取土区所在的更新世阶地

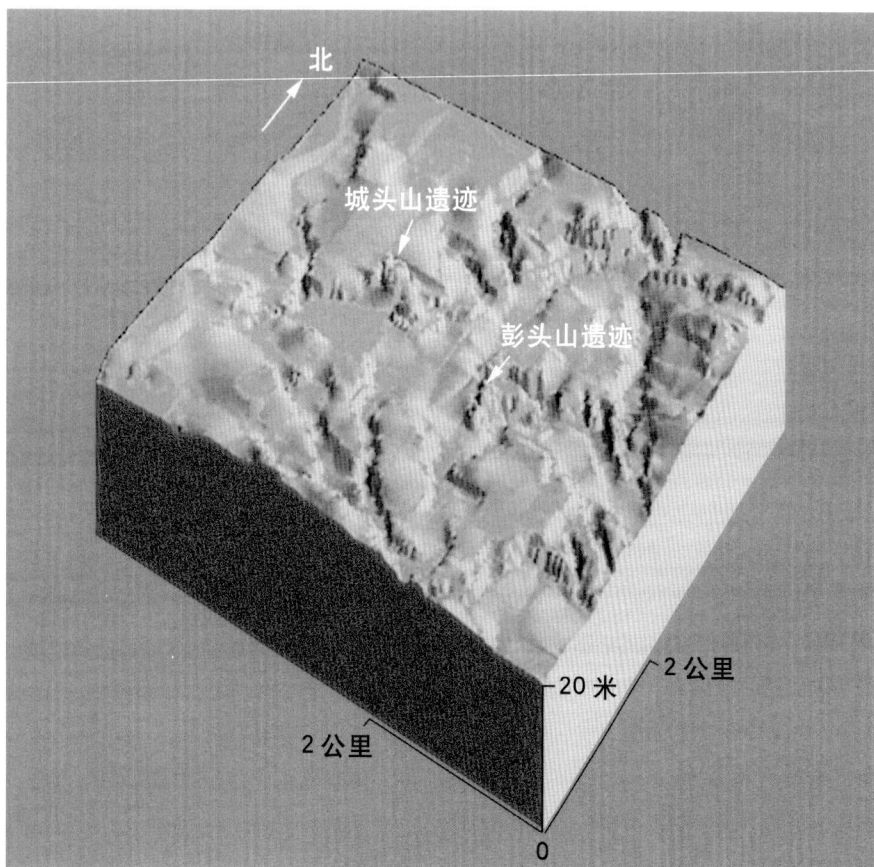

2. 城头山遗址和彭头山遗址所
在台地及附近的切割谷

长江中游澧阳平原的微地形环境与土地开发

1. 城头山遗址南外侧被
   埋没的自然堤防和埋没
   后的堤背湿地

自然堤防

埋没后的堤背湿地

埋没后的堤背湿地

被埋没的自然堤防

城头山遗迹

2. 根据实际测量制作的城头山遗址三维接线框模型

长江中游澧阳平原的微地形环境与土地开发

长江中游澧阳平原的微地形环境与土地开发——
在接线框模型基础上映射航拍照片而形成的城头山遗址立体图

长江中游澧阳平原的微地形环境与土地开发——
通过航拍照片和IKONOS图像详细辨图制作的城头山遗址全貌

屈家岭期城壁

水田耕土

止水堆积物

长江中游澧阳平原的微地形环境与土地开发——城头山遗址南门附近壕沟状遗构与埋积物

1. 城头山遗址南切割谷试掘调查

2. 城头山南城外切割谷探沟剖面

长江中游澧阳平原的微地形环境与土地开发

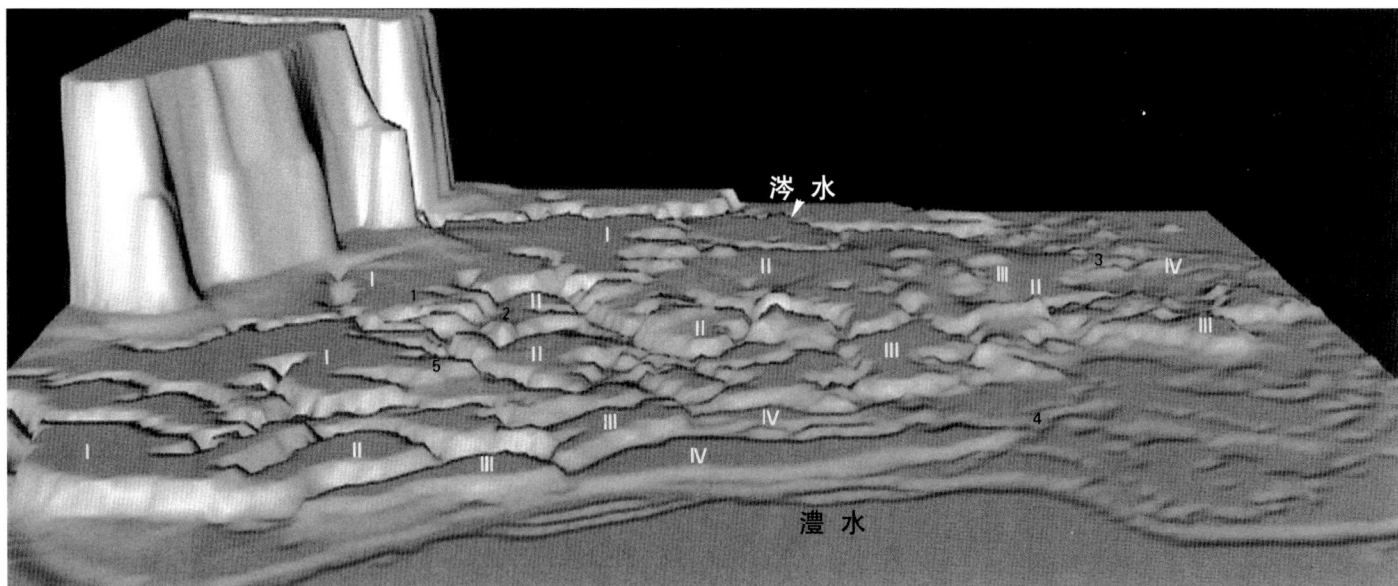

1. 澧阳平原的四面黄土台

2. 澧县大坪砖厂所见黄土台 I 面

澧阳平原的黄土与地形

澧县八十垱遗址的地形环境变化及稻作（航拍）

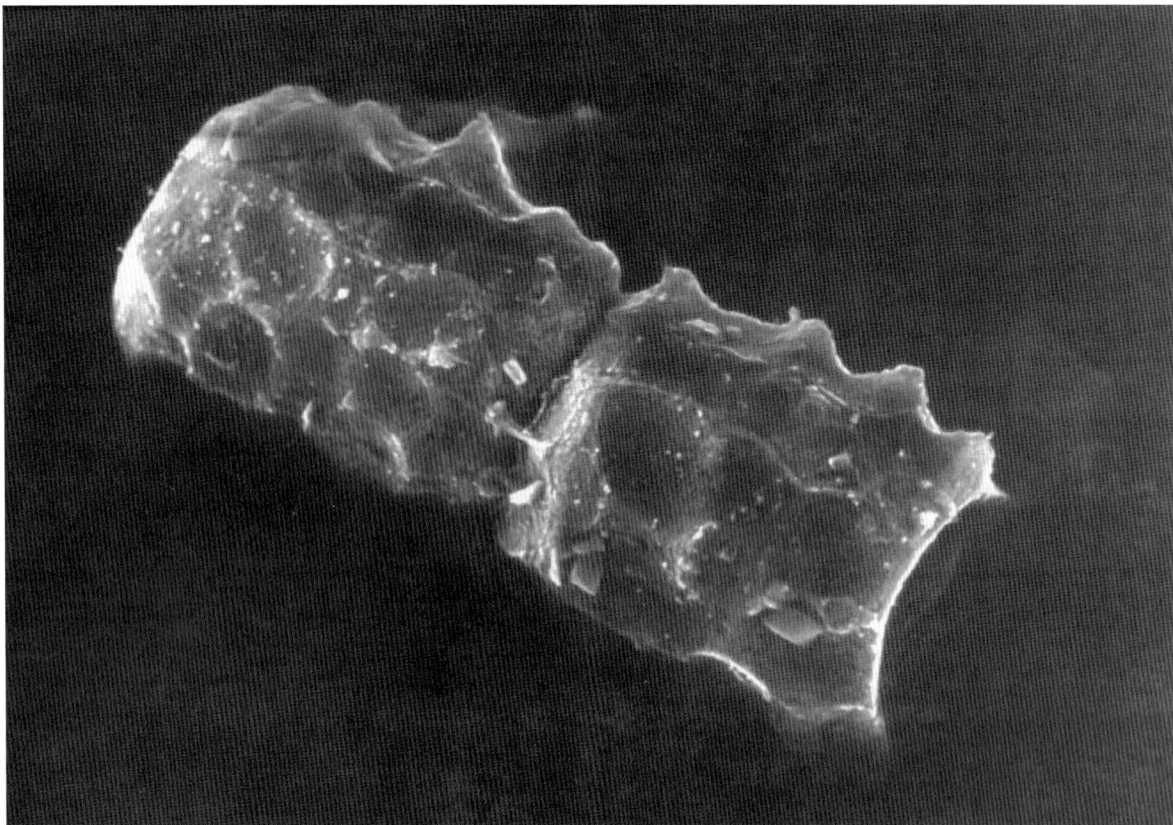

1. 稻谷的机动细胞硅酸体（电子显微镜照片）

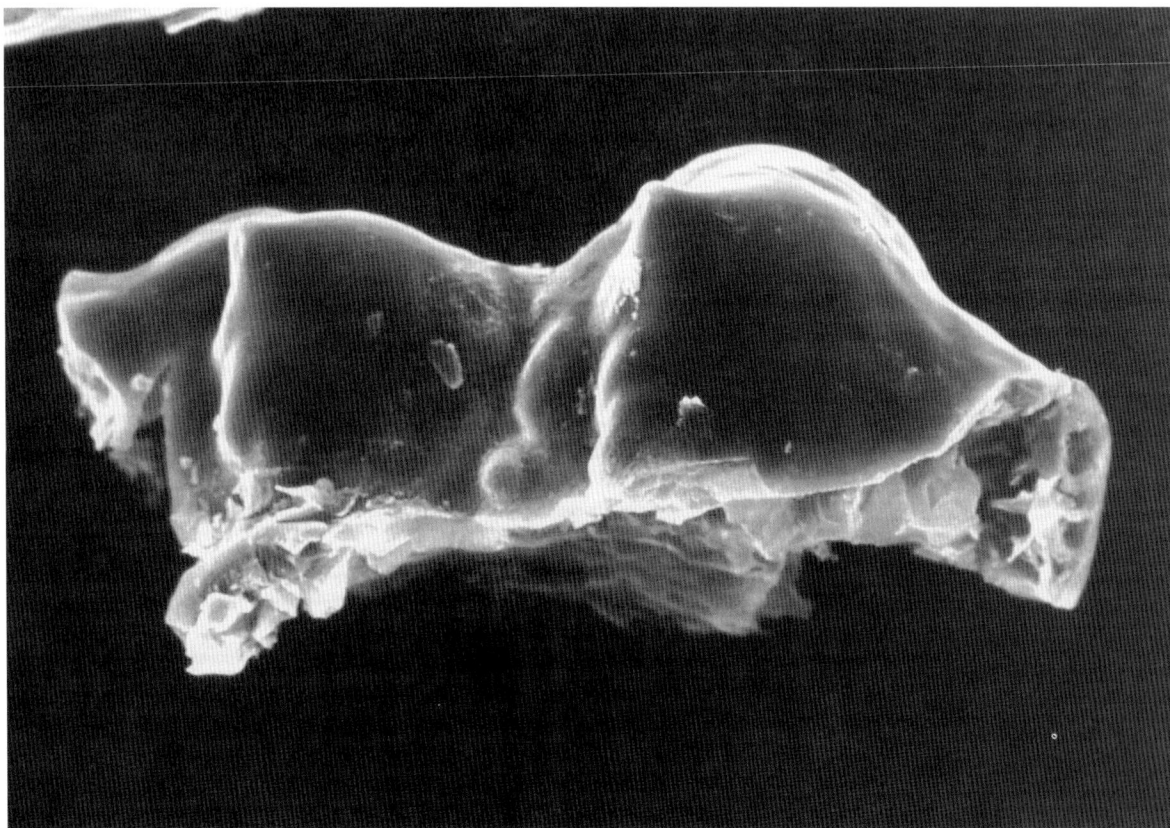

2. 稻谷的机动细胞硅酸体（电子显微镜照片）

从地形分析和植硅石分析看城头山遗址的环境及稻作

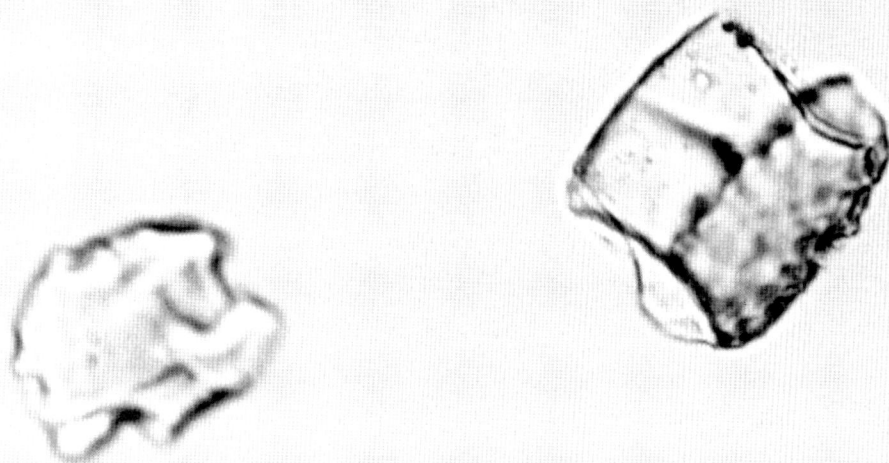

1．稻谷植硅石

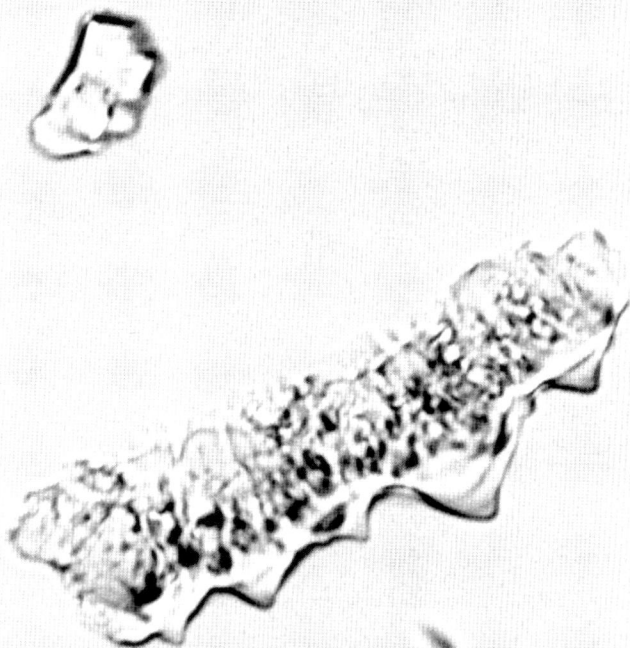

2．稻属植硅石

从地形分析和植硅石分析看城头山遗址的环境及稻作

从地形分析和植硅石分析看城头山遗址的环境及稻作——日本池上曾根遗址中的井、脊柱柱洞

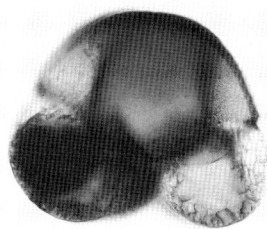

1. 冷杉

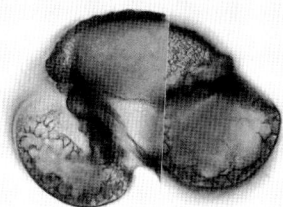

2. 松

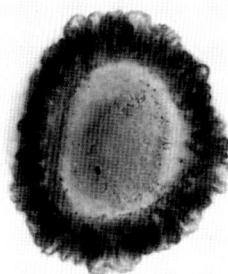

3. 铁杉

4. 麻黄属

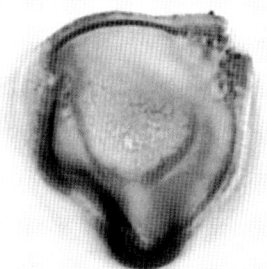

5. 杨梅

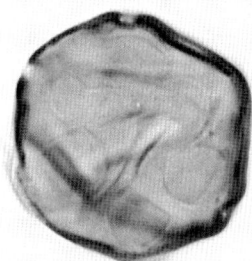

6. 枫杨

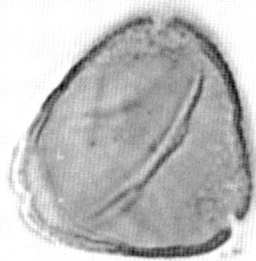

7. 化香树

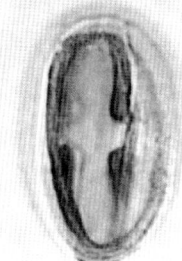

8. 板栗属—栲属

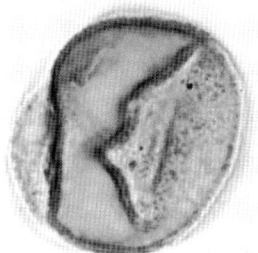

9. 栎属（落叶类型）

10. 栎属（常绿类型）

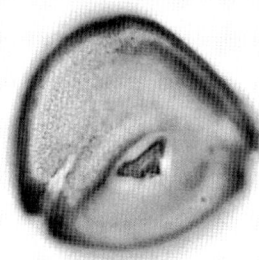

11. 山毛榉

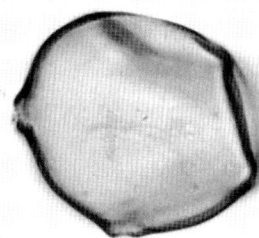

12. 日本千金榆类型

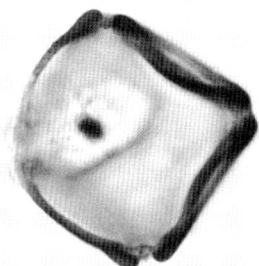

13. 桤木

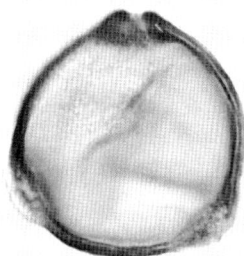

14. 桦

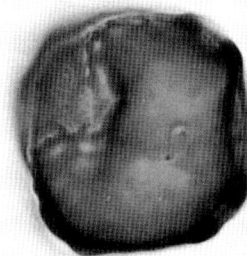

15. 桦属

从城头山遗址沉积物的孢粉分析看农耕环境——城头山遗址沉积物中的孢粉（一）

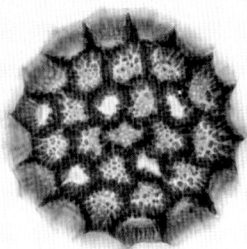

1. 马蓼

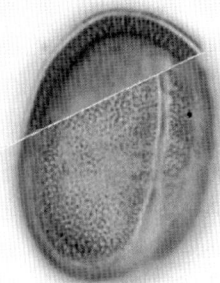

2. 蓼

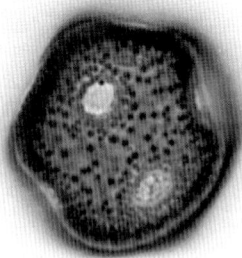

3. 石竹科

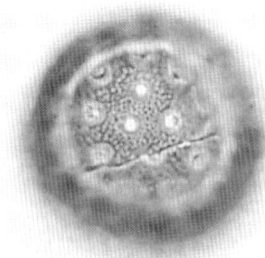

4. 藜科—苋科

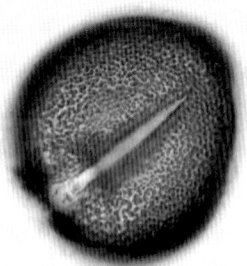

5. 莲属

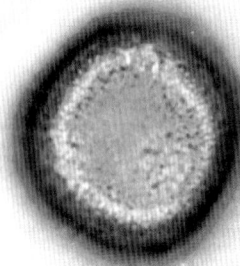

6. 唐松草

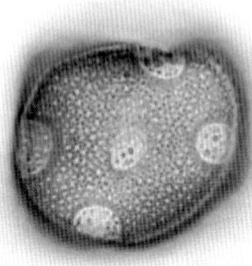

7. 枫香属

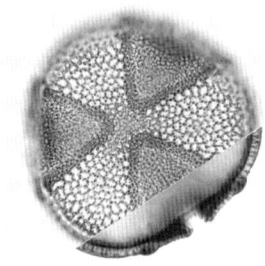

9. 芸实

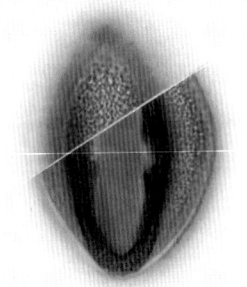

8. 乌桕

10. 爬山虎

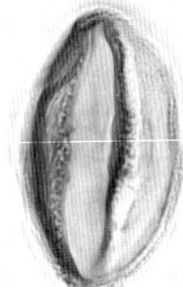

11. 山扁豆

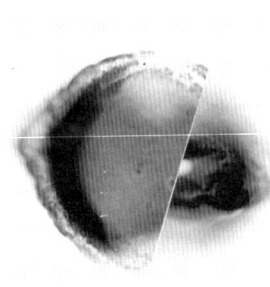

12. 菱属

13. 荇菜类

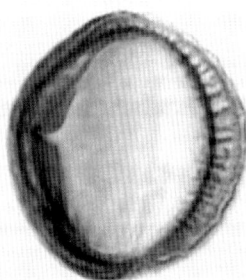

14. 蒿类

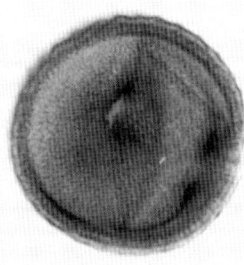

15. 苍耳属

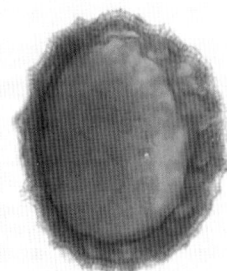

16. other Carduai deae

从城头山遗址沉积物的孢粉分析看农耕环境——城头山遗址沉积物中的孢粉（二）

1. 莎草科

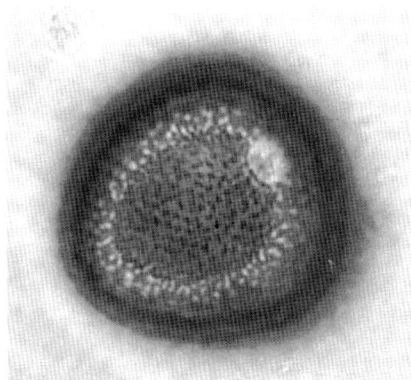

2. 香蒲

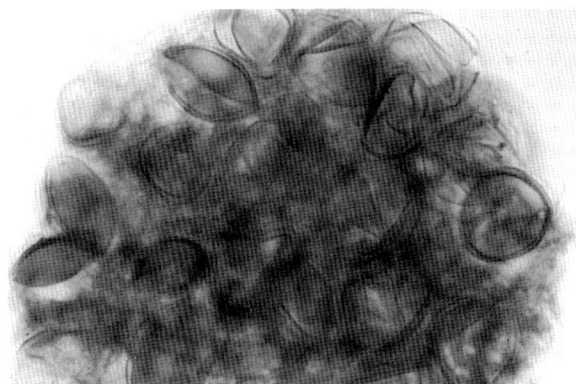

3. 蕨类槐叶萍属

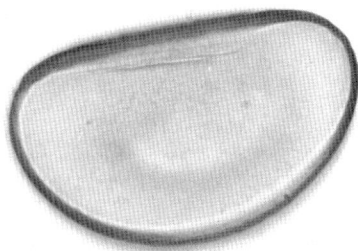

4. 单裂缝蕨类

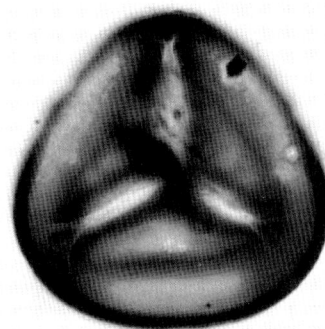

5. 海金沙

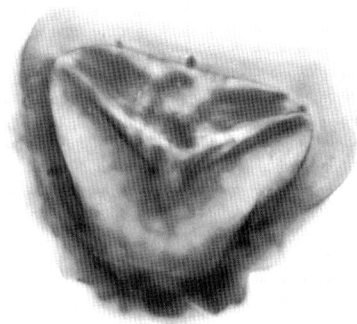

6. 凤尾蕨

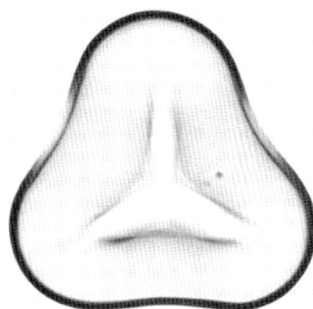

7. 三裂缝蕨类

8. 孢子

从城头山遗址沉积物的孢粉分析看农耕环境——城头山遗址沉积物中的孢粉（三）

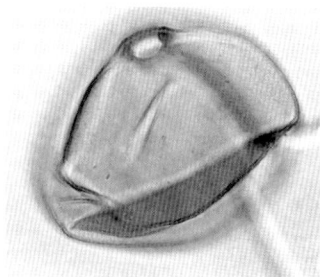

1. 禾本科（水稻类型）　　2. 禾本科（水稻类型）　　3. 禾本科（水稻类型）　　4. 禾本科水稻类型（位相差像）

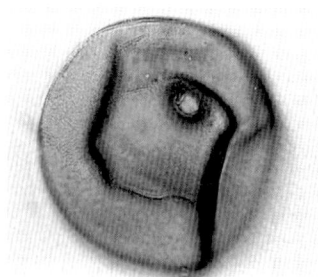

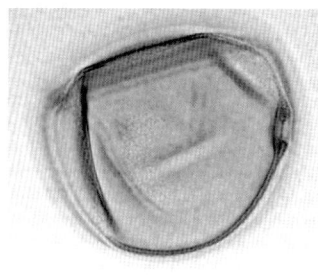

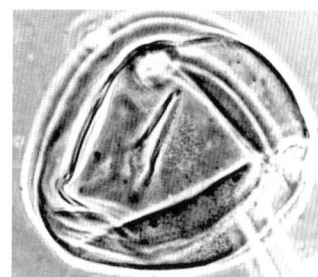

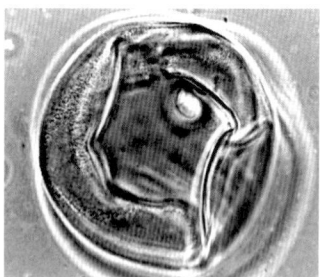

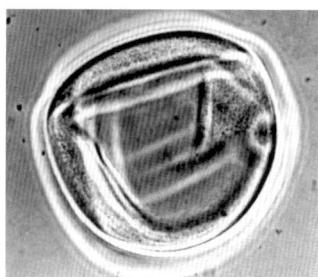

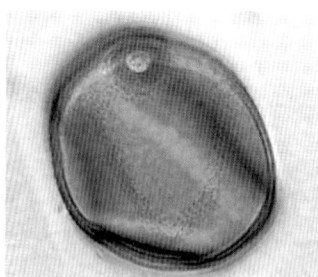

5. 禾本科水稻类型（位相差像）　　6. 禾本科水稻类型（位相差像）　　7. 禾本科（野生类型）　　8. 禾本科（野生类型）

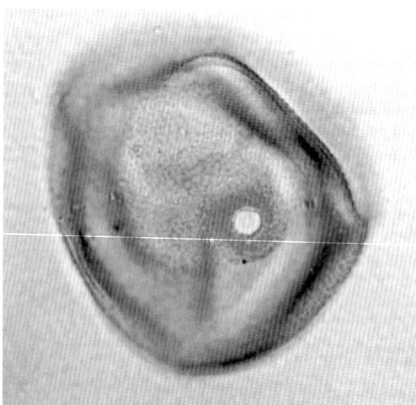

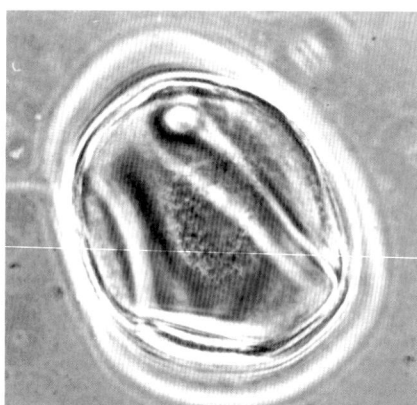

9. 禾本科（野生类型）　　10. 禾本科野生类型（位相差像）　　11. 禾本科野生类型（位相差像）

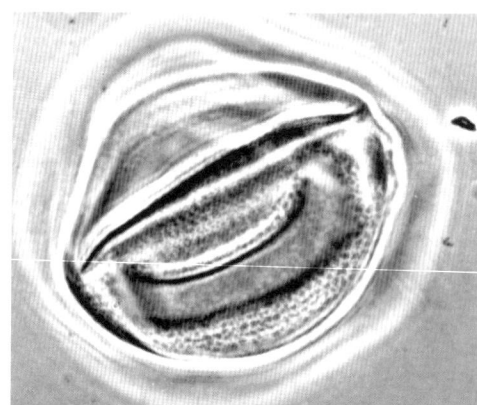

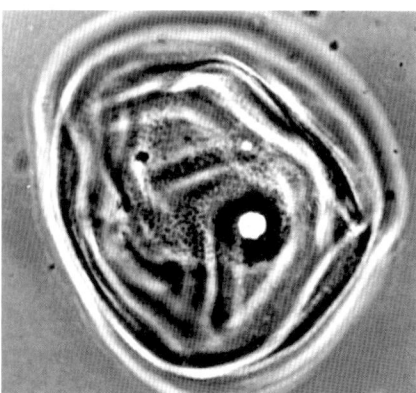

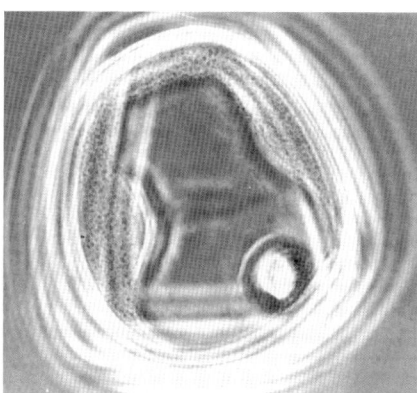

12. 禾本科野生类型（位相差像）　　13. 水稻现生标本（位相差像）　　14. 白茅现生标本（位相差像）

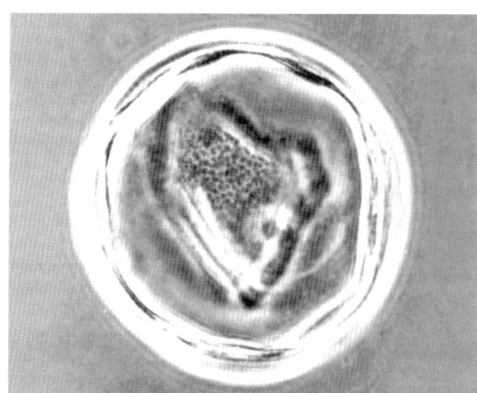

从城头山遗址沉积物的孢粉分析看农耕环境——城头山遗址沉积物中的孢粉（四）

1. 澧阳平原修筑堤防的情况

2. 澧阳垸兰江闸

城头山遗址周边水田选址环境与传统的水利灌溉系统

1. 王家厂水库主干渠

2. 王家厂水库主干渠闸门

城头山遗址周边水田选址环境与传统的水利灌溉系统

1. 王家厂水库主支渠

2. 王家厂水库主支渠及农田（从城头山远眺）

城头山遗址周边水田选址环境与传统的水利灌溉系统

城头山遗址周边水田选址环境与传统的水利灌溉系统——城头山古城重要设施配置图（2001）
（宫殿即二区屈家岭文化早期大型建筑F87）

0　　　　100 米

澧阳平原初期农耕遗址的数字（照片）测量及复原——
将扫描图像用电脑拼接成数字化镶嵌图（鸡叫城遗址）

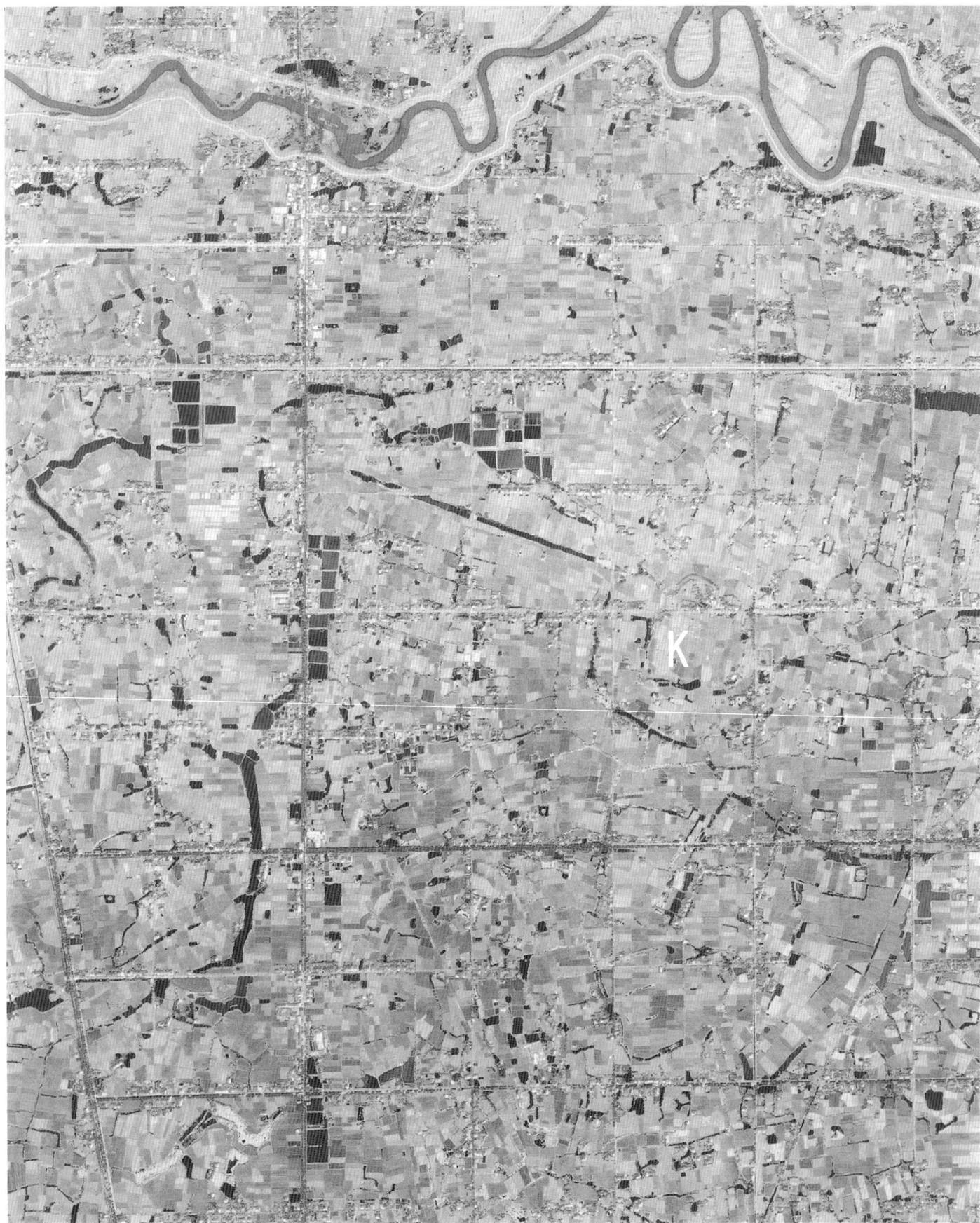

K

澧阳平原初期农耕遗址的数字（照片）测量及复原——从地形图获取等高线信息制作CG（鸡叫城遗址）